# ブローデル『地中海』入門

浜名優美

藤原書店

# まえがき

歴史家は、生活のなかで最も具体的で、最も日常的で、最も不滅であるもの、最も匿名の人間に関わるもの、そのような生の源泉そのものへと向かっていくのである。

（『地中海』Ｖ／セレクション版⑩、一九四頁）

「地中海」は大きな海である。ニースで見た海も、エーゲ海の島めぐりで見た海もほんとうに青かった。だがヴェネツィアの潟は決して水が青いとは言えない。それでも真夏や春の光はまぶしかった。エーゲ海の島々は遠くから見ると島全体が白く見える。建物に使われている石の色のせいだ。南仏やイタリアの家々の屋根の色はオレンジに輝いていた。「地中海」への三回の旅で得た私の経験は実に貧しいものだ。こんな私がフェルナン・ブローデルの名著『地中海』を翻訳することになった。十六世紀の経済についても、スペインについても、ヴェネツィアについても、さらにはオスマン・トルコ帝国についても、要するに『地中海』についてほとんど知識を持たないのに、乞われるがままに泥船のような小さな舟に乗って、オールの漕ぎ方も、海での泳ぎも知らずに、いわば大海に乗り出してしまったのである。一九八九年の正月のことである。翻訳者としては無謀な決意をしたものである。地中海の西のジブラルタル海峡が難所として知られていることさえも知らずに、スペイン帝国のフェリーペ二世に関する伝記、エリオットの『スペイン帝国の興亡』、塩野七生の『レパントの海戦』やヴェネツィアに関する著作を読みながら、長い船旅の間イスタンブール目指して、ただひたすら心許ない航海を続けてきた。この長い航海の水先案内人は、もちろんブローデルの文学的と言える見事な文章である。その航海もほぼ六年で終わった。途中、病を得てしばらく海のなかを漂流したあと、陸地に一時上がって病院にいたこともあった。親しい者がこの世を去るという知らせもあった。突風にあおられて何度難破しそうになったことか。だが、沿岸航行を続け、時々励ましの声を耳にして、とにもかくにも、無事に港にたどりつくことができた。

本来、黒子であるはずの翻訳者としては、フェルナン・ブローデルの高名な著作『地中海』に解説を付け加えるなどということは原著者に対する冒瀆のような気がしている。しかしすでに初版刊行以来半世紀を経過し、ブローデル夫人自身が言うように「古い本」になり、ブローデル死後十五年経った現在、フランスではブローデルの仕事はややもすれば忘れられがちなのだが、アナール派の歴史学（新しい歴史）のさまざまな成果は世界史のみならず日本史の専門家たちにも大きな影響を及ぼしている。そしてジャック・ルヴェルが『フェルナン・ブローデルと歴史』の序文冒頭で述べているように「ブローデルを読んだことがない人々さえもブローデルが二十世紀最大の歴史家のひとりであることは知っている」。

しかしこの膨大な著作を原著のフランス語なり英訳なりで読み通すには歴史の専門家にとっても相当の時間が必要である。初めて『地中海』を手にする、専門家でない読者ならびに若い人たちが、ハードカバー版で五冊、藤原セレクション版で一〇冊の私の翻訳を読む勇気を与えられるように、本書ではブローデルの簡単な経歴から始めて、『地中海』のアウトラインを可能な限り原著の雰囲気を活かして述べ、私が重要と判断したキーワードについての解説を加え、最後にグローバルな思想家としてのブローデルの仕事の総括をおこなって、ブローデルおよび『地中海』入門に代えたいと思う。そして私の解説をきっかけに原著または翻訳書に取り組んでいただけたら翻訳者としての私の任務を果したことになるだろう。

浜名優美

一九九九年十二月

＊本書は一九九六年度南山大学パッヘ奨励金による研究成果である。

# ブローデル『地中海』入門／目　次

まえがき …… 1
序　歴史学のコペルニクス――ブローデル …… 10

## 第一章　歴史家ブローデル（小伝）　13

一　環境と歴史家 …… 15
二　『地中海』執筆までの三つの転機 …… 17
三　『地中海』の創見 …… 22
四　「異端の歴史家」が権威になる
――高等研究院、コレージュ・ド・フランス、人間科学館―― …… 26
五　『物質文明』から『フランスのアイデンティティ』まで …… 28
六　ブローデルの遺産 …… 31

## 第二章　『地中海』のアウトライン　35
### ――現代を照らし出す十六世紀の地中海世界――

第I部「環境の役割」について …… 44

第Ⅱ部「集団の運命と全体の動き」について……73
第Ⅲ部「出来事、政治、人間」について……119

## 第三章 『地中海』を読むためのキーワード 143

一 ヒューマニズム、帝国主義、父と子……145
二 大きな歴史、小さな戦争……150
三 経済＝世界か世界経済か……155
四 運命論者ブローデル？——初版から削除された「地理的歴史と決定論」と運命……161
五 魔法の数字 3……169
六 構 造……178
七 文明の衝突、そして経済の減速期に文明が開花すること……187
八 出来事の歴史としての世界戦争……196
九 紙の世紀の資本主義……205
十 全体史——過去と現在のグローバルな対話……216

終　グローバルな思想家としてのブローデル……223
〈特別付録〉想像力の歴史家　フェルナン・ブローデル……231
――ブローデル夫人に『地中海』成立の経緯を聞く――
ポール・ブローデル
（聞き手）浜名優美
〈付1〉『地中海』初版目次と第二版目次の対照……256
〈付2〉『地中海』関連年表（一五四四―一六〇〇年）……282
〈付3〉フェルナン・ブローデル略年譜……290
〈付4〉『地中海』関連書誌……303

# ブローデル『地中海』入門

# 序　歴史学のコペルニクス──ブローデル

ブローデルの『地中海』が大きな空間と長期の時間を扱った歴史書であることは誰でも知っている。

『地中海』は歴史学の革命である」というフェーヴルの発言を私が納得できるのは、左図「地中海とその他の世界」の地球規模での地中海の提示の仕方によってである。これは北半球に住む我々が学校で教わる地球の配置をさかさまにしたものである。

この図では、第一に海の大きさとつながりが、第二に「地中海がとてつもなく大きい砂漠に押し潰されている」ことが強調され、第三に人間は地球上のほんのわずかの部分にしか住んでいないことが理解される。

北フランス出身の歴史家ブローデルは、地中海の対岸のアルジェリアに長く滞在し、また南半球のブラジルから地中海を考察したために、地球全体をひっくり返して見る視点を獲得したのだろう。その意味で『地中海』は、ヨーロッパ中心主義への挑戦であったし、地球規模での歴史の再考であった。

## 地中海とその他の世界

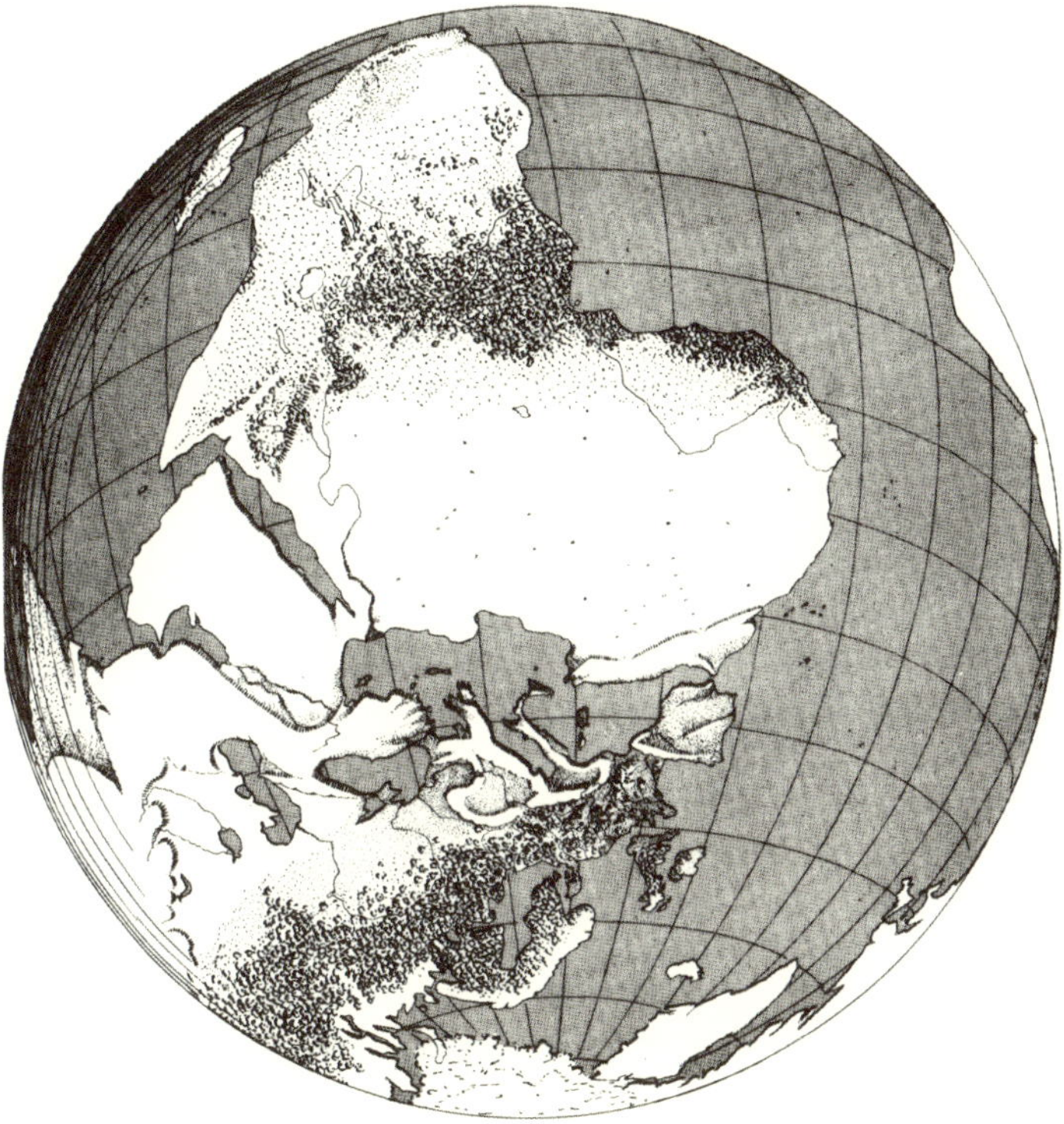

地中海を軸にしているこの地図の向きに従えば，地中海が大西洋やサハラ砂漠やインド洋やヨーロッパと結ぶさまざまな世界関係が順に強調されることになろう。我々は通常でない向きを選んだ。つまりサハラ砂漠を地中海の上に置いて，どれほど地中海がとてつもなく大きい砂漠に押し潰されているかを強調した。サハラ砂漠は内海からアフリカ大陸の熱帯林にまで至る。地中海の海の役割はこうした非人間的な大地を囲むことであり，その大地を南ヨーロッパ（それは北欧の森林にまで至る）から引き離すことである。また紅海，インド洋，ペルシャ湾を付け加えれば，大地の塊を砕くことである。小さい点は，早い遅いはあるものの，人間が密度の濃い入植をおこなった地域であり，それと対照的に，地中海の半島の高地には人間が住んでいないことを示す。陸上ならびに海上の連絡は，読者があらゆる方向の碁盤縞と中継を想像することができる通り，最も大きくとった地中海の動く空間をつくり出す。（作図，ジャック・ベルタン）

（『地中海』I／セレクション版②、281頁）

# 第一章　歴史家ブローデル（小伝）

歴史学の任務のひとつとは現在のさまざまな不安な問題に答えを出すことである。

（『地中海』Ⅰ／セレクション版①、二三頁）

## 一　環境と歴史家

アナール派歴史学の「法王」として戦後フランスの歴史学界に君臨したフェルナン・ブローデルは、一九〇二年にフランス北東部のドイツ国境に近いリュメヴィル＝アン＝オルノワで生まれ、一九八五年に亡くなった。代表的な著書として『地中海』、『物質文明・経済・資本主義』、『フランスのアイデンティティ』などがある。

ブローデルが二十世紀フランスのみならず世界の歴史学を変えた歴史家の一人であることは言うまでもない。フランスの歴史学の変革者、アンリ・ベール、リュシアン・フェーヴル、マルク・ブロック、そしてフェルナン・ブローデルの四人がいずれも「東フランス出身であったことは偶然であろうか」とブローデルは自伝的記述のなかで述べている。これは歴史家の生まれ育った地理的環境が歴史家の歴史観に影響を及ぼすことを指しているわけだが、四人の歴史家はいわば辺境の地に生まれて、隣接するドイツとの普仏戦争以来のさまざまな辺境体験を（それぞれ程度は異なるものの）受け止めながら成長したのである。

マルク・ブロックはユダヤ人であったために第二次世界大戦中にレジスタンスに加わり、仕事半ばでドイツに捕らえられて一九四四年に銃殺された。これはフランスのみならず、世界の歴史学にとって大きな損失であった。同じ大戦中にブローデルはドイツ国内のライン戦線で一九四〇年に捕虜になり、一九四五年まで捕虜収容所で暮らした。その捕虜生活中に博士論文『フェリーペ二世時代の地中海と地中海世界』(以下『地中海』)を書き上げた話はすでに伝説的である。「あの途方もない著作を書いたのは、この捕虜生活中だった。私の記憶力のみがこの力業を可能にしたのである。もし私が捕虜になっていなかったならば、私はきっとまったく別の本を書いていたことであろう」とブローデルは回顧している。だとすれば歴史学界は、皮肉なことだが、ドイツの悪意に感謝しなければならない。

ブローデルは、一九〇九年に父親の転勤のためパリに移り住んだ。まだ少年であった一九一四年の第一次世界大戦では、生まれ故郷の村にドイツの軍隊が侵入してきた。毎年夏休みを祖母の住む故郷で過ごし、祖母や古老からは一八七〇年の普仏戦争の経験やクリミア戦争の体験談を聞いている。この幼少年期における経験を「他の人々が書物から学ばなければならないことを、私は直接的な経験によって初めから知っていた」と述べて、歴史家としての自己形成において重要な意味を持つものとしてブローデルはとらえている。

ブローデルは医学を修めたいと思っていたが、数学の教師であった父親の反対もあって、一九二〇年にソルボンヌ大学の歴史学科に入学した。これが歴史家としてのブローデルの発端となるわけだが、ソルボンヌ大学で記憶に残った講義をしていたのは、経済史・社会史のアンリ・オゼール、ギリシャ史のモーリス・オローの二人の先生である。この二人は当時の主流の歴史学とは異なる言葉を用いていたとブローデルは回想している。言い換えれば、ブローデルは当時から異端の歴史学の方に関心を抱いていたということである。しかし歴史学科の学生であった当時、歴史学の主流は、明らかに事件史中心の歴史学であった。卒業論文は、「バール＝ル＝デュックにおけるフランス革命の始まり」というタイトルであった。このテーマを選んだのは、当時の左翼的な学生と同じくフランス革命のテーマに惹かれたからだ、とブローデルは述べている。

歴史学の教授資格試験（アグレガシオン）に合格し、ブローデルの歴史教師としての人生が始まる。一九二三年、ブローデル二十一歳の時、当時フランスの植民地であったアルジェリアのコンスタンティーヌのリセに赴任する。同じ頃、博士論文の計画を立て、準備が始まる。博士論文の最初の計画から完成までにブローデルは青春と壮年期の約二十年をかける。その博士論文の構想から完成までを次に述べることにしよう。

## 二　『地中海』執筆までの三つの転機

アルジェリア滞在中の一九二五年から一九二六年にかけて兵役のためにドイツ滞在を経験する。このときには、ドイツ語がよくできたこともあって、ドイツ史の研究で博士論文を書こうと思ったらしいが、当時のドイツは第一次世界大戦後のナショナリズム昂揚の時期に当たり、東部フランスに生まれ育って愛国主義の精神を幼少年期にたたきこまれていたブローデルは、ドイツに対してある種の幻滅を感じて、この計画を放棄してしまう。しかしドイツ語がよくできて、ドイツの経済史の本を読んでいたことは、ブローデルにおける十六世紀以降の経済史の重要性を考えるうえで考慮に入れるべきであろう。

兵役を終えたブローデルはトゥーロンへの赴任を命じられるが、アルジェリア行きを強く希望して、今度はアルジェのリセに赴任する。このあたりの事情はピエール・デックスの伝記『ブローデル』に詳しく書かれているが、ブローデルはかなり頑固な性格であったようである。アルジェリア滞在は一九三二年までで、合わせてほぼ十年間である。このアルジェリア滞在がブローデルの歴史観形成にあたって重要な意味を持つ。「今までとは逆に対岸から見た地中海の景観は私の歴史観に少なからぬ衝撃を与えたと確信している」とブローデルは述べている。学校の休暇を利用してサハラ砂漠をはじめ、北アフリカ諸国を歩き回った。時には学期が始まってから学校に戻ることもあった。

ブローデルは政治の世界には直接関わることなく、植民地における恵まれた生活を楽しみ、当時のアルジェリアの「社会的、政治的および植民地的な悲劇を理解しなかった」と告白している。のちに歴史家として世界的な名声を得ても、現実の政治に対しては発言しなかった。だが『地中海』初版の序文の最後で次のように述べている。「歴史学の任務のひとつとは現在のさまざまな不安な問題に答えを出すこと、かなり未熟ではあるけれどもきわめて帝国主義的な人間諸科学との連携を保つことでもある。一九四六年の現在、おのれの義務とその非常に大きな力を自覚している、野心的な歴史がなければ、今日的なヒューマニズムはありうるだろうか。」（傍点部は引用者による強調）この一節が明らかに示しているように、ブローデルは決して現実政治に無関心であったわけではない。それどころか現代の問題意識、言い換えれば歴史家の問題意識が歴史をつくるのだと考えていたのであって、現実政治に敏感に反応し、発言することはむしろ意識的に控えていたのだと思われる（イタリアの新聞に連載した時事問題への発言が『歴史論集2』に収められているが、シャン文庫版では削除された）。このことは政治史や事件史よりも社会史・経済史に重点を置いていたブローデルの歴史観と無縁ではないだろう。過去が現在を説明し、現在が過去を説明するのだという考え方は終生変わらない。

一九二八年度のジュール・フェリー奨学金申請書によれば、博士論文は「一五五九年から一五七四年までの地中海におけるフェリーペ二世とスペインの政策」になるはずであった。すでにフランス国内の史料調査を終えて、あとはスペインやイタリアの古文書館を訪ねることが残っていた。一九二八年夏にはスペインのシマンカスで一ヶ月にわたって史料を読み漁る。そのときの研究成果は「一四九二年から一五七七年までのスペイン人と北アフリカ」という論文にまとめられ、雑誌に発表される。これは伝統的な外交史・軍事史の枠組みのなかで書かれてはいるが、十六世紀におけるジェノヴァの金融市場の重要性に触れており、すでにブローデルにおける経済史への移行の萌芽が見られるし、また扱う対象の時間的な長さもほぼ一世紀にまで拡大されている。この処女論文についてピーター・バークは「不当な無視から救い出されるべき値打ちを持っている」と述べ、次のように続けている。「論文は、当該分野の先達が会戦と大人物にあまりにも力点を置きすぎていることに対する批判であったと同時に、スペイン駐屯地の『日常生活』を論じた論考でもあったし、アフリカ史とヨーロッパ史の間の密接な関係を示す論証でもあった。」（この論文は死後出版の『ブローデル著作集』第一巻に収められた。）

『地中海』構想の第二の転機がアルジェリア滞在、すなわち対岸から地中海を見たことにあったとすれば、第二の転機はドゥブロヴニクにおける史料発見である。一九三二年にパリのリセ（有名なアンリ四世高校）に赴任したブローデルは、一九三五年まで夏休みを利用してイタリア各地の古文書館を訪ね歩く。そのなかで一九三四年のドゥブロヴニク古文書館での史料発見は「十六世紀の地中海を初めて見たのだ」とブローデルに言わせるほど重要なものであった。「私は一九三四年、ドゥブロヴニクでラグーザのすばらしい登記簿を発見したときの喜びを思い出す。船が、船荷証券が、交易品が、保険料率が、商売の駆け引きが、ついにここにあった」とブローデルはその感激ぶりを語っている（ドゥブロヴニクにおける十六世紀の発見については、後出の付録1「想像力の歴史家　フェルナン・ブローデル」も参照していただきたい）。海を中心として貿易で成り立っていたラグーザ共和国の史料は、ヴェネツィアの動き、トルコの動き、スペインの動きのすべてを一挙に解明してくれるほど価値のあるものであった。この一連の史料は、『地中海』の随所に引用され、著作の骨格をなしていると言ってもよい。

第三の転機は一九三五年のサンパウロ大学への赴任である。すでにシマンカスでの史料調査の際に、ブローデルは当時としては画期的な方法で史料収集をおこなっていた。あるアメリカ人の映画監督が使っていた撮影機を手に入れて、史料をそっくり撮影するという方法を採ったのである。マイクロフィルムは戦後の発明であるが、ブローデルは「間違いなく最初のマイクロフィルム使用者」であり、研究方法の新しさにも目を見張るものがある。ブラジルでの宿舎はホテルであったが、収集した史料があまりにも大量であったため、二部屋必要とするほどであったという。『地中海』の構想はほぼ固まり、一九三七年一〇月に帰国するまで史料を読み、整理する時間があった。大学の夏休み、ヨーロッパでは冬の季節にブローデルはイタリアの古文書館で相変わらず史料を探している。そして帰国する船では、さいわいにしてブラジルでの講演旅行を終えたリュシアン・フェーヴルと乗り合わせ、ブローデルにとっての歴史学の父と親しく話す機会を得た。ブローデルはフェーヴルの「息子のようなもの」になったと回想している。すでにパリで二度ほど会ったことのあるフェーヴルとのこの出会いが、ブローデルの歴史研究における方法論を決定的なものにしたのである。

同じ時期にサンパウロ大学の同僚としてクロード・レヴィ＝ストロースがいたが、個人的にはあまり親しく付き合うことがなかったようである（それでもレヴィ＝ストロースがコレージュ・ド・フランス教授に立候補したときにはブローデルは支持者であった）。のちに人類学で用いられた「構造」という用語がレヴィ＝ストロースの仕事から派生して世界的に流行したときには、『地中海』の「結論」や「長期持続」という論文で述べているように、ブローデルは自分の使う「構造」という用語は流行の用語とは意味が違うことを強調している（この点については第三章で詳述する）。この二人の偉大な学者の理論的な対立それ自体が戦後フランスの知的世界を映し出している。

帰国後、高等研究院に職を得て、一九三九年夏にはフェーヴルの家で博士論文の執筆に取りかかる準備が整っていたところで、戦争に動員され、ライン戦線で一九四〇年にドイツ軍の捕虜になり、その後一九四五年まで初めはマインツ、次にはリューベックの捕虜収容所で過ごし、この期間に史料もなしに記憶のみに頼って博士論文を書き上げたことはあまりにも有名である。恐るべき記憶力の持ち主であったことはフェーヴル宛に送られてくる手書きの博士論文の原稿をタイプライターで清書するのを手伝ったブローデル夫人がのちに証言している（特別付録「想像力の歴史家 フェルナン・ブローデル」を参照）。

## 三 『地中海』の創見

ドゥブロヴニクでの史料発見以後、およその構想が出来上がっていた博士論文の最終的なアイデア、すなわち長期持続を軸とする時間概念による三部構成によって第一草稿を書き終えるのは捕虜収容所時代の一九四一年である。

『地中海』の構成にあたってブローデルは歴史の時間を三つに分けて考えた。長期、中期、短期の三つの時間である。この三つの時間の層に従って『地中海』は三部に構成されている。第Ⅰ部は「ほとんど動かない歴史――つまり人間を取り囲む環境と人間との関係の歴史」を扱う。「環境の役割」と題されている第Ⅰ部についてのブローデルの説明は、歴史において地理の果たした役割の重要性を強調するものであるが、特に「環境と人間との関係の歴史」という表現はもっと強調されて理解されるべきであろう。もちろんブローデルが念頭に置いているのは自然地理学ではなく人文地理学のことであり、「特に人間的な要因を重視する、ある種の地理学の影響下にある」とブローデル自身が述べているように、ヴィダル＝ド＝ラ＝ブラッシュの『人文地理学原理』やリュシアン・フェーヴルの『大地と人類の進化』や『フェリーペ二世とフランシュ＝コンテ地方』からの影響があることは明らかであるし、ドイツのアルフレート・フィリップソンの『地中海について』への言及の多さにも注目しておくべきである。さらにエミール＝フェリックス・ゴーティエの著作がさまざまなヒントを与えたことも忘れてはならないだろう。

地理的な時間と名付けた長期の時間で扱う対象となるのは、単にひとつの海としての地中海だけでなく、「海の複合体」としてであり、いわゆる地中海と地中海型の経済活動が及ぶ周辺地域までも含めた「地中海世界」という、空間的にはヨーロッパ、アフリカ、アジアという最大規模の地中海である。この空間の規模の大きさは特筆するに値する。

しかし歴史学のなかに本格的に地理学を導入したせいで、ブローデルは歴史家ではなく地理学者であるという揶揄の対象になったのも事実である。

中期の時間層にあたる第Ⅱ部は「集団の運命と全体の動き」という題で、「緩慢なリズムを持つ歴史」すなわち「社会史」を扱っている。そこでは「経済、国家、社会、文明」の問題が歴史における「深層の力」として重視されている。おそらくブローデルが最も得意とする領域であり、場合によっては「深層の歴史」と名付けられることもあるし、「構造」と呼ばれることもある。序文に登場する「大きな歴史」という用語はこの構造の歴史の別名であり、一九四四年捕虜収容所時代の講演「三つの定義。出来事、偶然、社会」（『ブローデル著作集』第二巻）では、「全体的なものを目指す歴史という意味である」と述べている。

年代的には十六世紀後半の五十年が対象ではあるが、ブローデルは時間の単位をおよそ百年として地中海世界の共時的構造をとらえようとする。アナール派の歴史家たちがブローデル以後数量的処理を取り入れて次から次へと華々しい成果を上げてきたのは、この社会史、経済史の領域であり、およそ百年単位の時間が参照軸となるのはブローデルの功績であろう。これは単におおざっぱに歴史をとらえるということではない。時間軸を長くとりながらも、実はおびただしい数のディテールの提示からもわかるように、全体の構造を支えているのは細部の微視的な実例である。ブローデルは理論だけの歴史を常に警戒し、実例、具体例を重視してきた。ひとつだけ例を挙げると、シチリアの絹輸出に関する史料についてオーストリアの歴史家が「小麦の輸入」というふうに読み違えていたために誤った結論を出していた(それは初版の結論のひとつになっていた)のに対し、ブローデルは原史料を読み直して第二版で訂正し、十六世紀後半の経済活動を正確に把握することによって西地中海の穀倉地帯シチリアの経済基盤が相変わらず小麦の生産、輸出にあったことを論証して見せた(後述第三章十「全体史」を参照)。

第Ⅲ部は、「地理的な時間、社会的な時間」という区分に従えば、「個人の時間」と呼ばれる単位の、短期にあたるもので、ラコンブやシミアンの言う伝統的な「事件史」、言い換えれば地中海における戦争の歴史である。「世界戦争」とブローデルが命名したスペイン帝国を代表とするキリスト教勢力とトルコ帝国のイスラム教勢力との十六世紀後半における地中海世界の覇権争いが、軍事史、政治史、外交史として述べられているばかりでなく、地中海世界を一体としてとらえる文明論的な大きな視点から扱われていることを忘れてはならない。

ブローデルはこの『地中海』を自ら「全体史の試み」と名付けた。空間的にも時間的にもこれほどの広がりと深みのある全体史と呼べるような仕事は、アルジェリア時代に講演を聞いて衝撃を受けたアンリ・ピレンヌの仕事を除けば、ブローデル以前も以後も見あたらないと言って差し支えないだろう。

この『地中海』は、博士論文としては一九四七年に受理され、一九四九年に自費出版されて、一九六六年に改訂版が出ている。注目すべきことのひとつは、初版以後トルコの歴史家オメル・ルトフィー・バルカン教授から多大の史料的便宜を図ってもらったことで、改訂版ではオスマン・トルコ帝国についての記述が豊かになったことであろう。偉大な歴史家といえども、一人でできる仕事には限界があるもので、オスマン・トルコ帝国ならびにイスラム世界の専門家からはブローデルの『地中海』も西欧カトリック世界中心ではないかという批判をしばしば受けてきたし、現在でも不満を述べる人は少なくない。改訂版でほとんど修正が加えられなかったのは第Ⅲ部である。

ブローデルがフェーヴルを師と仰ぎながらも、フェーヴルの『ラブレー』に見られるような集合心性《マンタリテ》にはあまり重きを置かなかったことも事実で、「文明」を論じた章は物質的、経済的な側面を扱う部分に比べて確かに貧弱に見える。この点もしばしばブローデル批判の対象である（たとえばル＝ロワ＝ラデュリはラジオ番組での対談でブローデルに向かって集合心性よりも物質文明の歴史を重んじてきたという批判を行うが、ブローデルは広い意味での文化史をやって来たのだと抗弁したことがある）。そしてブローデル以後、ブローデルがほとんどやらなかった集合心性の歴史研究が盛んにおこなわれる。しかし『地中海』は、歴史学を学ぶことを志す人にとっては相変わらず必読の古典である。

## 四　「異端の歴史家」が権威になる
### ——高等研究院、コレージュ・ド・フランス、人間科学館——

一九四七年にブローデルは再刊された『アナール』の編集人の一人となり、同じ年に高等研究院にフェーヴルが新たに創設した第六部門に移った（ちなみに高等研究院の第一は数学、第二は物理・化学、第三は博物学・生理学、第四は歴史学・文献学であったが、第五に宗教学、第六に社会・経済諸科学が加えられ、のちに第六部門は一九七五年に独立して社会科学高等研究院になった）。一九五六年にはフェーヴルが亡くなるとその跡を継いで責任者になった。同時に『アナール』の実質上の編集責任者になり、一九六八年まで編集に携わった。

ブローデルは当初ソルボンヌ大学に就職することを夢見ていたようだが、その夢は破れ、一九四九年にリュシアン・フェーヴルの後任としてコレージュ・ド・フランスの教授に選ばれた。『地中海』のブローデルは伝統的なソルボンヌの歴史学にとっては、ブローデルが自ら用いた言葉によれば「危険な人物」であり「異端者」であったためである。

ところがブローデルがコレージュ・ド・フランスの教授になり、一九五〇年に歴史学の教授資格試験の審査委員長を務めるようになると、学生たちは皆ブローデルの本と『アナール』を読んでおかなければならなくなった。「異端」が権威になったのである。

高等研究院第六部門は、ブローデルがコレージュ・ド・フランスの開講講演「一九五〇年の現在における歴史学」や一九五八年の「歴史学と社会科学、長期持続」で主張しているように、すべての社会科学の総合をめざす場所であった。ここには歴史学のジャック・ル＝ゴフも、人類学のクロード・レヴィ＝ストロース（彼は同時に第五部門にも属していた）も、社会学のピエール・フランカステルも、記号学のロラン・バルトも集まり、特に一九六〇年代以降世界の人間諸科学をリードする学者たちはいずれも正統のソルボンヌ大学（現在のパリ第四大学）ではなく、この異端的な高等研究院を拠点としていた。そしてブローデルの夢であった人文・社会科学の学際的研究機関として高等研究院第六部門を基盤に人間科学館がロックフェラー財団の協力を得て一九六三年に創設され、ブローデルは一九七二年に引退するまで館長として君臨した。

ブローデルの指導で博士論文を書いたエマニュエル・ル＝ロワ＝ラデュリも、大西洋を主題としてブローデルの扱った時代の後を書いたピエール・ショーニュも、ブローデルの影響を強力に受けた人たちである。ショーニュの仕事はセビーリャの港に入ってくる船の数や積み荷の変動を数量的方法で調べた、いわば「系の歴史学」、数量史を代表するものであり、その直接のヒントはエルネスト・ラブルースの方法にあると言えるが、すでにブローデルは『地中海』において十六世紀のジェノヴァ港の船舶の入出港・積み荷の調査をしていたのだ。

## 五　『物質文明』から『フランスのアイデンティティ』まで

ブローデルの著作のなかで、いったん出版したものをまったく新たに書き直し、別の著作として考えるべき重要な著作がある。『物質文明・経済・資本主義』（以下『物質文明』）である。元の著作はフェーヴルと一緒に書くはずであった十五世紀から十八世紀のヨーロッパ史の一部で物質生活を扱うものであった。この計画はフェーヴルの死により実現せず、ブローデルは自分の担当部分だけを一九六七年に『物質文明と資本主義』という本にまとめた。のちにこれを元にして書き直したものが『物質文明・経済・資本主義』三巻として新たに一九七九年に出版された。『地中海』もそうであったが、著作の書き直しに注ぐブローデルのエネルギーは並々ならぬものであり、初版の結論と異なる研究結果が出た場合には潔く前言を撤回している。

地中海世界という一つの地域を対象として全体史的にアプローチした『地中海』に比べ、『物質文明』の仕事は、十五世紀から十八世紀までという長大な時間を扱っているばかりか、日本までも含めた世界規模の経済変動を中心とした「問題史」となっているところに特徴がある。なかでも「日常生活」「物質文明」という用語はブローデルの仕事を端的に表すもので、人々がどんな服を着て、どんな食べ物を食べ、どんな暮らしをしていたかを、十六世紀の膨張、十七世紀の停滞、十八世紀の膨張といった長期の経済変動を背景に綿密に記述している。この経済変動（景況）の考え方のヒントがコンドラチェフの五十年長期波動論にあることはよく知られている。また『文明の文法』（一九八七年）にも見られるように、「文明」という語はブローデルにあっては特別な意味を持っている。文化とは「まだその成熟の段階、最良の状態に到達せず、確実に成長するかどうかもわからない文明のことである」のに対し、文明とは「一連の経済、一連の社会を貫いて生き続けていき、少しずつわずかにしか方向を変えられないもの」である。

のちに日常生活の歴史が歴史学のなかで脚光を浴びることになるが、ブローデルは文明としての「日常生活を歴史の領域に導入」した歴史家の一人である。しかしブローデルが本当に目指したものは「十五世紀から十八世紀にかけての世界の、なによりもまず経済史なのである。」（『物質文明』第三巻「世界時間」まえがき）そして「世界経済史とは世界の全体史なのである。」（同右）言い換えればブローデルにとって歴史とは世界史以外の何ものでもない。

となれば我々は『物質文明』に初めて登場する「上部構造」や「史的唯物論」といった用語からも、ブローデルがマルクス主義の思想を避けて通れないものと受け止めていたことが理解できる。しかしブローデルが資本主義に対してとった態度はマルクス主義的ではない。ブローデルにとって資本主義の起源はひとつではない。ヴェネツィアが十五世紀に世界経済の覇権を握り、ここで始まる商業資本主義はアントワープ、ジェノヴァ、オランダへと中心が移っていく。地中海の商業資本主義がのちの資本主義を準備したとブローデルは考えて、マルクスから一定の距離を保っている。すでに『地中海』においても「一五七九年、北イタリアのピアチェンツァにいわゆるブザンソン定期市（両替の）が設立されたことは、資本主義の歴史という観点からすると、この世紀の最大の事件である」と述べている。

『物質文明』第二巻の「交換のはたらき」では、経済人類学のカール・ポランニーから多大な影響を受けているが、近代初期に市場経済が非市場経済と共存していたことを主張して、ポランニーの考え方を拒絶している。バークは「分配と交換のメカニズムに関するこの記述において、構造的であると同時に多面的な説明をしたこと」をブローデルの特徴として指摘している。

またブローデルにはひとつの経済活動が自律性を有し、その地域内にひとつの中心があって経済的一体性を形成していることを強調する「経済＝世界」（この用語は世界＝経済と訳されることもある）という独特の概念がある。これをワールド・エコノミーという英語で世界に広め、さらに「世界システム」論を構築し、ブローデルを師と仰ぎ、自分の属する大学に「フェルナン・ブローデル・センター」をつくったウォーラーステインというブローデルが自ら認めた後継者がいるのだが、面白いことにウォーラーステインは資本主義の発達については伝統的なマルクス主義の枠組みから離れていないようである。

晩年、八十歳近くになってブローデルはフランス史というひとつの国の歴史を書くという作業を始めた。一国史を越えた『地中海』とは逆の方向であるが、一国の全体史を目指した点はやはり伝統的なフランス史と異なる。しかしこの『フランスのアイデンティティ』を完成させることなくブローデルは他界した。ブローデルが書き残したのは、地理と人口と経済の問題である。

一九八四年にはアカデミー・フランセーズの会員に選ばれている。最終的な輝かしい経歴にもかかわらず、ジャック・ルヴェルが『フェルナン・ブローデルと歴史』の序文で触れているように、ブローデルが籍を置いた高等研究院、コレージュ・ド・フランス、人間科学館は、いずれもフランスの大学システムの周辺部にあるものである。その意味ではブローデル夫人が証言しているように、出世を考えなかったブローデルの経歴は典型的な大学人のそれとは異なっていることを思い出しておこう。

## 六　ブローデルの遺産

一九二九年にマルク・ブロックとリュシアン・フェーヴルによってストラスブールで創刊された『アナール』が戦後名称変更したうえで再刊され、一九六〇年代になって『アナール』に寄稿する歴史家の仕事を総称的に「新しい歴史」と呼ぶようになってすでに久しく、その後、「新・新しい歴史」のような言い方（これはブローデルが批判的に用いた）がされるほど世界的に大きな影響力を及ぼしてきたことについては誰もが認めるところである。ブローデルの『地中海』は、一九七二年になってようやく英語訳が出て、世界に知られるところとなり、「新しい歴史」のマニフェストとしてすでに古典的な地位にあるが、ブローデル以後、計量的方法による歴史研究はコンピュータの発達とともにますます盛んになる。しかしともすれば単純な統計から抜けきれず、精彩のない歴史記述になりがちである。一方、集合心性を扱った歴史は、ジョルジュ・デュビイ、ジャック・ル＝ゴフのように、ブローデルがほとんど手を出すことのなかった文化的な領域を開拓し、文化史の分野で輝かしい成果を挙げてきた。またピエール・

グーベールの仕事に代表される歴史人口学も、ある社会の総体的分析を人口動態を基礎としておこない、社会史研究と結びついて多くの成果を挙げている。

人間科学館で歴史学を中心にすべての社会科学の総合を目指したブローデルの夢は、学際的な共同研究の道を開いた。ソルボンヌの経済史教授エルネスト・ラブルースと一緒に編集した『フランス社会経済史』（全七巻、一九七〇―八二年）は、経済史の集大成とも言うべき記念碑的な事業であった。ジョルジュ・デュビイとミシェル・ペローが編集した『女の歴史』やミシェル・ヴォヴェル編集の『記憶の場所』のような仕事も、さまざまな学問分野と立場を異にする人が結集してひとつの事業を完成させたものとして評価されるものだが、一方ではその反動であるかのように、歴史学そのものはさらにいっそう細分化された領域の探求へと突き進み、ブローデルの批判した政治史や事件史が復活したりもする。さらにはブローデルからすれば孫に当たる世代のアラン・コルバンによる感性の歴史やロジェ・シャルチエの書物と文化の歴史あるいは表象の歴史が注目を浴びるようになる。そのような一九六八年以後の現象をフランソワ・ドスは「粉々になった歴史」と呼んだ。

ブローデルの直接の影響を受けたにせよ、ブローデルに反発して仕事をするにせよ、ブローデルの教えは、受け継ぐにはあまりに壮大な企図であったということだろうか。ブローデルの歴史観を直接に継承して、東南アジア世界を見事に描いた『大航海時代の東南アジア』の著者アンソニー・リードはフランス人ではないし、ブローデル自身がただ一人の理論的後継者とみなしていたのは、世界システム論のイマニュエル・ウォーラーステインであり、やはりフランスの歴史家ではない。

一九六八年の五月革命に対するブローデルの反応として「文化革命は一日にして成功することはない」という言葉が残っている。一人二人の個人の力ではどうにもならないような、もっと大きな力、そして深いところで我々の日常生活を動かしている「運命」という別名を持つ長期の歴史こそブローデルの考える歴史であったのである。

＊本章の初出は「フェルナン・ブローデル」、今谷明・大濱徹也・尾形勇・樺山紘一・木畑洋一編『二〇世紀の歴史家たち(3) 世界編・上』刀水書房、一九九九年。本書収録にあたり、一部修正をほどこした。

# 第二章　『地中海』のアウトライン

## ——現代を照らし出す十六世紀の地中海世界——

地中海が提起するすべての問題は例外的なほど人間的に豊かであり、地中海の問題は、その光りを現代にまで伝えている。

（『地中海』Ⅰ／セレクション版①、一八頁）

本章では引用の織物を示して『地中海』のアウトラインを理解できるようにしたい。

## 序文より

初めに『地中海』の序文（初版）の冒頭を引用しておく。

「私は地中海をこよなく愛した。たぶん他の多くの人と同じように、また多くの先達に続いて北の出身であるためだろう。長い歳月にわたって――私にとっては青春時代を過ぎてまでも――地中海に研究を捧げることは喜びであった。私の青春の代償として、この研究の喜びの一部と地中海の多くの光りが本書のそれぞれのページを照らし出してくれるものと期待している。」（I／①、一五頁、ローマ数字はハードカバー版、アラビア数字はセレクション版、以下同様）

## 地中海と現代

「近代の初めに、世界が地中海中心ではなくなり、世界が地中海のために存続し、地中海のリズムで存続することをやめたとき、地中海がどうなったかを知っておくことは役に立たないわけではない。ただちに起こる地中海の衰退は、つねに人々が語ってきたところであるが、私には十分立証されているとは見えない。むしろなにもかもがその反対に繁栄を築いているように見える。しかしこの深刻な事態を除いては、地中海が提起するすべての問題は例外的なほど人間的に豊かであり、その結果として歴史家の関心も、また歴史家でない人々の関心も引くものであると思う。地中海の問題は、その光りを現代にまで伝えているし、ニーチェが歴史そのものに要求していた、厳密な意味での『有用性』を奪われていないとさえ私は考えている。」（I／①、一八頁）

## フェリーペ二世の外交史から地中海への主題の移行

「一五八〇年代に、スペインの国力は、実際、大西洋のほうに一挙に向けられていった。危険を意識してかしないでか、フェリーペ二世の広大な帝国は、大西洋に立ち向かい、大西洋で帝国の存在を脅かすものと戦わなければならなかった。ある強力なシーソーのような運動が帝国を大洋の運命のほうへと推進していた。スペイン政治のこうした地下の駆け引き、生理に関心を持つこと、フェリーペ二世やドン・フアン・デ・アウストリアのような責任ある人々にレッテルを貼ることよりもこうした研究のほうを好むこと、さらにはフェリーペ二世のような人々は、みずからの幻想にもかかわらず、歴史の立役者であったと同時にしばしば歴史に動かされていたのだと考えること、これはすでに伝統的な外交史の枠組みを外れることであった。結局、地中海は、スペインの間接的な、むらのある駆け引き（レパントの海戦のあの熱烈な勇敢な行動を別にすれば、生気のない駆け引き）どころか、それ以上に、固有の歴史、運命、逞しい生命を持っていなかったかどうかを問うこと、またこの生命にはいきいきした背景という役割以外に価値はなかったかどうかを問うことは、最終的に私が取り上げた途方もなく大きな主題へと誘いこまれることであった。そのことに気がつかないでいることなどできたであろうか。」(I/①、一九―二〇頁)

## アナール派の経済社会史の立場を表明

「この多様にして活気に満ちた生命に目を向けずに、新事実を明らかにする古文書資料を古文書保管所から保管所へと、どのように追いかけていくべきか。恵み豊かなこれほど多くの経済活動を目の前にして、あの革命的な経済社会史のほうに向かわないでいられようか。」(I/①、二〇頁)

## 『地中海』の三層構造が全体の説明となることについて

『地中海』はⅢ部に分かれ、Ⅲ部それぞれがそれ自体として全体の説明の試みとなっている。

第Ⅰ部はほとんど動かない歴史を問題にする。つまり人間を取り囲む環境と人間との関係の歴史である。ゆっくりと流れ、ゆっくりと変化し、しばしば回帰が繰り返され、絶えず循環しているような歴史である。私はこのようにほとんど時間の枠を外れた歴史が無機的な事物の影響を受けていることを無視したくなかったし、このことに関しては、伝統的に、多くの歴史書の冒頭に歴史への地理学的導入として置かれているやり方だけで済ましたくなかった。そのようなやり方では鉱物の状況も耕作地も花も手短に示されはするが、決して問題にされることはない。まるで花は春が来る毎に咲かないかのようであり、家畜の群れは移動の途中で立ち止まってしまったかのようであり、船は季節とともに変化する現実の海を航行する必要がないかのようである。

この動かない歴史のうえに緩慢なリズムを持つ歴史が姿をあらわす。こういう言い方がその本来の十全な意味から逸れていないのだとすれば、〈社会の〉歴史〔社会史〕と言っておきたい。つまりさまざまな人間集団の歴史であり、再編成の歴史である。そのような趨勢がいかにして地中海の生命全体を刺激するか、これこそは私が本書の第Ⅱ部で問題にしたことであるが、それは経済、国家、社会、文明を順次研究し、最後には歴史に関する私自身の考え方をいっそう明らかにするために、戦争という複雑な領域では経済、国家、社会、文明といった深層の力のすべてがいかに働いているかを示そうと努めることによっておこなわれる。なぜなら戦争というものは、周知のように、単に個人の責任の領域ではないからである。

最後に第Ⅲ部は、伝統的な歴史を扱う。人間の次元ではなく個人の次元での歴史を望むのであれば、ポール・ラコンブとフランソワ・シミアンの言う出来事の歴史である。つまり歴史の潮がその強力な運動によって引き起こす表面の動揺であり、波立ちである。短く、急であり、神経質な揺れを持つ歴史である。定義上きわめて敏感であるから、どんなに些細な一歩といえども歴史のあらゆる測定器具を危ういものにする。しかし、あるがままの歴史は、あらゆる歴史のなかで最も面白いものであり、人間性という点で最も豊かなものであり、また最も危険なものでもある。我々としては同時代の人々が、現代人の短い生活のリズムと同じリズムで、感じ取り、記述し、体験してきたような、いまだに注目を集めているこのような歴史には警戒しよう。そのような歴史には同時代の人々の怒りや夢や幻想という重要な側面がある。十六世紀には、真のルネサンスの後に、貧しい人々、つつましい人々のルネサンスがやって来る。この人たちは書くことや己を語ることや他人について話すことに一生懸命だった。この貴重な書き物はかなり事実を歪めているし、失われた時間を一杯に満たして、真実とは関係のない場を占めている。まるでフェリーペ二世の代理として着席しているかのように、フェリーペ二世に関する書類を読む歴史家は、まさに意味が欠如しているような奇妙な世界に運ばれていくのである。たしかに激情の世界である。我々の世界同様に、どんな生きた世界とも同じく盲目の世界であり、深層の歴史を気にかけない、つまり我々の乗った小船がまるで船のなかで最大の酔いどれ船であるかのように進んで行くあの生きた海原を気にかけない世界である。危険な世界ではあるが、表面に現れず、しばしば沈黙している大きな流れを、あらかじめ定めておくことにより、危険な世界の呪祖や呪文を払いのけておくことができるし、また危険な世界の意味は時代の広範な時期を包括的に見渡す場合にしか明らかにならない。華々しい出来事というものはたいてい瞬間の出来事でしかなく、そうした出来事がかかえる大きな運命の出現でしかないし、またそういう運命の出現によってしか説明されない。

このようなわけで、我々は歴史を段階的に成層化された次元に分解するに至った。あるいはこう言ってよければ、歴史の時間のなかに、地理的な時間、社会的な時間、個人の時間を区別することにした。

あるいはさらにこういう言い方のほうがよければ、人間を個々の登場人物の行列に分解することにした。これはたぶん人々が私に対して最も容赦をしない点であろう。たとえ私が伝統的な歴史区分もまた、生きた歴史を、そして本質的にひとつの歴史を分割するのだと断言し、ランケやカール・ブランディとは反対に、物語としての歴史はひとつの方法ではないし、すぐれて客観的な方法ではなく、ひとつの歴史哲学でもあると断言し、さらにはこうしたプランは説明の手段にしかならず、私自身は途中で一方から他方へと行くのを自らに禁じることはなかったと断言し、論証したところで、私を許してはくれないだろう……。だが弁護したところで何になろうか。もし本書を構成するもろもろの要素の集め方がまずいと私を非難するのであれば、我々歴史家の作業現場の正確な物差しに従ってきちんと製造された断片を見つけ出していただきたい。

また私の野心が大きすぎるとか、視野を広く取りたいという私の願望や必要を非難しないでいただきたい。歴史学は塀に囲まれた閉じた庭だけを研究する運命にあるのではない。そうでなければ歴史学はみずからが現在抱いている任務のひとつに背くことにならないだろうか。歴史学の任務のひとつとは現在のさまざまな不安な問題に答えを出すこと、かなり未熟ではあるけれどもきわめて帝国主義的な人間諸科学との連携を保つことでもある。一九四六年の現在、おのれの義務とその非常に大きな力を自覚している、野心的な歴史がなければ、今日的なヒューマニズムはありうるだろうか。」(I／①、二一―二三頁)

最後の引用文に登場する「帝国主義」や「ヒューマニズム」については後述のキーワードの章で詳し

く述べる予定であるが、ここでは「歴史学」がさまざまな人間諸科学を統合する中心の学問であるというブローデルの野心的な歴史学のマニフェストと理解していただきたい。

# 第Ⅰ部「環境の役割」について

## 環境歴史学の創始者

『地中海』は、すでに述べたように三部構成であるが、その第Ⅰ部で、ブローデルは、大方の予想に反して地中海の自然環境を海ではなく山から語り始めた。何でもないことのようだが、第1章で、山、高原、台地、丘陵、そして平野へと、高いところから低い方へと話題を展開し、第2章の海の話へと続けている。海について言えば、ブローデルは大きな山脈の間にある内海としての地中海から十七世紀における世界の中心となる大西洋へと記述を広げていく。この記述の順序そのものが歴史学の領域においては一種の革命である。というのは第一に、歴史学の著作でほんの序論程度にしか扱われてこなかった歴史における地理の問題の重要性を提起しているからである。第二には、地理的空間を扱う視点が非常に大きいという点である。地中海という内海だけでなく、経済活動や人間の移動が及ぶ周辺地域までも含めた地中海世界というものを扱っている。ブローデルが七十歳の定年以後メディアに登場する際の紹介の仕方に「長期持続と大きな空間を扱う歴史家ブローデル」という言い方がしばしば使われるのはこのためなのである。

さらに、この第I部の基礎になっている地理学について強調しておく必要があることは、あるがままの自然環境について述べる自然地理学的記述ではなく、ヴィダル・ド・ラ・ブラッシュの人文地理学に依拠して、環境と人間との「関係」を問題にしている点である。その意味ではブローデルは単に自然環境のほとんど変化しない歴史を描こうとしているのではなく、人間の生活と関係があり、人間が手を加える自然環境の歴史を長期的な視点から見ている。したがってブローデルは環境歴史学の創始者と言えるのではないか。

ブローデルの考える歴史では、このように空間的に大所高所から見るということ、しかも時間的に長期的な視点で見るということがきわめて重要である。そういう見方に従った歴史のことをブローデルは全体史と名付けている。ブローデル以前にマルク・ブロックは「フランスの歴史などはない、存在するのはヨーロッパの歴史だけだ」と言ったが、ブローデルは遺作となった『フランスのアイデンティティ』序論で「ヨーロッパの歴史というものはない。存在するのは世界の歴史だけだ」と述べている。

本章では、そのようなブローデルの歴史観に基づいて書かれた『地中海』という著作が現代に投げかけている光りを中心にブローデルの仕事を紹介してみる。

## 海の複合体、海の歴史の可能性

「地中海は〈ひとつの〉海ではなく、『海の複合体』なのだ。いろいろな島があり、いろいろな半島で切断され、さまざまな海岸に囲まれた海から成っている。その生活は地上と関わっているし、海のポエジーは半分以上農村的であり、地中海の船乗りたちは季節によっては農民である。地中海は、艪で漕ぐ小さな舟や商人の丸い貨物船の海であると同時にオリーブの木やぶどうの木のある海である。また地中海の歴史は、地中海を包囲する地上世界から切り離すべきでもない。それは粘土を捏ねる芸術家の手から粘土を取り上げるべきでないのと同じである。**Lauso la mare e tente'n terro** (海を讃えよ、だがお前は大地にしっかり立っていろ)とプロヴァンス地方の諺は語っている。

したがって、地中海が正確にはどんな歴史的人物でありうるのかを知るには苦労することになる。それには忍耐が必要であろうし、さまざまなアプローチが必要であるし、おそらくいくつかの誤りは避けることができない。海洋学者や地質学者や地理学者の定義する地中海ほど明解なものはない。それこそは広く認められ、レッテルを貼られ、境界の定められた領域である。しかし歴史で言う地中海はどうか。信ずるに足る意見百出で、我々は、地中海はこれでもないし、あれでもない、と忠告を受ける。地中海は、自己充足しているような世界ではないし、それ以上に四角い草原ではない。こうした先決問題は立てられないとか、地中海はずっと前から明確に定義され、明解であり、ただちにそれとわかるのであるし、また地中海の地理的輪郭を示す点線に従って全体史を切り取ることによって捉えられるのだから定義などおこなうべき人物ではないと考える歴史家に災いあれ。というのもそのような輪郭は我々の研究調査にとってどれほどの価値があるのか疑わしいからである。

たとえ五十年であっても、片方をヘラクレスの峡谷、つまりジブラルタル海峡で歴史を止め、もう片方を古代イリオンがすでに接岸を監視していたギリシャの航海路で止めることによって、海の歴史を書くことができるのだろうか。枠組みをめぐるこうした問題は、第一に立てられるべき問題であり、この境界問題から他のすべての問題が必然的に出てくる。つまり境界を定めることは、定義し、分析し、再建することであり、また本書の場合、ひとつの歴史哲学を選択するばかりでなく、それを採用することでもある。

本書を書くために、私は隣接学問に携わる民族誌学者、地理学者、植物学者、地質学者、科学技術者……によって書かれた、ある場合には純粋に歴史に関わる、また他の場合にはやはり興味深い、膨大な数の論文、報告書、書物、出版物、調査を用いた。この世には、地中海と、まさにこの地中海がその反映で照らし出している大地の空間以上に明るく照らされ、財産目録をよく作られている空間はない。それでも、先駆者に対して恩知らずに見える危険を冒して言っておかなければならないが、研究者は灰の雨を浴びるかのようにこうした無数の出版物に圧し潰されるほどである。これらの研究の多くは、いろいろな理由で古びた過去の言葉遣いを用いている。研究の関心は、広大な海にあるのではなく、海のモザイクをなす特定の小さなタイルであり、また海の波瀾に富んだ偉大な生涯ではなく、王族や金持ちの身振り、行動であり、私が関心を抱いている緩慢で力強い歴史の歩みとは何ら共通の尺度を持たぬ無数の雑報記事である。それらの研究の多くは、研究に再び生命を与えるためには、見直しをおこない、全体にわたってゼロから始め、挑発しなければならない。

また海に関する古文書の膨大な原典についての正確な知識を持たずには、海の歴史の可能性もありえない。ここでなすべき任務は個人の歴史家の力量を超えているように思われる。十六世紀に、地中海世界が体験した数々の火災、戒厳令、あらゆる種類の災難を免れた資料を十分に備えた文書記録室を持っている地中海国家はまったくない。ところで、そうした思いもかけない豊かさ、歴史的に最も美しい金の鉱脈の財産目録を作製し、試掘するためには、一個人の人生ではなく、二十の人生が、すなわち二十人の歴史研究者がそれぞれの人生をこの仕事に捧げ、同時に彼ら自身の生涯をかけることが必要であろう。たぶんいつの日か、歴史の作業現場では我々のような職人的方法で仕事をやらなくなる日がやってくるだろう……。その日が来れば、程度の差こそあれ書物をまず第一次資料として使うのではなく、原資料に基づいた全体史を書くことがたぶん許されるだろう。私の努力がたとえ十分であったとしても、手に入る古文書資料をすべて綿密に調べることはしなかったし、本書は必然的に部分的な調査に基づいて出来上がったのだと言っておく必要があるだろう。本書の結論が他の書物によって繰り返され、議論され、別の結論に取って代わられるだろうということは私にも予めわかっているし、また私はそうなることを願っている。歴史学はそのようにして進歩するのであるし、またそういうふうに進歩しなければならない。」（Ⅰ／①、一六―一八頁）

## 地中海世界は現在も変わらない

「今日でもまだ、地中海世界は相変わらずローカルな生活を持ち続けている。貨物用の昔の帆船や古めかしい漁船の習慣が保たれているだけにますます趣がある。というわけで、スファックス〔チュニジア〕には、三角帆のマオン船の浮かぶシルテ湾の海があり、海綿取りの小舟があり、三叉の魚やすでで魚をとっているジェルバ人やカルカナ人の乗った『カマキ船』がある。たしかに我々は現在にいるのだろうか。テオフィル・ゴーティエと一緒に、マレーア岬〔ギリシャ南部〕を回ったばかりのところで、列島〔エーゲ海〕は島々と穏やかな海で始まり、たちまち『水平線は帆船で一杯になる。二本マストの小帆船、スクーナー、カラベル船、アルゴス船が右に左に青い海を行き交う……』これは、今日でもなお、狭い海の特権であり、また魔術である。こうした昔からの輸送形態や何世紀も前に始められた航路が生き残っていることが、厄介な問題になる。短い行程、わずかな積載量の集荷が、過去においても今日においても、重要である。そしてこの輸送形態に伴う狭く、習熟した範囲が、船の安全を確保している。こうした船にとっての困難は、生まれ故郷の海域を離れ、危険な岬を越えていかなければならない長い行程の場合にしか始まらない。『マレーア岬を越える者は、祖国を忘れなければならない……』と、ギリシャの格言は言っている。

こうした狭い空間は、海峡と結びついて、大量輸送を可能にする海路とともに、十六世紀には、東のイオニア海と西の海——サルデーニャ島、コルシカ島、ヨーロッパ、そしてアフリカが境界をなしている——という二つの海盆以上にはるかに重要である。両者は（そして特にイオニア海は）、まさしく海のサハラ砂漠であり、この海を商用の船が急いで迂回したり横断したりしている。

地中海の海の生活は、この二つの広大な空間——その大きさゆえに敵意にみちた空間——の周辺の、狭い海に囲まれたところにある。つまり東には、半分だけ地中海的である黒海やエーゲ海すなわち多島海（十六世紀には、我が者顔に振る舞っているイタリア語 Arcipelago に由来すると言われるが、フランス語でも多島海と言う）。中央には、アドリア海、そしてアフリカとシチリア島の間にある特別な名前のない海域。西には、ティレニア海、つまりとりわけイタリアの海、シチリア島、サルデーニャ島、コルシカ島、イタリアの西海岸に囲まれた『エトルリアの海』。最後に一番西には、南スペインとスペインに近いアフリカの間にある、これもまた名前のない海、言わば『地中海の海峡』で、これは東のほうはアルジェの近くのマティフー岬からバレンシアの隣のナオ岬へと引いた線で区切ることができ、ジブラルタル海峡は大西洋に接している。」（I／①、一七三—一七四頁）

## 百年以上の長期の視点で観察すること

「移牧民対遊牧民、山岳住民対平野ないし都市の住民といった振幅がきわめて緩慢であることを指摘してきた。こうした運動はすべて、達成されるには数百年を必要とする。平野が活発な活動に目覚め、野生の水と戦い、道や水路をつくるには、一世紀、二世紀の年月が流れる。山が移住を始め、平地の発展が山からの人口流出を許す限り、人口の分封は一世紀、二世紀、いやそれ以上に続いていく。それは数百年以上にわたるプロセスであり、その運動が明らかになるのは、観察の年代学的領域が極端に開かれた場合のみである。

ふつう、歴史は、こうした緩慢な運動の危機や絶頂にしか関心を示さない。ところが、そうした危機や絶頂に先立って無数の準備があるし、危機や絶頂のあとに果てしなく続く結果があるのだ。しかも、こうした運動は、その緩慢さにおいて、少しずつ兆候を変えるということが起こる。建設があり、次には荒廃があり、荒廃の次には建設が起こる。山は、すべてを手に入れ、次にはすべてを失うということが交互に起こりうるし、あるいは全くの勝利のうちに身を滅ぼすこともある。こうした歴史が単なる出来事や局地的なプロセスに限定されていないとき、（こう言ってよければ）すべてきわめて緩慢な『地理的』サイクルは、非常に大まかな同時代性に従っている。というわけで、十六世紀が終わるとき、地中海の山は、どこでも人間と拘束が多すぎて、自由になるために爆発を起こす。この人口拡散の戦争は、我々の目には、山賊行為――このうえなく曖昧な語である――と呼ばれる潜在的で果てしない社会戦争というかたちでごっちゃになり、見えなくなる。アルプス山脈でもピレネー山脈でも、またアッペンニーノ山脈やキリスト教、イスラム教支配の他の山岳地帯でも、海の香りを嗅ぐ山の巨大な飾りに沿って、ひとつの共通の運命が形をなしてくる。

ところで、このようにほぼ不動の枠組みにおいて、こうした緩慢な潮の流れだけが、人間と環境の全体的な関係の振幅に作用しているのではなく、緩慢な潮の流れが他の変動に、つまり時には経済の緩慢な変動ではあるが、ふつうはより短期の変動に付け加わるのである。こうした動きはすべて重なり合っている。緩慢な変動と短期の変動は、決して単純ではない人間の生活を規制している。そして人間は意識的であろうとなかろうと、こうした潮の流れを利用することによってしか建設をおこなうことはできない。換言すれば、長期の地理学的観察によって我々は歴史が体験する最も緩慢な振幅のほうに導かれるのである。それこそは我々の考察を方向づけ、本章ならびに後続の章の我々の考察を方向づけるのだ。

（I／①、一六〇—一六一頁）

## 地中海は山から始まる

地中海世界には「アルプス山脈、ピレネー山脈、アッペンニーノ山脈、ディナル・アルプス山脈、カフカス山脈、アナトリア高原、レバノン山脈、アトラス山脈、スペインのコルディエラ山系といった山々」があり、いずれも高く、大きな山である。

「したがって地中海は、ぶどうとオリーブの木の織りなす風景」に象徴される海の近くの農村や都市だけではなく、「密度の濃い高地の国、つまり城壁に囲まれ、わずかな家と小部落があり、『垂直に北を向いている人々』のいる、高いところにある世界でもある」（I／①、三六頁）ということをブローデルは強調している。

## 雪の話

そういう山の世界のいろいろな問題について述べるブローデルが「雪」について書いているところを読んでみる。以下の抜粋の重要性については、あとで説明する。

「山の冬はきわめて厳しい。モロッコのアトラス山脈では雪がたっぷりと降る。冬に山越えをしたレオ・アフリカヌス〔グラナダ生まれのアラブ人地理学者、アラブ名アル＝ハサン・イブン・ムハンマッド・アル＝ファジ、一四八三―一五五四、『アフリカ誌』(一五五〇)の著者〕は、この山で運悪く荷物も服も盗まれてしまった。しかし地中海を旅行する者もまた、悪い季節のあの雪崩、道路の遮断、太陽が燦々と光り輝く海岸からわずか数キロのところでシベリアや北極にも似た風景、雪に押し潰された〔ユーゴスラヴィアの〕モンテネグロの家々、あるいは巨大な龍巻の合流点であり一晩のうちに四メートルも雪が積もる〔アルジェリア高地の〕カビリアのあのチルールダ峠を知らなかっただろうか。クレアのスキーヤーは一時間もすればバラの花咲くアルジェに到着する。それに対してアルジェから一二〇キロのジュルジュラ、つまりタンジダのヒマラヤ杉の森の近くでは、裸足の現地人たちは、腰まで雪に漬かっている。

こうした雪が真夏まで残っていて『目にさわやかである』ことを誰が知らないだろうかと、ある旅行者は言っている。〔スペインの〕ムラセン山の麓のグラナダでは灼熱の暑さに参っているというのに、山の頂上は雪の白い線で縞模様になっている。熱帯のようなスパルタの平野を見下ろす〔ギリシャの〕テジェート山脈にも雪は残っている。レバノン山脈の谷間や〔アルジェリアの〕クレアの『氷河』にも雪は残っている……。サラディン一世〔サラーフッ・ディーン、一一三八－一一九三〕が〔イギリスの〕リチャード一世に献上した『雪の水』の長い物語を地中海で説明するのは、まさにこうした雪であり、〔スペインの〕ドン・カルロス皇太子は一五六八年の暑い七月の間、この雪の水を飲みすぎてマドリードの宮廷内監獄で死ぬ。十六世紀のトルコでは、雪は金持ちだけの特権ではなかった。旅行者たちは、コンスタンティノープルだけでなく、他でも、たとえばシリアのトリポリにも、雪の水やアイスクリームやシャーベットの商人がいたことを報じているし、またほんのわずかな金でそれらを手に入れた。ブロン・デュ・マンによれば、〔トルコの〕ブルサの雪がそっくりそのままイスタンブールにまで届いていた。アナトリアのアマシヤのトルコ軍の野営地で近衛歩兵たちが毎日雪の水を飲んでいるのを見てびっくりしたビュスベックも言っているように、一年中雪が見つかったのだ。雪の商売は大変重要なので、〔オスマン帝国の〕パシャ一族は『氷採掘』に手を出すほどである。メフメット・パシャは、この事業で、一五七八年には、年間八万ツェッキーノも稼いだだろうと言われている。

他のところ、エジプトでは早馬によるサービスが雪をシリアからカイロまで持って来たし、リスボンでは雪を非常に遠くから持って来させた。スペインの要塞オラン〔アルジェリア〕では、雪は地方長官所有のブリガンティーン〔二本マストの小型帆船〕でスペインからやって来る。マルタ島では、騎士たちは、彼らの言うことを信じれば、ナポリ発の雪の入荷がないために死んでしまった。彼らの病気は、『この上なくよく効く薬』として雪を必要としたのである。雪は高級食品であったのだ。しかし、イタリアでもスペインでも、雪の水はかなり普及していたようだ。これはアイスクリームやシャーベットの技術がかなり早くイタリアで発達した理由の説明となる。ローマでは、雪の水の販売はきわめて実り多かったので、独占の対象となる。スペインでは、雪は井戸のなかに押し固められて、夏まで保存される。聖地に向かう途中の西欧の巡礼者たちが、一四九四年にシリアの海岸で、船の持ち主が贈り物として『雪のいっぱい入った袋』を受け取るのを見るとき、その光景にやはり驚きを覚える。『この国で、しかも七月に、船の乗組員全員が最も驚くべきもの〔つまり雪〕を詰め込むのだ。』この同じシリアの海岸で、一五五三年に、あるヴェネツィア人は、『我々が料理に砂糖を使うのと同じように、モーロ人が雪を料理や食物に撒き散らす』のを見てびっくりする。」（I／①、三六―三九頁）

この雪の話は『地中海』に登場する多くのディテールのひとつにすぎないが、ブローデルの『地中海』の歴史の書き方をよく表していると思う。

まず第一に、冬に雪が大量に降ることだけでなく、地中海各地の高い山には夏でも雪が残っていることを地理的な観点から記述している。自然地理学から見た地中海世界の一体性と言ってもよい。第二に、この自然の雪と人間との関係を記述している。サラディン一世がリチャード一世に雪をプレゼントしたこと、スペインのドン・カルロス皇太子が雪の水を飲み過ぎて病死したこと、十六世紀のトルコでは雪の商人が存在したことを初め、地中海各地において雪が贈り物または商品としての価値を持っていたことを社会・経済史の観点から述べている。地中海各地での雪をめぐるこれらのエピソードを述べることでブローデルはひとつの国を越えた地域の歴史を書いているのである。第三に、雪が商品価値を持っていたという点ではキリスト教世界もイスラム世界も共通であることを述べて、地中海世界のある種の文明的一体性に触れている。

## 歴史の記述法

したがって、『地中海』という本のなかでは、この雪のエピソードに見られるように、あるひとつの問題が取り上げられるとき、ブローデルは地中海の東西南北のあらゆる地域に目を向けているから、同じ問題がトルコではどうであったか、スペインでは、ヴェネツィアでは、サルデーニャ島ではどうであったかを記述する。ある段落ではスペインについて述べ、次の段落ではヴェネツィアについて述べるという具合で、一見すると話題が次から次へと飛んでいるように見える。しかしそれこそはブローデルの歴史の記述法である。ディテールの記述を次から次へと読んでいくと、ある問題についての地中海全体の様子が浮かび上がってくるのだ。

「地中海世界とは何か。それはさまざまのことを同時に意味する。ひとつの景観ではなく無数の景観を、ひとつの海ではなくいくつもの海の連続を、ひとつの文明ではなく互いに層をなしているいくつも

の文明を意味している。」(『地中海世界Ⅰ』みすず書房、四頁)

「文明の十字路に立つ地中海世界、異文化が混じり合う地中海世界は我々の記憶のなかでは、自然の景観の点でも人間的景観の点でもまとまったひとつのイメージとして、すべてのものが混じり合い、そこから再び独特の統一体に構成されていくひとつの組織体としての姿を保っている。」(同右、六頁)

## 山と文明

次に山と文明の関係についてブローデルがどんなことを言っているか調べてみる。

「山は、ふつう、都市や低地国の創造である諸文明から離れた世界である。山の歴史、それは諸文明をいささかも持たないことであり、ほとんどいつも文明普及の大きな流れの周縁にあることである。とはいえ、文明普及の大きな流れはゆっくりと通過していく。それは大地の表面に、つまり水平には遠くまで伸びていくことができるが、垂直の方向では、つまり高さ何百メートルかの障害物を前にしては、無能であることが明らかになる。」(Ⅰ/①、四八頁)

山には文明が届きにくいことについては、現代の情報機器のひとつ、携帯電話のケースを挙げて説明してみよう。たとえばスキー場に行った場合、スキー場の周辺では携帯電話の電波が届くことがあるが、途中の山道で脱輪したときなどに助けを呼ぶために電話で連絡しようとしても近くにアンテナがないために電波が届かないことがしばしばある。したがって文明の別名は経済と考えてもよいかもしれない。収益の見込みがない、つまり人間の数が多くなければ経済活動として有利ではないので、人口の少ない山には人々は投資しない。山を隔てて隣の町に電気を供給するために高圧線が山の風景を台無しにしていることはあっても、途中の小さな集落には家庭用の電気が供給されていないことも珍しくない。現代の電気事情を考えただけでもこのように文明が届きにくいわけだから、五〇〇年も前の十六世紀を考える際には、道路、交通手段が限られているので、高いところへは文明が入りにくいことは容易に想像がつくだろう。

## 山岳独自の文明、自由な世界としての山

ブローデルが山と文明の関係について述べる際に、どんなことを文明と考えていたかと言うと、まず第一に宗教である。地中海世界の二大宗教、キリスト教（カトリックとプロテスタント）とイスラムの場合を考えても、伝道者たちが低地の水平方向には容易に移動できるため、都市部には早くから宗教が伝わるのだが、高い山があるとその向こうにはなかなか伝わらない。十六世紀はカトリックがプロテスタントに対抗する反動宗教改革と言われる時代だが、そのプロテスタントはドイツやスイスからヨーロッパ

各地へと勢力を拡大し、北ヨーロッパのオランダなどには楽々と定着することができたにもかかわらず、南ヨーロッパにはなかなか食い込めない。そのひとつの要因としてスイス・フランス・イタリアの境界となるアルプス山脈があり、イタリアへは浸透できなかった。またフランスとスペインの国境近くのナバーラ王国にまで浸透し、そこからのちのフランス国王アンリ四世となるプロテスタントの国王が登場するにもかかわらず、その先のスペインにはピレネー山脈に阻まれて行き着けなかった。

山は外からの侵入の障害になると同時に、他方では山独自の文明を持つことがある。民間信仰や迷信、呪術、魔法が山でおこなわれ、また外から入ってきた宗教と土着の思想が融合して、いわゆる異端の宗教（たとえばフランスのリュベロン山におけるヴァルド派、ほかにカタリ派、ムルジア派など）が発達することもあるし、今までの宗教を捨てて易々と改宗するというような事態も起こる（十五世紀にキリスト教を捨ててイスラムに改宗したアルバニアやヘルツェゴヴィナなど――現在も続く民族紛争の遠因はこのイスラムによる征服にあると言ってもよい）。

「十六世紀の終わりに、ドイツからミラノ地方やピエモンテ地方のアルプスに至るまで、また革命と『悪魔の』騒ぎに沸き立つ中央山塊〔フランス〕からピレネー山脈のいかさま医師の兵隊に至るまで、さらにはフランシュ＝コンテからバスク地方に至るまで、実は、どれほど多くの『魔法の』山があったことか！」（I／①、五二頁）とブローデルは書いている。宗教の歴史を研究してきた歴史家のなかでいったい何人の人がこのような山の問題を視野に入れた「宗教地理」を考えただろうか。また、しばしばブローデルは歴史のなかの物質的側面にしか注意を払わなかったと批判されることがあるが、山岳の文明の記述に見られるようにマンタリテ（集合心性）にも目を向けていることがわかる。

宗教のほかに、封建制度が山岳地帯では実現しなかったこと、一方で敵討ちや盗みを正当化するような社会的な古さが残存することが山の文明の特徴であるが、これは海によって大陸と隔たっている島についても同様である。山や島は、大きな文明の流れにとっては障害であると同時に、「避難所、つまり自由な人間のための国」（I／①、五五頁）でもある。

## 山地

「地中海世界における人間の歴史がたいていはなぜ丘や山地から始まったのか」（『地中海世界I』、二二頁）という質問が出ることを予想して、ブローデルはおよそ次のように答えを用意している。

平地、とりわけ河川流域の平野の整備には長期の時間がかかったこと、地中海の、たとえばイタリアのポンティーノ湿原の干拓事業に見られるように、平地では長らくマラリアに苦しめられてきたこと、古い時代から何度も繰り返される戦争の犠牲になってきたこと、したがって地中海ではマラリアや戦争を避けるためにかなり高いところに集落ができ、山の斜面に段々畑をつくって人々は生活してきた。現在でも十六世紀頃にできた要塞のような村が山の上にいくつも残っていて、自動車やバスで観光客が訪れることができる。断崖のようなところに村があることも珍しくない。

## 山岳住民

社会史の視点から、余った人口が山から都市へと流入することや都市の内部での山岳住民の暮らし方などについてもブローデルは言及しているが、これは現代的な視点から見ても普遍的と思われる。人口が増え、生産が上昇し、経済が全般的に上昇傾向にある時代には、人々は都市部に集中する。日本の戦後の農村における人口過疎化現象を重ね合わせてみることもできる。

『地中海世界』ではブローデル自身が次のように要約している。

「余所よりは衛生的な条件の下で人口が密集していた山岳地帯は一様に人口過密な状態でつねに分封を繰り返してきた蜜蜂の巣箱のような状態であった。フルラニと呼ばれていたフリウリ地方の人々はヴェネツィアへ出てきて、そこであらゆる卑賤な仕事に従事していた。アルバニア人は誰彼の区別なしに、とりわけトルコ人の下働きをしていた。誰からも馬鹿にされていたベルガモの人々は仕事と金を求めてイタリア中を駆けめぐった。スペインやポルトガルの町々にはピレネー人があふれていた。コルシカ島民はドミナンテを嫌ってフランスあるいはジェノヴァの傭兵になった。しかし彼らの姿は水夫あるいは山岳民あるいは徒刑囚としてアルジェでも見られた。(中略) 要するに、高地のあらゆる地方が多くの傭兵、召使い、行商人、渡り職人——研ぎ師、煙突掃除人、椅子の詰め替え職人——、豊かな農村が仕事が立て込んで人手不足になったときに助っ人として雇われる日雇い人夫、刈り入れ人足やぶどう摘み取

り人足を提供していた。」(『地中海世界I』、二五頁)

このような労働人口移動はおそらく十六世紀も今日もあまり大きな違いはない。そのように長い期間にわたってあまり変化せずに続いている規則性のことをブローデルは「構造」と名付ける。「構造」という用語はブローデル理解にとって重要であるが、この用語がいわゆるレヴィ＝ストロースの構造主義よりも前に、しかも違う意味で使われていることも忘れてはならない。しかし注目しておく必要があるのは、ブローデルが山岳世界の住民について記述するのは、「山岳世界の格差、遅れの問題だけが我々の関心を引くのだ」(I/①、五三頁)と述べているように、文明論的視点や社会史の視点からであるということだ。

地理学者イヴ・ラコストは、「地理学者ブローデル」(『ブローデルを読む』所収)という論文で、ブローデルが「山岳住民の自由」のなかで「政治的、社会的、経済的システムであり、司法の道具である封建制度は、多くの山岳地帯を封建制度の回路網の外に置いた」(I/①、五四頁)と述べた一節に触れて、「ブローデルは政治的諸問題を地理学的なアプローチに組み込んでいる」(前掲論文 p. 184、欧文文献からの引用頁はアラビア数字、以下同様)と指摘している。

## 土地改良事業の経済＝政治的性格

十六世紀はいわば平野を人間が征服していった時代とも言える。湿原地帯を耕作できるようにする干拓事業をおこなってマラリアを追放するとともに、水のない平原に水路を作って耕作地を増やすための灌漑事業が地中海のあちこちでおこなわれ、そうした技術を持ったオランダの技師たちが南ヨーロッパまで出稼ぎにくることも数多くあった。土地改良事業は湿地帯からマラリアを追放する目的以上に、増え続ける人口を養う食糧確保のために耕作地を増やす必要性からおこなわれた。ラコストは、土地改良というような大事業をなしうるのは、個人ではなく、国家や都市の資本主義という装置であることに注目して、「ブローデルは平野の特徴の多様性の分析において、政治的要因の重要性も指摘している」(同右)と述べている。「土地改良事業は、まさにヴェネツィア、ミラノ、フィレンツェ……といった大都市地域のなか」(I／①、一三二頁)でおこなわれる。つまり「豊かな資本を持つ、外部に開かれた大商業都市がおこなう」(同右)のである。

水のない平野に水を供給するための灌漑事業も大規模なものである。たとえばスペインのサラゴサ平野の灌漑のために「一五二九年に大運河の計画が立てられ、一五八七年に工事が始まり、完了したのはやっと一七七二年のこと」(I／①、一二〇頁)である。こうして平野に広大な耕作地ができるが、「地中海では大土地所有が法則」(I／①、一一九頁)で、「金持ちは田畑を所有し、貧しいものはその田畑を耕す」（同右）。したがって貧富の差が大きいものとなり、「金持ちは非常な金持ちであり、貧しいものはきわめて貧しい」（同右）ということになる。これはミシェル・フーコーの言葉を借りて言えば、「経済＝政治的な目的をもった空間の整備」（『ミシェル・フーコー思考集成』原著Ⅲ、ガリマール、p. 192）である。

## 地中海性の気候、自然の一体性

地中海性の気候では冬に大雨が降り、河川は冬に氾濫する。十六世紀は気候の変動があった時期で、十六世紀末には降水量と寒さの増大が見られ、冬の霜のためにオリーブの木が全滅したり、一五八五年と一五九〇年の大洪水でトスカーナ地方の小麦が壊滅し、食糧飢饉が起こったほどである（Ⅰ／③、四五〇頁参照）。「降り続く雨、洪水、降雪、世界終末論については、その証拠は地中海全域で数多く、しかも世紀末の数年だけでなく、次の世紀の初め何年もの間つづく」（Ⅰ／③、四五五頁）。「十六世紀『前半』はどこでも気候に恵まれていたが、『後半』はどこでも大気の擾乱に苦しめられた」（Ⅰ／③、四五八頁）のだとブローデルは言っている。ブローデルが「どこでも」と言っているのは、地中海の東も西も、ということで、地中海の自然はひとつの単位としての一体性を持っている、あるいは共通の運命を抱えているということになる。

## 船の建造と森林破壊

以上は、ブローデルの環境歴史学の一端を示すものだが、ピーター・バークは、「たとえば『地中海』の中でたいへん重要視しているガレー船を建造するために森林を破壊する人間の存在によって、環境が変容するという事態を〔ブローデルは〕深刻に受け止めていなかった」（『ニュー・ヒストリーの現在』人文書院、一五頁）と述べて、ブローデルには現代風のエコロジーの発想がなかったことを批判している。たしかにバークの言うとおりかもしれない。しかしそれはアナクロニズムの批判でもある。ブローデルのような偉大な歴史家も今日の環境学の問題までは見通すことはできなかった。それでもブローデルは「船は森林破壊の大きな原因のひとつであった」（『地中海世界Ⅰ』六一頁）と述べて、森林破壊の事実を認識している。船を建造するためにイタリア半島のガルガーノ山の楢の木が不足すると、ヴェネツィアは森林伐採についての厳しい措置をとらざるを得なくなる。スペインのフェリーペ二世はなんとポーランドまで木材を探しに行くことになる。しかし地中海世界の木材不足は、木材の高騰をもたらし、その結果建造する船を小さくして建造費を抑えることにするか、またはオランダのような北の国に注文して船を造らせるか、外国で部品を調達して組み立てるだけということになり、これは結果的には十六世紀の地中海の衰退ならびに十七世紀のオランダの繁栄の原因のひとつになったと考えられる。

視点を変えて言えば、自国に木材が不足することで遠方との交易がおこなわれ、そこに経済活動が広がるわけで、必要なものが足りないことが経済活動を促進し、また技術の発達が資本主義を育てるのだと理解できる。

## 移牧と遊牧

ところで地中海世界では現代でも各地で牧畜がおこなわれているが、その方法には二つあり、それが地中海世界を二つに分けているということもできる。ひとつは移牧であり、もうひとつは遊牧である。移牧というのは、夏の間は山地で過ごし、冬になると平地に移動し、高度の違う牧草を順番に利用する牧畜のやり方で、非常に古い時代から現代まで続いている。もちろん現代では移動の手段としてトラックが使われることが多くなってきているが、それでもイタリア、南フランス、スペインなどでは今でも季節の変わり目になると、羊の大群が羊飼いと一緒に移動するのを見ることができる。その規模は小さなものは自分の家の近くの山を登ったり降りたりというものから、大きなものは、スペインの場合、八〇〇キロメートルも移動するものがある。スペインのカスティーリャは「羊毛帝国」（『地中海世界I』、二八頁）と呼ばれることがあるが、牧畜組合のメスタという組織が国を挙げてつくられたほどである。これは羊の通る道に通行税をかけたり、「低地の放牧を入札制にして賃貸し、羊毛と牧畜の取引を規制する」（同右）もので、結局は大規模な飼育業者の懐を肥やすことになった。現代において移牧にトラックを使わない人の話では、トラックを使って温度差の違うところへいきなり羊を移動すると羊が弱るので、羊の歩く速度でゆっくり移動して山に登ったり降りたりするのが最もよいということである。もうひとつの遊牧は、家畜とともに人も家もすべて牧草地を求めて移動するやり方である。これは東地中海と北アフリカで今でも見られる。地中海の北側では移牧、南と東には遊牧があるというわけで、地中海の生活の仕方をこのように二つに分けてみることもできる。

## ひとこぶラクダとふたこぶラクダ

地中海を分けて考えてみるもうひとつの手がかりは、ラクダである。大量の商品を運ぶキャラバンでは、ラクダは輸送手段として古くから利用されてきた。案外知られていないのは、ラクダにはこぶがひとつのものとふたつのものがあることである。ひとこぶラクダとふたこぶラクダである。「ひとこぶラクダは、アラビア産で、砂漠と熱帯の動物である。これは事実上山道を歩くには適さず、またあまりにも低い気温に耐えることはできない。」「ふたこぶラクダは〔アフガニスタンの〕バクトリア原産で、寒さも山の起伏も恐れない。」（I／①、一五三頁）トルコが十一世紀からの地中海世界への侵入に利用したのは、寒さにも山道にも強いふたこぶラクダであり、七世紀からのアラブ人の侵入は「アラビアの『暑い砂漠』から始まり、これはひとこぶラクダの普及が促進したもの」（同右）である。「地中海のもうひとつの顔」とブローデルが名付けるのはサハラ砂漠である。人が住めない広大な場所である。地中海の人口が密集している地域は沿岸部の限られた場所であることは本文に挿入された地図からも明らかである。（一一頁

の図参照、Ⅰ／①、二八一頁）

シリアからモロッコに至る北アフリカの高地は、アラブの侵入者が入れず、「山はアラブの征服者から逃げる人々の隠れ家として役に立った」（Ⅰ／①、一五四頁）し「古い生活様式」やマロン派とかドゥルーズ教といった独特の宗教が残ったわけだが、これはひとこぶラクダを侵入者たちが利用できなかったためである。一方、寒さと山道に強いふたこぶラクダを利用したトルコ人は、小アジアにおいてばかりかバルカン半島においても「山岳地帯の一番高い所にまで入り込んで」（Ⅰ／①、一五五頁）征服した。

このようにラクダを手がかりとして侵略の歴史を理解するやり方は、ブローデルの歴史家としての手腕を見事に示している。

## 自然の一体性と人間の一体性

地中海世界の気候の同質性について、ブローデルは次のように述べている。

「気候と歴史の娘にほかならない、小麦、オリーブの木、ぶどうの木という同じ三位一体が、至るところに、見出される。すなわち同じ農業文明であり、自然環境に対する人間の同じ勝利である。要するに、地中海のさまざまな地域は互いに補いあっているのではない。同じ穀物倉、同じワイン貯蔵所、同じ油搾り機、同じ道具、同じ家畜、しばしば同じ農業伝統、同じ日常生活の心配事があるのだ。（中略）十六世紀の地中海地域はすべて蠟、羊毛を生産し、〈雄羊〉や〈雌牛〉の皮革を生産している。桑の木を栽培しているか、または栽培する可能性があって、蚕を育てている。また例外なく、地中海は、イスラム教徒の土地でさえも、ぶどうの木とワインの国である。（中略）気候の同質性は、非常に早い時期に、まったく同じ農業文明を確立する道を準備した。キリスト紀元前千年からは、オリーブの木とぶどうの木の文明が地中海の東側から西に向かってあふれ出ていった。（中略）自然と人間が一致して働いてきたのだ。」（I／③、三九一―三九二頁）

## 十六世紀は気候変動の時代

現代は地球温暖化の問題が深刻になっているが、十六世紀はどうだったのだろうか。季節による変動、年毎の変動はもちろん農作物の出来高に影響し、特に小麦が壊滅するというような事態になれば、たちまち食糧の供給の問題が生じる。気候の問題はそのような意味で人々の経済生活と深い関係にある。ブローデルの『地中海』という本は、そういう問題を歴史的に考察している点でも現代的な意味を持っている。ブローデルよりも若いル＝ロワ＝ラデュリという歴史家は『気候の歴史』という著作でヨーロッパ一〇〇〇年に及ぶ気候の変動を調べた。気候の変動には乾期、雨期、温暖期、寒冷期の周期があることが知られている。海岸の浸食と堆積が十五年の周期でシチリア島で起こったように、三十年くらいの周期で気候は変化すると言われている。しかし気候の変化に人間的な要因が作用していることについてブローデルは次のように述べている。

「気候が変化するのは、たいていは人間のせいだ。ある所では広範囲にわたる伐採のために、別の所ではかさかさに乾いた地域で結果がまったく思わしくない灌漑や耕作をやめたために、気候は変化する。」（I／③、四四七頁、傍点は引用者）北極海での流氷の後退、アフリカでの砂漠化についても警鐘を鳴らしている。「一三〇〇年代から山岳の乾燥化と温暖化」「一六〇〇年代からは、寒冷化と加湿化がはじまって、結果として氷河の下降があった」「一九〇〇年以後は、新たな局面がはじまった」（I／③、四四九頁）とブローデルは記している。

「一六〇〇年頃に実際に降水量と寒さの増大があったとすれば、オリーブの木にとって致命的な霜があり、また一五八五年と一五九〇年にトスカーナの小麦の収穫を壊滅的にした洪水のように、洪水が何度も起こったことの説明がつく。湿地帯の増大と、その結果としてのマラリアの増加は言うまでもない。要するに人々の生活にとって困難な状況が増えたのである。」（I／③、四五〇頁）

フランスのローヌ川流域での洪水の記録を調べてみれば「世紀末の二、三十年間に降水量が増えた」（I／③、四五一頁）という推測ができる。加えて十六世紀の記録には「領主と鍛冶屋による森林伐採に問題がある」（同右）という人間的要因を強調した記述が残っている。スペインの「バレンシアでは、降霜が一五八九、一五九二、一五九四、一六〇〇、一六〇四年と相次いであった」こと、「降り続く雨、洪水、降雪、世界終末論については、その証拠は地中海全域で数多く、しかも世紀末の数年だけでなく、次の世紀の初め何年もの間つづく。」（I／③、四五五頁）「十六世紀『前半』はどこでも気候に恵まれていたが、『後半』はどこでも大気の擾乱に苦しめられた」。（I／③、四五八頁）この時期をブローデルは「小氷河期」（I／③、四五七頁）と名付けている。この気候変動が「農業、健康、交通の問題」に影響を及ぼしたことは間違いないし、またこのことに「人間は間違いなく責任がある」（同右）が、その責任の範囲を明らかにするのは困難であるにもかかわらず、ブローデルはこうした問題の解決にあたっては歴史家だけができるのではないと述べて、すべての人々に気候変動に及ぼす人間的要因への自覚を促している。

ブローデルが第I部で詳細に検討した地中海の地理学的側面が歴史とどういう関係があるかを説明しておく必要があるだろう。気候の同質性を論じた部分に次のような記述がある。

「ところで、歴史にとって、ほぼどこにでも同じ気候、同じ季節のリズム、同じ植生、同じ色彩、そして地質の構造がそこに加われば、うるさいほどよく似た、同じ風景を見出すことはどうでもいいことではない。結局のところ、同じ生活様式が見られるのである。」（I／③、三九一頁）

小さな違いを別にすれば、地中海世界の東西南北において、同じ気候のもとに同じ生活様式が見られること、これこそは各地の人々や社会の表面的な違いを越えて深層に横たわる地中海世界の生活の仕方の構造といえるものである。しかも小麦とオリーブとワインの三位一体は、古代ローマ時代から十六世紀を経て現代に至るまで、大筋においてほとんど変わっていない。こうした地理的環境や生活様式が「ほとんど動かない歴史」と名付けられる、深層の歴史という別名を持つ長期の歴史である。

## 第II部「集団の運命と全体の動き」について

著作の第II部は経済、社会、国家、文明を扱っている。ひと言で言えば経済＝社会史と名付けてもよい。第I部がほとんど動かない歴史であったのに対し、こんどは時間的には比較的ゆっくりと変化し、景気循環のように変動する歴史である。

一四五〇年から一六五〇年の二〇〇年間は「ヨーロッパにとって栄光の時代であった」(『ブローデル著作集』第二巻「歴史学の野心」p. 299) とブローデルは言っている。経済の面でも、人口の面でも拡大する一方であり、またヨーロッパが世界的な規模で経済活動をおこない、いわば世界の中心であった時代でもある。「長い十六世紀」と名付けられるのはほぼこの年代である。この景気拡大の局面はフランソワ・シミアンの言い方にならってA局面と言われ、景気後退の時期をB局面と言うことがある。

## 経済

まず経済の問題から見ていくことにするが、経済の話題に取り組むにあたって、ブローデルは経済活動のおこなわれる空間の大きさと速度を問題として取り上げている。今日インターネットが世界中で急速に発展している、ひとつの大きな理由として、速度という問題があることは誰でも気づくことだ。ついこの間まではファクスもインターネットもなく、郵便による情報交換がおこなわれていたが、ヨーロッパから日本まで約一週間かかった。ひとつの用件が往復して決済されるには少なくとも二週間かかっていた。ところがファクスやインターネットを利用すると、書類が必要な場合に、時差を考慮に入れても二四時間でいろいろな問題は片づいてしまう。世界各地の為替取引市場の毎日の仕事は電話回線を通して情報をやりとりするだけで済んでしまうからほとんど瞬時と言ってもよい。電話はほとんど常時つなぎっぱなしの状態で、ある大国の大統領なり、大蔵大臣なりのこれこれの発言によってドルが上がるかと思えば円が上がるという事態になる。しかもある情報をいかに早く手に入れるかということが、為替取引や株式の取引をしている人々にとっては死活問題になることがある。原油の値段も、小麦の価格も、あるいはコーヒー豆の価格も、世界各地の「情報」によって変動する。ただしこのような価格や株価や通貨の変動は、時間的には非常に短いサイクルで起こるということを私たちは経験によって知っている。しかし現代においては、グローバリズムという名称があるように、経済の変動は地球的な規模で起こるほど世界の市場は互いに緊密な関係にあることも事実である。

## 速度の問題

十六世紀には一瞬にして世界中の情報が得られる現代のような電子的な通信手段、テレビも電話もインターネットもなかった。その当時存在していた通信手段は「手紙」やうわさである。手紙は書かれたものだから情報の伝達内容が相手に確実に伝わるが、うわさは人から人へと伝わるうちに歪んでしまうことがあるし、途中で切断されてしまうこともある。比較的確実に情報を伝える手段としての手紙は、人が歩いて運ぶか、早馬やその他の乗り物によって運ばれる。郵便は古い時代から飛脚のようなかたちで存在したが、十六世紀は「郵便」を事業として引き受ける会社ができる時代でもある。神聖ローマ帝国で、タシス家は国内の郵便の独占事業を開始し、政府の郵便物を無料で配達し、そのかわりに一般の利用者から料金を取るという仕組みにした。郵便は陸上または海上輸送で運ばれる。道路や海路といった交通手段と深い関係にあることは明らかである。だからブローデルは道路についても著作のなかでかなりの分量をさいて詳述している。たとえば地中海を船で南北に縦断するとき、その平均速度は二、三週間、東西に横断するときには二、三ヶ月である（Ⅱ／④、二七頁）。平均的に言えば地中海の規模は約六十日間で移動できる範囲であり、古代ローマ時代から十六世紀まで、その範囲と速度には大きな変化は見られないと言ってもよい。「地中海世界」という空間の大きさは、かなり長期にわたって変わらない

## ヴェネツィアに向かうニュース

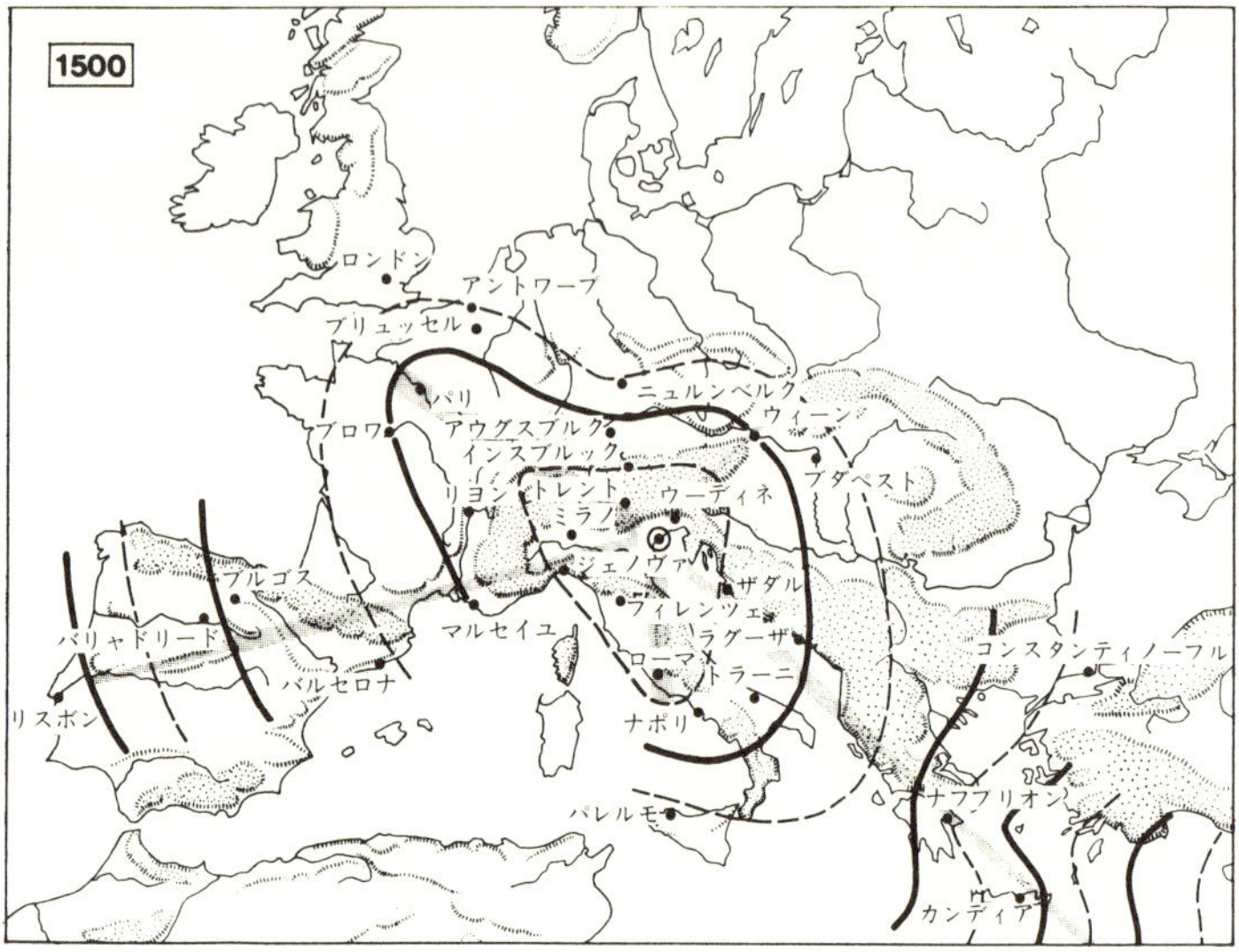


一週間ごとの等時性を示す線は，以下三枚の図ですべてヴェネツィアに向かって行く手紙の配達に必要な時間を大まかに示している。

一枚目の地図は，1500年，より正確に言えば1496—1534年に関するP・サルデッラ（*Nouvelles et spéculations à Venise*, 1948）の研究をもとに作成された。二枚目と三枚目の地図は，ロンドンの史料館に保存されている手書きのヴェネツィア便りをもとに作成した。資料調査はF・C・シュプーナーが私のためにおこなってくれた。

線影つきの線は平均速度が速ければそれだけ太くなっている。

地図ごとの差は，距離によって，非常に大きく見えることがある。それは時局の緊急性次第で手紙が多くなることによる。大まかに言えば，三枚目の地図の通信の遅さは一枚目と同じくらいであるが，二枚目の地図に関しては所要時間は場合によってははるかに少ない。この証明は反論の余地のないものではない。原則として，速度の比較は等時性曲線が囲んでいる面をもとにおこなわれるべきである。しかし十分正確に範囲が定められているわけではない。それでも地図の範囲を互いに重ね合わせてみようとすれば，非常に大まかに言って，ある方向への広がりは別の方向で線が引っ込んでいることで釣り合いがとれているので，ほぼ同じ広さであるようだ。平方キロメートルで示す面積から日々の速度への移行は，あらかじめ十分に用心しなければできないことは言うまでもない。

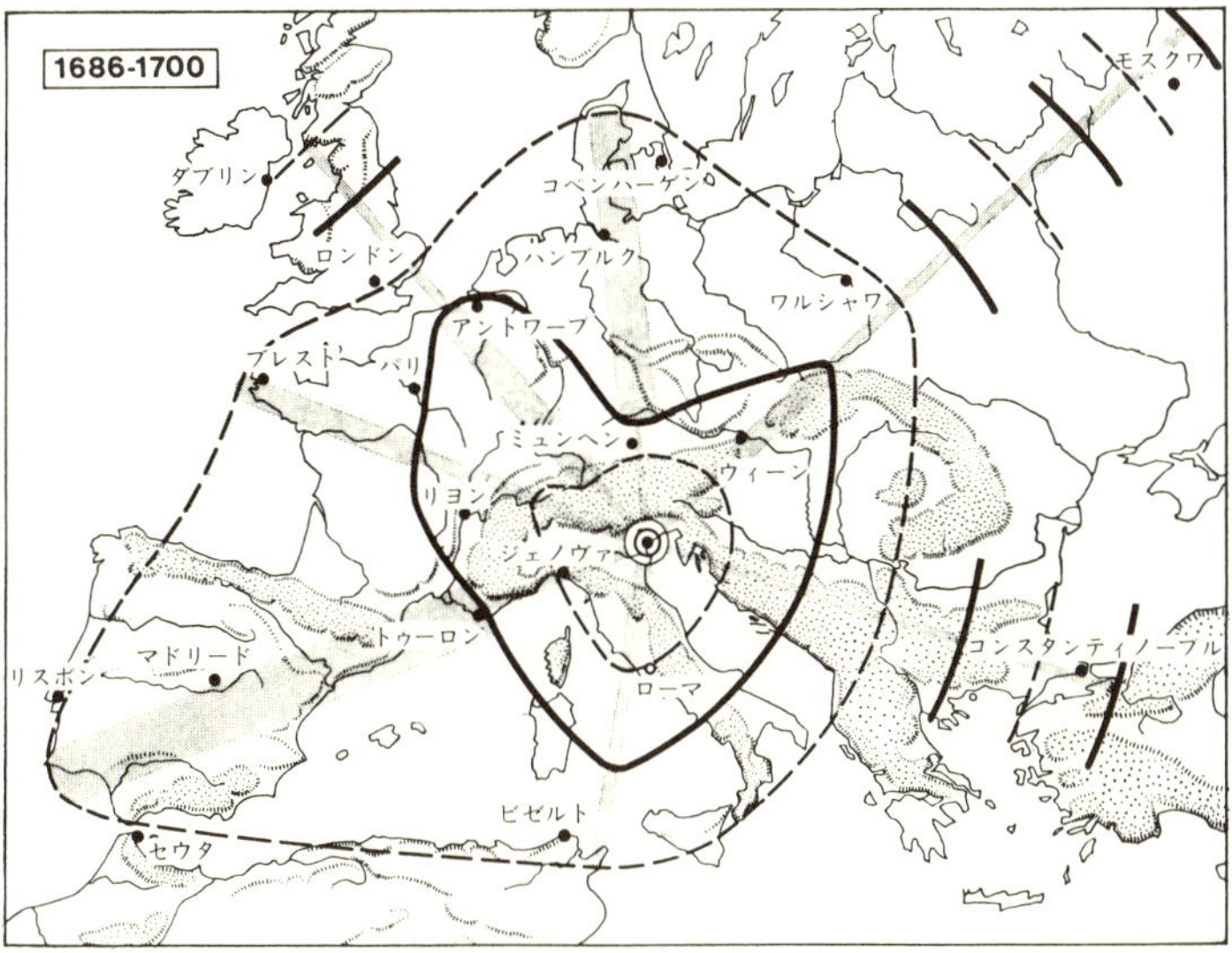
1686-1700
モスクワ
ダブリン
コペンハーゲン
ロンドン
ハンブルク
ワルシャワ
アントワープ
ブレスト
パリ
ミュンヘン
ウィーン
リヨン
ジェノヴァ
トゥーロン
コンスタンティノープル
マドリード
リスボン
ローマ
ビゼルト
セウタ

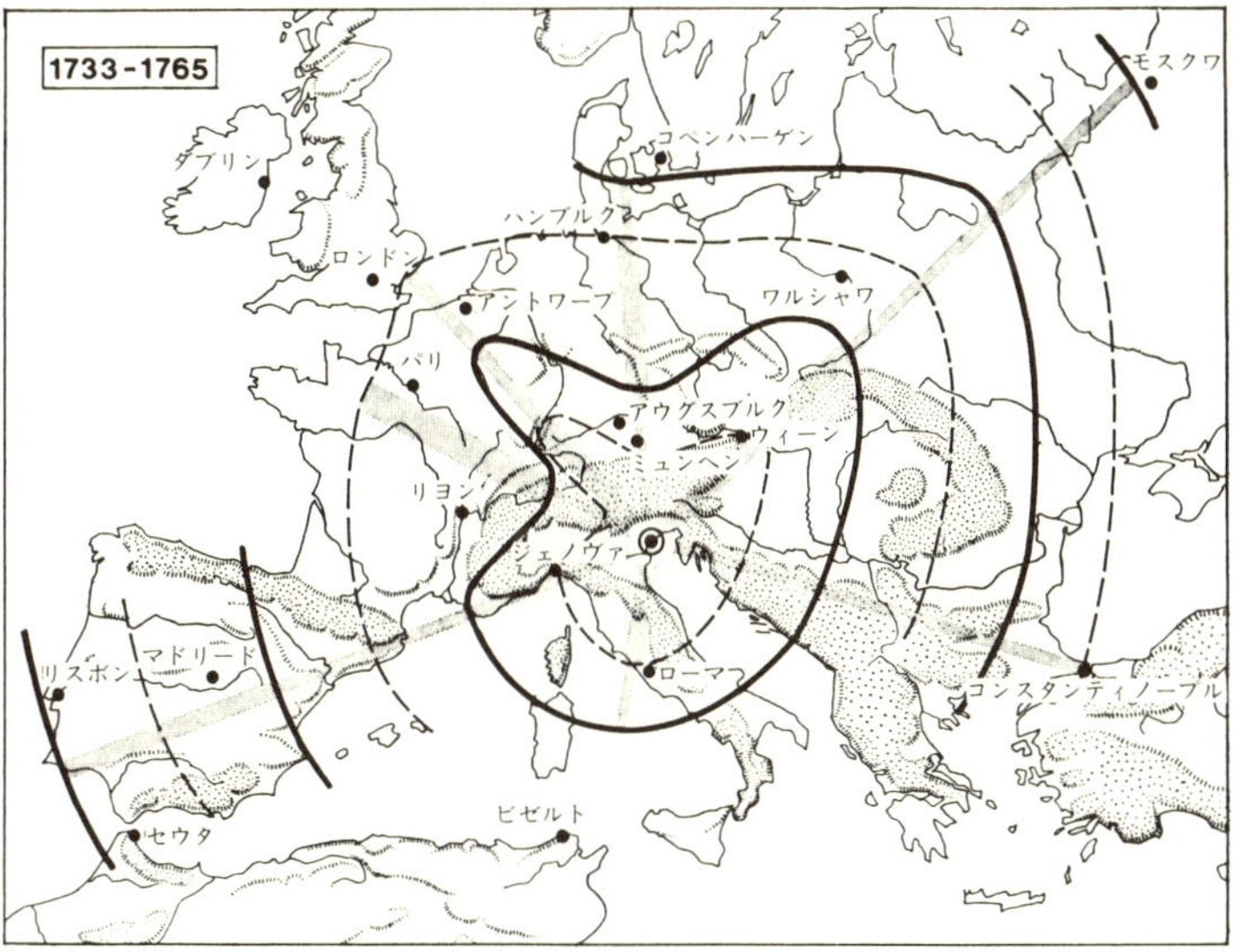
1733-1765
モスクワ
コペンハーゲン
ダブリン
ハンブルク
ロンドン
アントワープ
ワルシャワ
パリ
アウグスブルク
ウィーン
ミュンヘン
リヨン
ジェノヴァ
リスボン
マドリード
ローマ
コンスタンティノープル
ビゼルト
セウタ

のである。（七六―七七頁　図「ヴェネツィアに向かうニュース」、Ⅱ／④、三〇―三二頁参照）
十六世紀に貿易で栄えていた都市国家ヴェネツィアには各地の出来事が次から次へと伝わってくるが、一五〇〇年、一七〇〇年、一七六五年の三つの地図を見比べると、十八世紀半ばになっても通信の速度は一五〇〇年と大差ないことがわかる。輸送手段の革命が起こるのは十八世紀末なのである。

十六世紀のフランスはカトリックとプロテスタントの人々が内戦を繰り返していたが、その宗教戦争と名付けられる内戦のなかで、一五七二年八月二十四日に起きたカトリックによるユグノー（つまりフランスのプロテスタント）虐殺の事件、聖人バルテレミーの日に起きたために「聖バルテレミーの大虐殺」と呼ばれるこの事件のニュースがフランスからほかの都市へどのくらいの速度で伝わったかについて、ブローデルは次のように記している。

「聖バルテレミーのセンセーショナルなニュース（一五七二年八月二十四日）は、一日に一〇〇キロの速度で伝わらない。この聖バルテレミーの虐殺のニュースがバルセロナに達するのは九月三日であり、スペインの首都に届くのは七日の夕方になってからである。」（Ⅱ／④、二二二頁）

またキリスト教連合軍とオスマン・トルコ帝国の最後の決戦となった「一五七一年十月七日のレパン

トの大海戦のニュースは、十月十八日にはヴェネツィアに達し、ナポリには二十四日、リヨンには二十五日、パリとマドリードには三十一日である。」（同右）

こうした「重大ニュースは飛ぶように速いのだ」（同右）とブローデルは述べているが、これらは例外的な速度ということになる。手紙には情報としての価値があることは言うまでもない。

ところでフェリーペ二世は「慎重王」という別名を与えられるほど慎重であったらしく、書類を受け取ってから決断を下すまでにかなり慎重にいろいろなことを検討した国王として知られている。この慎重さがフェリーペ二世の最大の特徴であり、また最大の欠点であったと言える。

## 地中海における商業対象の品目

金銀を別として、重要な商業対象の品目に「小麦、塩、砂糖、羊毛、綿、皮革、絹、織物、胡椒、香辛料」（初版 p. 337）がある。「ヴェネツィアは十四世紀末から十六世紀にかけてイタリアで、おそらくはヨーロッパ中で……もちろん地中海世界全域のなかで最も豊かな都市で」あった（『地中海世界Ⅰ』六三頁）が、東地中海つまり「レヴァント地方で買い付けられた胡椒と香辛料の大部分を（中略）手中に収めることができた」（同右）のである。

## 為替、定期市（大市）、ジェノヴァ

フランスのシャンパーニュにはすでに十二、十三世紀に定期的にヨーロッパ各地から商人が集まってきて取引を行う定期市、または大市《おおいち》が開かれていた。ヴェネツィアの商用ガレー船が英仏海峡経由でベルギーのブリュージュに行くルートが開かれると、内陸のシャンパーニュの定期市は次第に衰退していった。海路にせよ陸路にせよ、交通網によってある町が繁栄したり衰退したりする一例と言える。これは現代であれば、ある町に新しい道路ができると、旧道沿いにあった商店街が次から次へと消えていくことでわかると思うが、地理的な要因によって経済活動は左右されるのである。フランスはこのシャンパーニュの時代、十四世紀を除いて世界の経済の中心になったことがない。シャンパーニュやイタリアのフィレンツェのような内陸の都市は経済の中心になりにくい（しかしフィレンツェやパリは文化都市として発展する。なおフィレンツェはやや離れたティレニア海に面したリヴォルノを支配していた。日本ではフェリーペ二世の同時代人信長の時代に京都が文化都市であり、堺が経済都市であったことを思い出せば十分であろう）。ブリュージュ、ヴェネツィア、ジェノヴァ、十七世紀のアムステルダム、十八世紀以降のロンドン、現代のニューヨーク、東京など、いずれの都市も港のある都市である。港は経済＝世界の中心の条件のひとつである。しかしどの港湾都市も経済の中心になるわけではない。輸入した商品を消費する後背地が控えていることが必要である。したがってフランスのマルセイユやスペインのバルセロナは、重要な後背地がなかったために中心にはなりえなかったのである。

ジェノヴァはスペイン帝国の国王にお金を貸し出すほどの金融中心の都市である。この町で為替手形の裏書きという近代的な仕組みが始まったことは案外知られていない。銀行の始まりは、フランスのシャンパーニュの定期市で両替商を営んでいたシエナ、ルッカ、フィレンツェ、ジェノヴァといったイタリア各地の都市の商人であった。「十五世紀に、ジュネーヴの富をつくり、その後、〔ベルギーの〕アントワープ、〔フランスの〕リヨン、〔スペインの〕メディナ・デル・カンポの富をなすのも彼らである。」（I／③、五三九頁）

## 都市、ヴェネツィア、ミラノ、ジェノヴァ、フィレンツェの四辺形の経済＝世界

「地中海の中心は、十五世紀においても十六世紀においても、ヴェネツィア、ミラノ、ジェノヴァ、フィレンツェの緊密な都市の四辺形」（II／④、六七頁）であるとブローデルは述べている。「四大都市の覇権」（II／④、六八頁）とも言われる。なかでもヴェネツィアは大きな比重を占めている。『地中海』でスペイン帝国への言及が二三七八回、トルコ帝国は一九五二回、そしてヴェネツィアについては一九七四回で、ほぼトルコ帝国への言及と同じ頻度である。ちなみにジェノヴァへの言及は八五三回である。

十六世紀が始まったときには「まだ重心のあったヴェネツィアから、一五五〇年から一五七五年の間に華々しく築き上げられるフィレンツェへと重心が移動する。」（Ⅱ／④、六七頁）ヴェネツィアでは「銀、為替、織物、香辛料、航海」（Ⅱ／④、六八頁）が経済活動の中心であり、これがひとつの経済＝世界を構成しているとブローデルは考える。地域の経済圏と言ってもよいが、ひとつの秩序をつくっているという点で重要な概念である。しかも商品の輸出入においては、輸出の話題は一九一回あり、輸入は九一回で、地中海地域の経済は輸出によって成り立っていたと言えるかもしれない。このことをブローデルは次のように説明している。「この約六十日の世界は、おおざっぱに言って、たしかにひとつの〈経済＝世界〉、それ自体としてひとつの宇宙である。この世界ではすべてが厳密に、強権的に組織されているのではなく、ひとつの秩序の大筋が描かれているのだ。したがってどんな経済＝世界もひとつの中心を認める。つまり他の地域に衝撃を与え、問題になる統一性を独力で築き上げる決定的に重要な地域である。」（Ⅱ／④、六七頁）十六世紀の「経済＝世界」の中心になっているのは都市国家であるという点に注目しておく必要がある。そして次第にこの「都市国家は別の都市国家や領土国家と衝突」（Ⅱ／④、六八頁）していく。「経済＝世界」という概念はブローデルの独特の概念で、商品の交換がおこなわれる仕組みがほぼ同一の世界、範囲をさす。ひとつの経済システムがひとつの世界を構成しているという意味である。そしてこの経済＝世界にはひとつの中心があり、周辺地域が広がっているのが通常である。（世界経済という用語との意味の違い、経済＝世界という用語の起源などについては後述の第三章を参照していただきたい）。

十五世紀には東地中海をほとんど支配し、遠くブリュージュまで商用ガレー船団を送っていたヴェネツィア（次頁の図参照、II／④、七四頁）は、十六世紀には経済活動が次第に西の方へ傾いていくとともに相対的な重要性を失って、ほとんど東地中海だけを商業圏とするようになり、一方でイタリア半島の西側のフィレンツェとジェノヴァが台頭してくる。フィレンツェは、フランスにカトリーヌ・ド・メディシスを王妃として嫁がせたことからもわかるように、フランスと友好関係にあったのでリヨンを手に入れ、ジェノヴァは、スペインに金を貸すことで地中海の金融都市としての地位を確立していく。商品の取引から次第に信用貸しの制度が広まるにつれて、金融に強い都市が力を蓄えていく。なかでも「一五七九年のピアチェンツァの為替定期市の創設とともに、ジェノヴァの銀行家が国際支払いの、つまりヨーロッパと世界の財産の支配者、つまり一五七九年から、あるいはたぶん一五五七年から、スペインの政治的な銀の、異論はあるが抜きがたい支配者となる。」（II／④、七三―七五頁）

## イタリアの金融業者

「あるフランス人は、一五五〇年頃、何も持たずにやって来る『外国の商人や銀行家』（すなわちイタリア人）を見てびっくり仰天する。『彼らが到着したとき、わずかな預金、羽ペン、インク、紙を持った使用人以外には自国から何も持って来ない。つまりどの国の金がより高いかという情報に従って、ある国から別の国へといわゆる両替の取引をし、為替相場を操作する術策だけを持って来るのだ。』

## ヴェネツィアの商用ガレー船団の旅

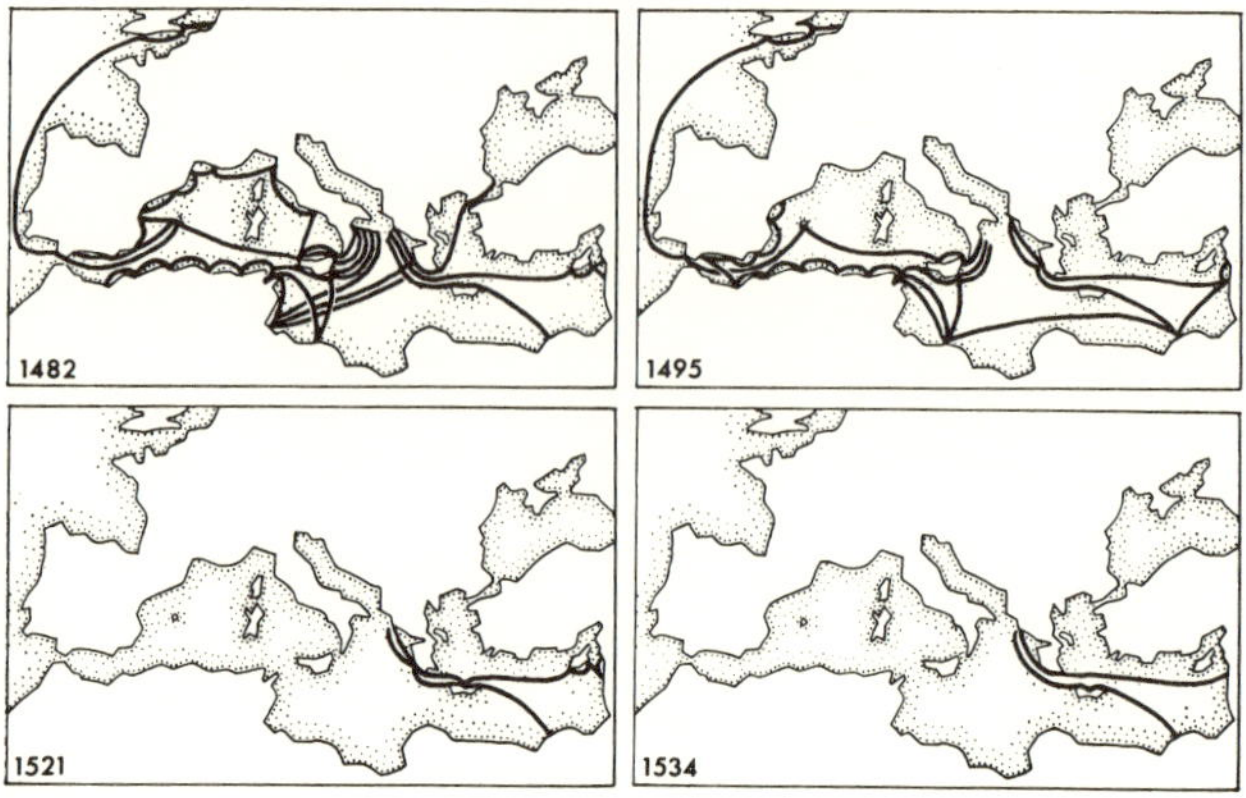


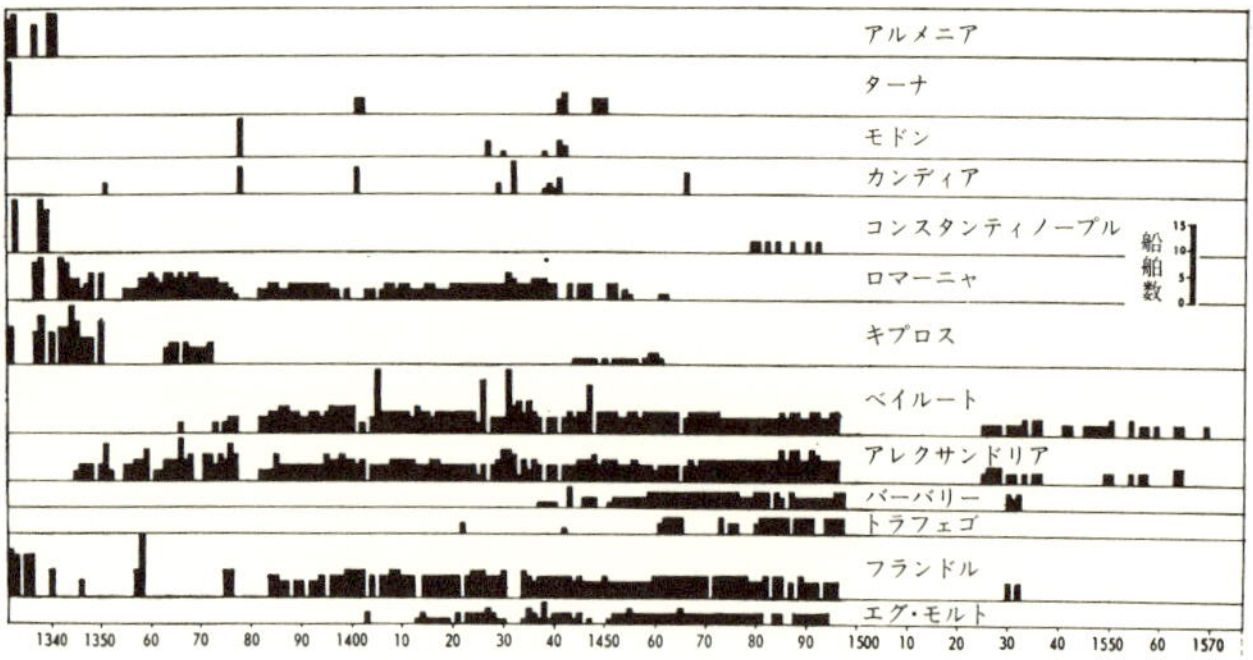


上の四枚の地図は，アルベルト・テネンティとコッラド・ヴィヴァンティが製作し，『アナール』誌1961年に発表された長編映画解説からの抜粋で，「商用ガレー船団」とその輸送船団（フランドル，エグ・モルト，バーバリー，「トラフェゴ」，アレクサンドリア，ベイルート，コンスタンティノープル）の古いシステムの悪化の段階の概略を示している。1482年にはこれらすべての路線が機能している。1521年ならびに1534年には，レヴァントとの実り多い関係だけが生き残っている。地図を単純化するために，行程はヴェネツィアから出発するのではなく，アドリア海の出口から記した。

下の図はこうした輸送船団の数量の歴史の概略である（15世紀末と16世紀初めには資料の欠如があるために空白になっている）。輸送船団の昔のシステムの悪化は，つねに存在していた自由航行によって補われ，自由航行は時とともに発展していく。

要するに、ヨーロッパ中で、活発な通信によって情報を得た事情通の一握りの人間が、為替および現金の交換のネットワークを手中にし、それによって商取引の投機を支配しているのだ。」(I/③、五三九―五四〇頁)

初めに触れた「情報」の入手が重要であることがここでもわかる。

それぞれの都市の重要度は、他の都市との関係によって決まる。「一五七六年兵士たちによって略奪されたアントワープの失墜、メディナ・デル・カンポの定期市の難局と失敗、一五八三年以後リヨンの弱体化が進んだこと」(II/④、七五頁)、こうしたことによってジェノヴァが勝利を収めていく。ジェノヴァは国際金融の中心地となる。ジェノヴァがとりわけスペイン帝国に投資することになり、国家の財政を支えるのだが、スペインの商品のなかでも「明礬《みょうばん》、羊毛、オリーブ油、絹」などに投資する。前の時代すなわち十五世紀のフッガー家の世紀に続いて、十六世紀が「ジェノヴァ人の世紀」と呼ばれることになる。ちなみに次の十七世紀は「アムステルダムの世紀」となる。

「ジェノヴァ人の世紀は始まるのが遅いが、一六二〇―一六三〇年代、ポルトガルの新たなキリスト教徒の財産とともに、アムステルダムの財が混じった資本主義の到来が確かなものになりつつあるときまでは終わらない。」(II/④、七五頁)

しかしブローデルはこんなことも言っている。

「政治的、経済的、社会的、文化的であろうと、どんな支配にもそれなりの始まりがあり、最盛期があり、衰退があるということ、（中略）フッガー家の世紀と同じように、ジェノヴァ人の世紀、少しあとではアムステルダムの世紀は、わずか二、三世代続くにすぎない。」（Ⅱ／④、二六三―二六四頁）

## 資本家の誕生

地中海における産業のありかたとして家族経営の事業が通例である。家族経営の大商会としてはフッガー家、ヴェルザー家、ホーホシュテッター家、アファイタティ家などが知られている。こうした国際的な商会は、国家の経済を左右するほどの力を持っている。

「フェリーペ二世ならびにその前のカール五世の国家があちこちに分散していることは、必然的に税収入と支払いの分散をもたらしたために、国際的な商会の利用を助長した。現金の輸送だけでも商人に頼ることが必要であった。しかし商人は別の役割を果たしていた。商人は前貸しをおこない、国家予算の来るべき歳入を先に動かしていた。こうした役割は、たいていは、そのあとで、税金の直接徴収をすることを含み、したがって商人が納税者と接触することを意味していた。金貸しこそが自分の利益のためにスペインの財政を動かしているのだ。一五六四年に、フェリーペ二世はトランプの販売独占権をジェノヴァ人に譲る。別の機会には、フェリーペ二世はアンダルシアの塩田のいくつかをジェノヴァ人に任せる。あるいは、父親の決定を継続して、アルマデンの鉱山開発や騎士修道会の財産管理をフッガー家に任せる。この騎士修道会の場合には、広大な麦畑、牧草地、通行税、農民の地代を外国人の管理下に置くことになる。フッガー家は、まじめで、整然とした、熱心なドイツ人の仲買人や代理人を多数スペインに住まわせた……。もっとも、税金の徴収を請け負うのがこのような外国の商会でないときには、中間の権力、つまり都市や議会である……。国家が、財政面で、きわめて未完成であるという以外に、何と言うべきだろうか。」(III/⑥、六九頁)

## 人間の移動と西欧の優位について

人の移動という点では、地中海では東西の人々の交流が頻繁に見られる。人口の過剰なキリスト教世界からさまざまな技術を持った人々が、いわば一攫千金を求めてイスラム側の世界へと働きに行く。こういう人々は冒険者とも呼ばれる。そしてしばしば元々のキリスト教を捨ててイスラム教徒になったために「背教者」と呼ばれることもある。

「人間はキリスト教世界からイスラム世界へと列をなして移動する。イスラム世界は、冒険と儲けがあるという見通しから、人々を引きつける。イスラム世界は人々を引きつけ――人々に賃金を支払う。大トルコは、職人、機織り工、船舶建造の専門家、十分な能力を持った船乗り、鋳造工、「金物」(金属という意味で)の腕のよい職人を必要としている。彼らは国家の主要な力である。」(III/⑦、一三八頁)

「十六世紀には、西海岸にはレヴァント人が、リヴォルノにはギリシャ人が、バレアレス諸島やカディスにはキプロス人が、あらゆる重要な港にはラグーザ人が、アルジェにはレヴァント人とアジア人がいる。」（I／②、二一九頁）

このように人々の交流がおこなわれる背景には、次のような経済的事情がある。ひと言で言えば西欧と東方世界との生活水準の違いである。「西欧は技術と産業の進歩によって激変し、東方世界には西からやって来た銀が自動的に価値を与えられ、より大きな購買力をつけていく。」（I／②、二二四頁）このことをブローデルは「電圧の差」と名付けている。「東は西洋の優れたところと提携する必要があり」、「西洋の貴金属、言い換えればアメリカ大陸の銀を求める」。「しかもヨーロッパの技術の進歩に絶対について行く必要が」あり、「逆に、徐々に成長する西洋の産業は、過剰生産品を輸出する必要がある」(同右)。全般的に言って十六世紀はさまざまな物価が値上がりする「価格革命」の時期で、経済はほぼ一世紀にわたって上昇傾向にある。そのことは地中海世界の基本的な食糧となる小麦の価格の変動を見ていただければ、よくわかるはずだ。次のページ以降に提示する図を見ていただきたい。(II／⑤、二七四―二八二頁)

## 地中海・ヨーロッパの小麦の価格

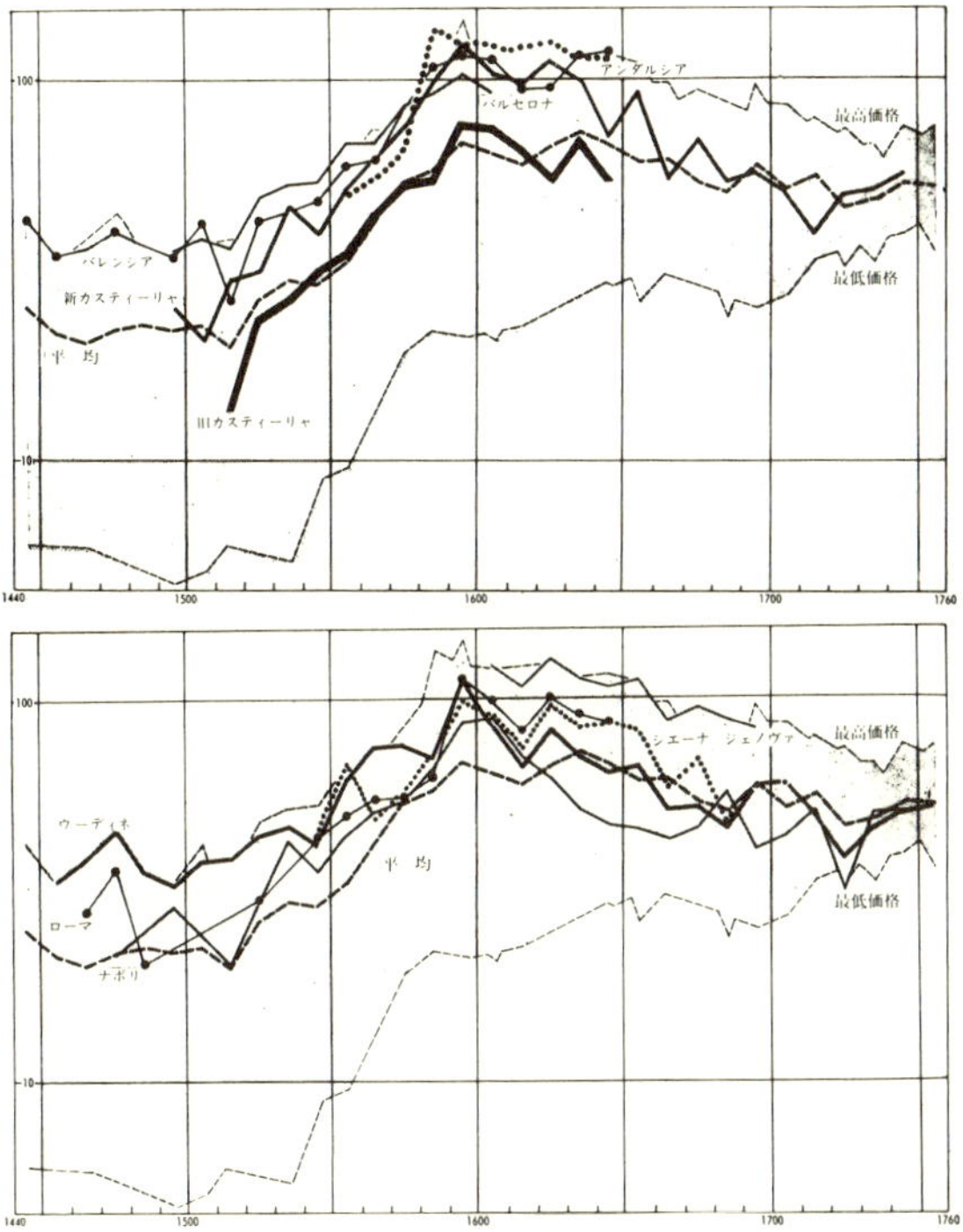


フェルナン・ブローデル，F.C.シュプーナー執筆『ケンブリッジ経済史』第4巻による。100リットルあたりの銀のグラム数で計算した小麦価格曲線約50によって，ヨーロッパ全体の穀物の変動の「包路線」を作成し（最高値と最低値が灰色のゾーンを画定する），すべての価格の計算上の平均（点線）を引くことができた。上昇は，もちろん，16世紀には全般的である。この基本的な表に，読み取りを容易にするために，二つのグラフ上でさまざまな地中海の曲線を重ねてみた。ヨーロッパの価格の計算上の平均と旧カスティーリャの曲線が一致しているのがわかる。その他の地中海曲線はすべて，少なくとも1620年までは，場合によってはもっとずっと後まで，平均よりもずっと上にある。地中海，というか少なくともキリスト教地中海（というのは地中海の東側については価格のデータ系列がないからだが，東地中海では物価はたしかにもっと低かった）は，パンの高い地域で，高水準に近い。17世紀半ば以後，最高価格と最低価格は平均からの開きがはるかに少なくなるが，灰色のゾーンの著しい狭まりがはっきりと示しているように，その頃ヨーロッパの物価が一致する傾向が広がっていたことに注目しなければならない。18世紀になると最低と最高の差はますます小さくなってくる。

## ブルサの物価， 1489–1633 年

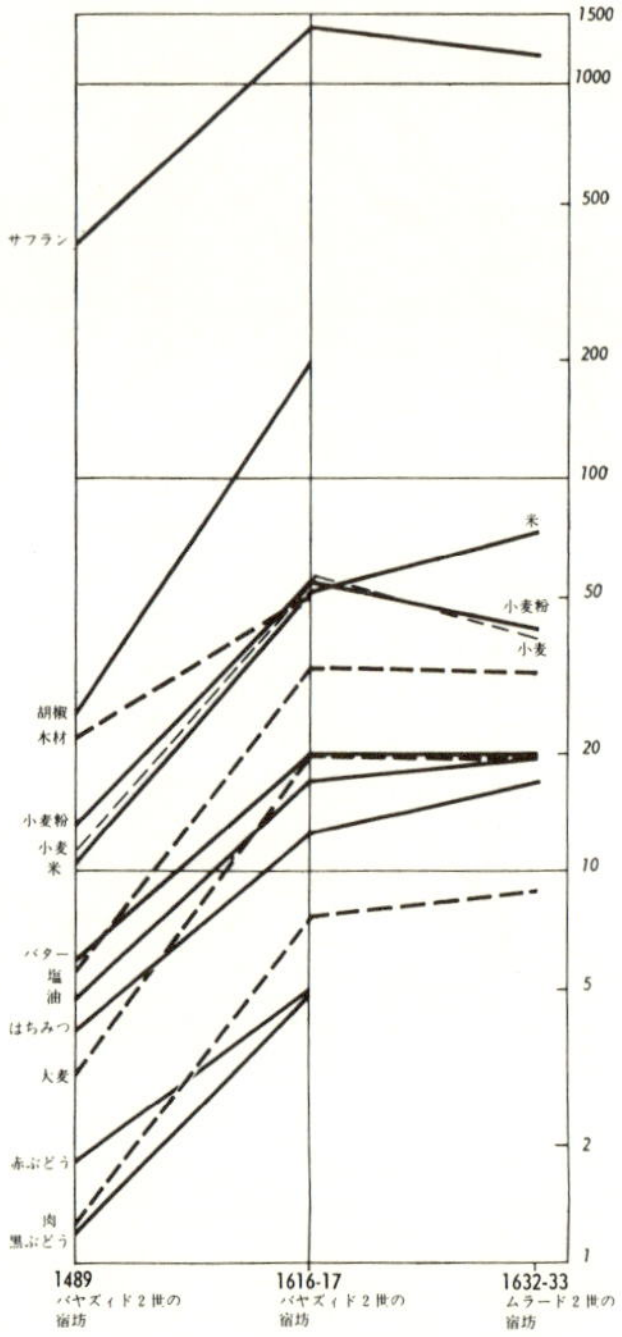


16世紀の物価上昇がトルコに及んだことを証明するトルコのさまざまな物価はオメル・ルトフィー・バルカンによる。〈イマレ〉〔宿坊〕は宗教的な公共施設であり，貧乏人や学生の食事を賄っている。物価の単位はアスプルである。地中海世界の全体的な変動を知るために決定的に重要な物価のデータ系列をトルコの古文書のなかに見つけるという希望は失われてはいない。ここに掲げた「名目上の」物価はアスプルの貨幣価値の低下は考慮に入れていないことに注意していただきたい。

## 救済院の古文書によるパリの物価の動き

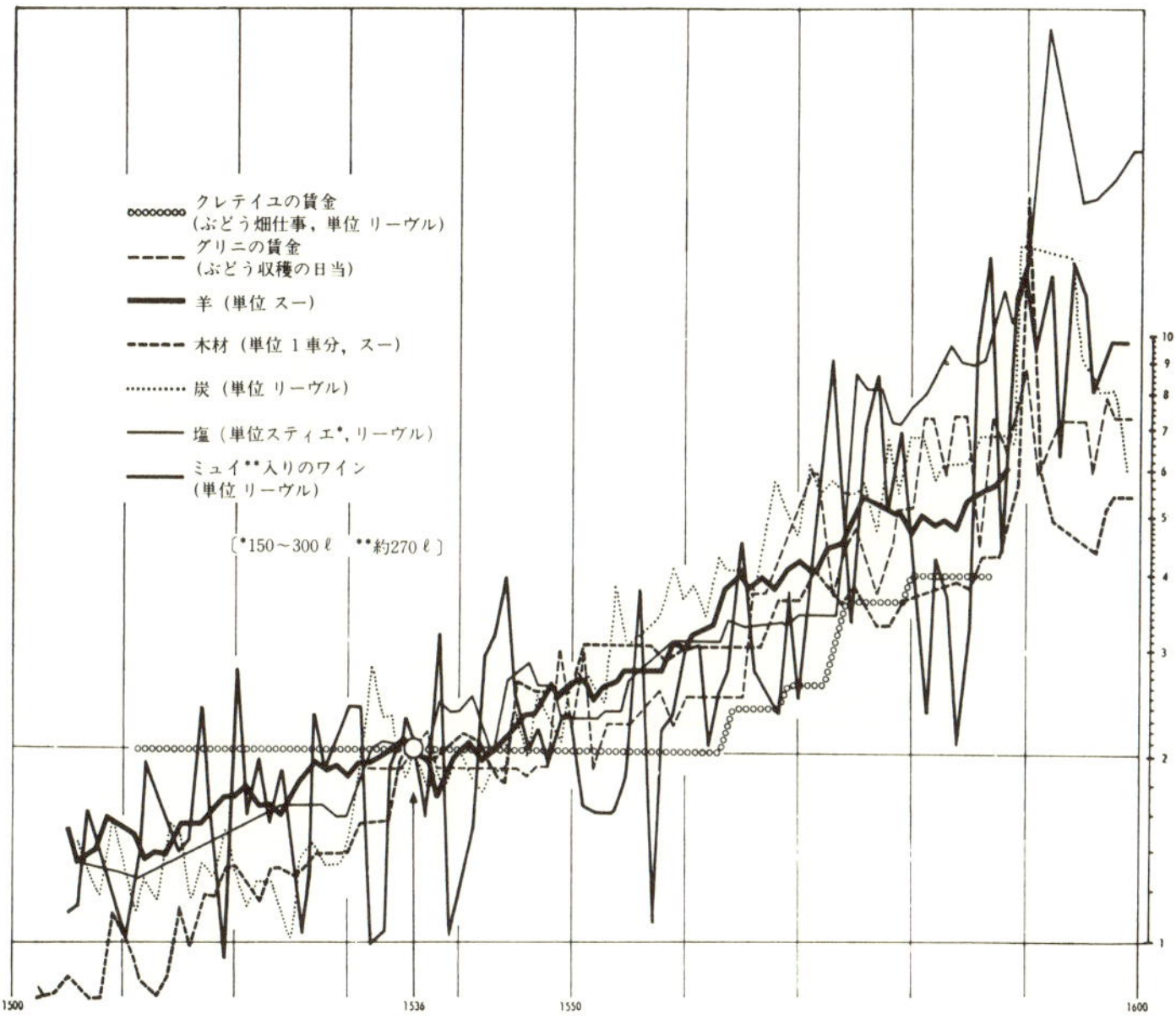


物価の動きと賃金のずれや塩の急激な値上がりに注目せよ。羊の値段は全体の平均を表している。救済院の古文書によるミシュリヌ・ボーランの未刊の研究から。

## ストラスブールのほうがバレンシアよりも先に物価が上がる

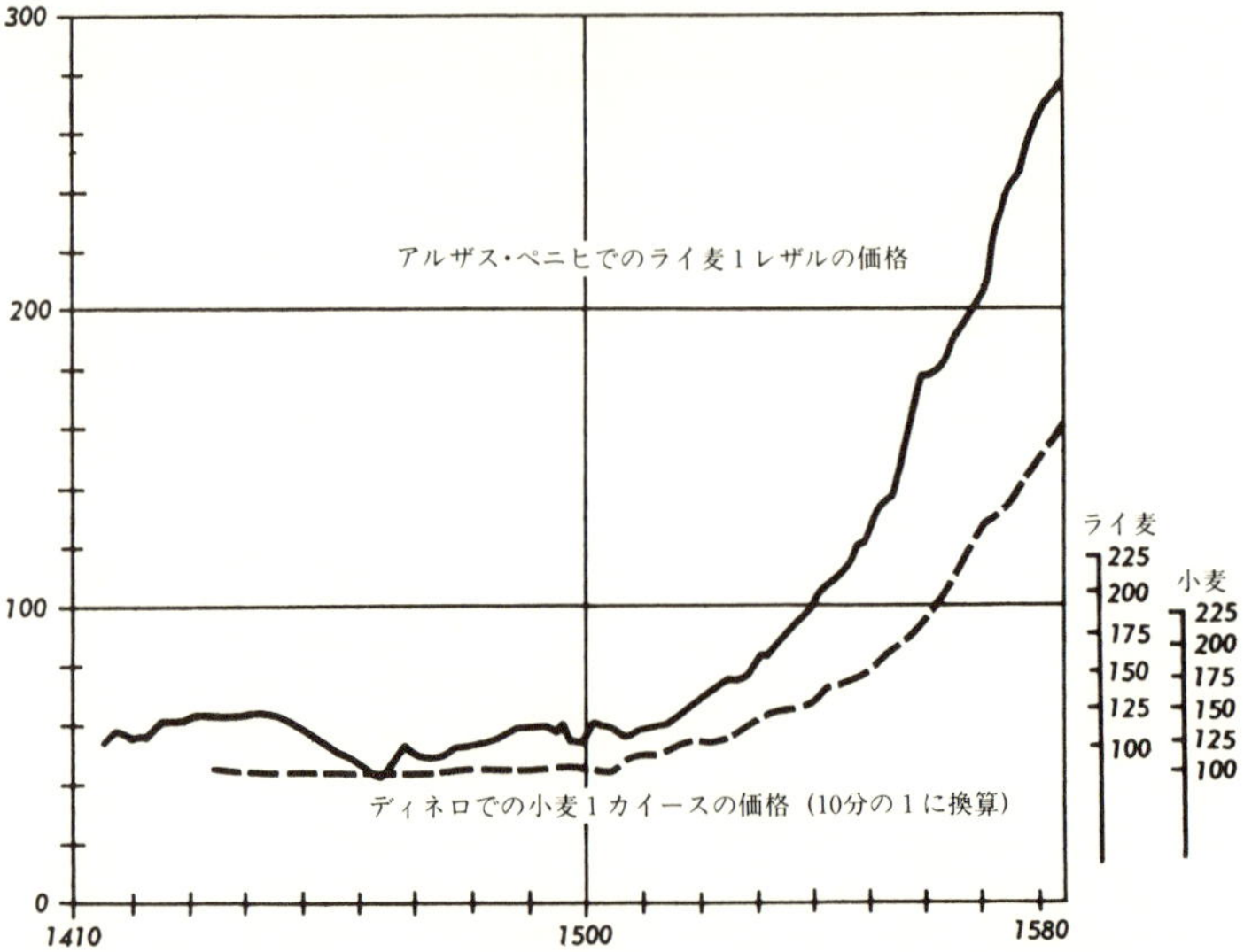


J.フーラスティエ『販売価格と原価』第13巻，26頁所収のルネ・グランダミ論文による。

実線でストラスブール〔ストラスブルク〕のライ麦の価格曲線，破線でバレンシアの小麦の価格曲線を示す（30年の変動平均，1451-1500年を100とする)。右にあるのは，パーセンテージの目盛り。ストラスブールの曲線がバレンシアの曲線よりも早く上昇しているのがわかる。ところで，アメリカの銀の急増だけが物価上昇の原因であったとしたら，明らかにさかさまの順序になったはずである。

## 人口の増大、六〇〇〇万から七〇〇〇万人の地中海世界

十六世紀に人口が膨れ上がる一方であったことは第I部でも述べられているが、あらゆる事柄がこの人口の増大を前提に語られることになる。これは戦争のような事件よりも重要なことであるというのがブローデルの認識である。

「十六世紀が終わるとき、地中海の山は、どこでも人間と拘束が多すぎて、自由になるために爆発を起こす。この人口拡散の戦争は、我々の目には、山賊行為――このうえなく曖昧な語である――と呼ばれる潜在的で果てしない社会戦争というかたちでごっちゃになり、見えなくなる。アルプス山脈でもピレネー山脈でも、またアッペンニーノ山脈やキリスト教、イスラム教支配の他の山岳地帯でも、海の香りを嗅ぐ山の巨大な飾りに沿って、ひとつの共通の運命が形をなしてくる。」（I／①、一六一頁）

「十六世紀には、すべての都市が一斉に活気を帯び、ヴェローナでもヴェネツィアでも、また、パヴィーアでもミラノでも、公共ないし民間の建設現場が工事をはじめ、クエンカでもセゴビアでも手工業が盛んになり、ナポリのマンドラキオでもソレントないしアマルフィの海岸でも同時に造船業が盛んになるのを見ても、いささかも驚くにはあたらない。当時大事なことは全体的な進行であって、すべて

の都市空間に上昇の痕跡が見られる。」（I／③、五四八頁）

山岳地帯の過剰な人口が都市に流入することについてはすでに触れたが、ブローデルはこんなことを言っている。

「山と言ってごらんなさい。するとこだまは、峻厳さ、厳しさ、後れた生活、まばらな人口と答える。平野と言ってごらんなさい。するとこだまは、豊穣、容易、豊かさ、甘美な暮らしと答える。」（I／①九四頁）山と平野の間には格差が存在し、ブローデルの言い方に従えば「電圧」の差があるということになる。

地中海世界の総人口は一五〇〇年から一六〇〇年の一〇〇年間に二倍になったと言われる。つまり三〇〇〇万から三五〇〇万人の人口が六〇〇〇万から七〇〇〇万人になったのである。すでに述べたように、このような人口増大、すなわち「生物学的な大変化が（中略）トルコによる征服や、アメリカ大陸の発見と植民地化や、あるいはスペインの帝国主義的な使命よりも重要であった」（II／④、九一頁）とブローデルは断言している。一五五〇年頃から人間が多すぎることが強盗行為の増加のようなさまざまな社会危機の素地となったと考えられる。しかも人口は地中海の北の方で多い。「キリスト教文明は、人口過剰であり、他方のトルコ文明は、人間が十分にいない。」（III／⑦、二〇二頁）こういうことはとりわけ食糧の確保という問題と関連する。西欧地中海だけでは小麦が不足し、トルコから小麦を輸入するという事態になる。トルコ帝国の首都イスタンブールは、地中海世界のなかでも非常に大きな都市で、十六世紀の人口は七〇万人で、パリの二倍の人が住んでいたと言われる。イスタンブールの人口を養う小麦はルーマニアから投入され、しかもバルカン半島やエジプトを含むトルコ帝国全体では、穀物を輸出する余力があったということである。トルコ帝国の農民は一人平均五ヘクタール以上の農地を持っていたと言われている。

人口の増大は経済活動の発展、都市から国家への、さらには国家から帝国への領土拡大の方向に進むが、必ずしも生活水準の向上にはつながらない。しかし商業活動が盛んになることによって、商業活動を担うブルジョワ階級が社会的に上昇する。それと平行してブルジョワ階級は貴族の身分を金で買い取るというような事態が生じる。これは特にスペイン帝国において見られる現象であり、ブローデルは「ブルジョワ階級の裏切り」という一章を書いているほどである。

### 官職の売買による国内的腐敗、スペインとトルコ

地位の低い官職の売買がスペイン帝国の国内的腐敗を進めたとしてブローデルは次のように書いている。

「すでに、カトリック両王以前の、フアン二世とエンリケ四世の波瀾に富む治世から、そしておそらく十五世紀初頭から、少なくとも市の官職においてすでに多くの官職が〈権利譲渡できる〉ものになっていて、最初の徴候は誰の目にも明らかである。おそらく、王権はかなり頻繁に官職売買の権利を取り戻していたが、それは力ずくか、あるいは権利譲渡に必要な猶予期間の規則によってであり、官職売買の権利は権利を譲渡した者も（定められた期間、少なくとも二十日間生きていなければならない）、新しい資格保持者も拘束していた。新しい資格保持者は、襲職権放棄の証書をつくってから三十日以内に出仕して、その権利を認めさせなければならない。一五六三年に、〈コルテス〉はフェリーペ二世にこの猶予期間を三十日から六十日にするよう要請したが、むだであった。これは、必要とあらば、昔からの手続きが効力があり、絶えざる脅威であり、潜在的な家族の悲劇であったという証拠である。なぜなら官職を買う者は、支払いのために、たいていは、持参金の貴重な銀を使っていたからである……。少しずつ、かなりの官職が〈権利譲渡できる〉ものになっていく。父親から息子への権利譲渡を除いて、権利譲渡するのを禁止したり、司法官職やその他の職を譲渡するのを禁じたりすることは、それぞれ悪弊が進んでいたことを物語っている。国王は、官職の数を増やし、職を売っていた限りにおいて、この悪弊の進行に貢献していた。ふつうアントニオ・ペレスは官職を大量に売るのを奨励したかどで非難される。しかしこの責任を引き受けなければならないのは、この書記官と並んで時代である。市の〈判事〉職も、大書記官府や王室会議の〈書記官〉職も〈権利譲渡できる〉ものになる。フランスの場合と同じく、この増大する官職売買は、一種の封建的な雰囲気のなかで、あるいはゲオルク・フリードリヒにならって言えば、官僚主義と家族主義が並行している雰囲気のなかで広まっていく。当然のことながら君主制はこの官職売買とそれが引き起こす必然的な腐敗で駄目になっていく。君主制はその権威に対するさまざまな障害をつくりだすわけで、フェリーペ二世の時代にはルイ十四世の絶対的な権力どころではない。事実、官職の売買は、カスティーリャでは、たいていは低い地位に限られていて、市の官職の範囲でだけ広がっている。」(III/⑥、六〇―六一頁)

スペインと同じようなことがトルコ帝国内でも起こっていたようである。賄賂の横行であり、最高権力者が最もその恩恵にあずかっているという事態である。

「国家の歪みとしてのある種の官職売買が、トルコの制度を通じても明らかになる。私はすでに、トルコ全体において、官職の売り渡しはエジプトを手本にしているという指摘をおこなった。上司の〈ご機嫌とりをする〉、上司に実質的な贈り物をする必要性からそれぞれの公僕が自分の部下や住民を犠牲にして定期的に自分の取り分をとることになる。階級制度の上から下まで莫大な横領がおこなわれているのだ。オスマン帝国はこの飽くことのない官職保有者の犠牲になる。慣習の圧力が飽くことを知らぬものにする。この一般的な横領の恩恵を受ける人は、ヴェネツィア人が繰り返し言っているように、またゲルラッハが『日誌』のなかでメフメット・ソコルルについて述べているように、〈大宰相〉である。メフメット・ソコルルは、ラグーザ周辺の無名の子供で、十八歳でスルタンの徴兵官につかまって、それからずっと後の一五六五年六月に〈大宰相〉になり、一五七九年に暗殺されるまでこの職についてい

る。公職につきたい人々が彼に贈る物で膨大な収入があった。」（Ⅲ／⑥、六一頁）

要するに「十六世紀において、イスラム世界でもキリスト教世界でも、ヨーロッパの南でも北でも、国家の官吏の汚職が甚だしいことはいささかの疑いの余地もない。」（Ⅲ／⑥、六七頁）

「十六世紀には、現金と引き換えに、貴族の称号を売らない国も王侯もいない。シチリアでは、それまではただいくつかの稀少な称号だけが譲渡されていたのに、一六〇〇年から、侯爵領、伯爵領、公国が安い値段で売られ、また誰にでも売られた。一六〇〇年頃に書かれたスペインの長文の報告書によれば、ナポリでは、〈爵位のある人〉の数は極端に増大した。したがって、ふんだんに供給された商品のように、伯爵の称号は別として、少なくとも侯爵の称号は価値が落ちた。『いくつか公爵と大公を創設さえしたが、避けたほうがよかった。』こうして至るところで、貴族の身分は定期市で買われる。帝国、ローマ、ミラノ、フランシュ＝コンテ、フランス、ポーランド、トランシルヴァニアでも、『羊皮紙の貴人』がたくさんいる。ポルトガルでは、イギリス人の真似をして譲渡は十五世紀から始まっている。最初の大公たちは一四一五年に、最初の侯爵は一四五一年に、最初の男爵は一四七五年に出現する。スペインでも、大貴族の数をやがて増やしていった王国は、根本においてあまり用心深くなかった。王国は、金の必要が減らないので、支払い可能な人に、つまり両インドで金持ちになった〈新大陸帰りの成り金〉や〈ペルー成り金〉、あるいはもっとひどい場合には、高利の金貸しの成り金に、〈郷士の身分〉

や騎士団の制服を売る。どうしてそういうことをやめないのか。もし金を手に入れたいと思うなら、たとえ〈郷士の身分〉をもはや売りに出さないという約束を破ってでも、〈郷士の身分〉を売ることだと、オルガス伯爵は、一五八六年四月十六日にセビーリャから出した手紙のなかで、秘書官マテオ・バスケスに助言を与えている。当然のことながらカスティーリャの〈議会〉は不平を述べるが、いったい誰が〈議会〉に耳を傾けるだろうか。称号売買は続き、一五七三年からは、フェリーペ二世の政府は〈新しい領地〉に関する政令を発布せざるを得なかったほどである。

称号獲得熱はスペインから始まったと言われてきたし、この流行は、ぴったりとした男物の服、〈ロ髭〉、香水入りの手袋、スペイン喜劇のテーマ……と同じように、スペインの輸出品のひとつであると言われてきた。しかし新しい流行は純粋な虚栄心ではない。ブルジョワ階級はおのれの買い物を利用するすべを知っているし、計算ずくである。そのうえに、ブルジョワ階級は安全な価値に向かうように土地に向かった。そのために領地を基盤とする社会秩序が強化された。要するに、人間は上席権をめぐる争いをしている国家と同じであり、この争いはしばしば土地にしっかりと根づいた、はっきりとした要求を飾ってしまう。しかし一見したところ、争いしか目に入らない。一五六〇年、リスボン駐在のフランス国大使ニコは、ポルトガルの領主たちについて、次のように記していた。『ここの人々は、不必要な従僕の数の点で非常に行き過ぎなので、従者は大公や国王のような暮らしをしたいと思っている。そのために従僕たちはいつでも土地に勘を働かせている。』リモージュ司教は一五六一年のスペインについてまったく同じ指摘をしている。このとき問題なのは、五〇〇人の『金持ちと戦争に慣れた人々』を貴族にすることであるが、彼らが自分の力で武装し、毎年三ヶ月間、スペイン国境で軍務につくという条件付きである。そして話をつづける司教は、『この国の人々のなかにある虚栄心』に驚いている。『彼らは貴族と見なされて、貴族の服を着て貴族としての外観を示すことができるという条件で、図々しさを身につけている。』(Ⅲ/⑥、一二八―一二九頁)スペインにおける「虚栄心」こそはスペイン帝国の衰退の最大の原因と考えられる。

## 百年単位のトレンド

「いずれにしても、この長い十六世紀の間に、ゆっくりではあるが、すみずみにまで進む値上がりは、物質生活と物質生活によって養われることができたもののすべての発展を助長したのである。値上がりは経済のひそかな健康のようなものであった。『十六世紀には、すべての怪我が治る』と、アール・J・ハミルトンはいつか私に語ったことがある。いつも補償するものが現れるのだ。たとえば工業の分野では、初めは急激に上昇するが、次々に交代していった。商業の分野では、ある資本主義が減速すると、別の資本主義があとを引き継ぐ。

この隠れた活力は、十六世紀の終わりに、一日にして消え去るのではない。実は後退は遅れてはっきりする。一六一九―一六二三年の短期の、構造的な(すなわち奥深くまで進んだ)危機以前ではないというのが、ルッジェロ・ロマーノの意見であり、またほぼカルロ・M・チポラの意見である。エマニュエル・

ル＝ロワ＝ラデュリ、ルネ・ベーレル、アルド・デ・マッダレナ、フェリーペ・ルイス・マルティンが言っているように、たぶん一六五〇年代以前ではない。また私も、自分でおこなうことができた観察の限界で、ますますそのように考えるようになっている。実際、後退の途中には、ブレーキがかかることもあり、まず最初に打撃を受けると考えられる農業の分野でも、目に見える回復がある。フェリーペ・ルイス・マルティンは私に次のように手紙を書いている。『一五八二年の危機以後、スペイン農業の衰退はふつうに言われているほどすさまじいものではありません。スペイン農業の後退の間に、一六一〇年から一六一五年まで周期的な（すなわち短期の）回復が見られ、一六三〇年代にも別の回復が見られます。破局は一六五〇年よりも前ではありません。』

ヨーロッパのさまざまな部分の間で景気循環のずれがありうるという、それ自体かなり複雑な問題を提起する議論を一刀両断に解決することはできない。この景気循環のずれという点でも、私は北ヨーロッパの景気循環と地中海の景気循環を対立させることはあまりにも単純すぎると思っているが、十七世紀の百年単位の後退において、地中海の景気循環は、北ヨーロッパの景気循環よりも早く起こっている……。しかし議論は開始されている。我々地中海の歴史家にとって、問題なのは、実は、時期尚早の衰退という間違った強迫観念をもう一度捨てることである。私は、本書の初版の際に、衰退の時期を一六〇〇年以降か、さらには一六一〇―一六二〇年以降としていた。今日、この時期を約三十年後ろに下げることにやぶさかではない。」（Ⅲ／⑦、三九四―三九五頁）

最後の一文でブローデルが初版の結論を書き換えているところに、私は歴史家としてのブローデルの誠実さを見て感動さえ覚えることを付け加えておきたい。

## 国家論——都市国家から領土国家へ、さらに帝国へ

「どこでも都市国家は、あまりにも脆く、またあまりにも狭くて、この時代の政治的、財政的任務には役不足であることが明らかになっていた。都市国家は滅ぶべき、助かる見込みのない形態であった。一四五三年のコンスタンティノープル占領、一四七二年のバルセロナの陥落、一四九二年のグラナダ王国の滅亡は、その顕著な証拠であった。

都市国家のライバルである、空間も人間も豊かな領土国家だけが近代戦争の膨大な費用を賄うことができることを示していた。領土国家は傭兵の軍隊を保有し、大砲という費用のかかる兵器を手に入れていた。やがて領土国家は大規模な海戦を思い切っておこなうようになっていく。領土国家の興隆は長期にわたって逆戻りし得ない現象であった。十五世紀末に現れたこうした新たな国家とは、ファン二世のアラゴン王国であり、ピレネー山脈を越えたルイ十一世であり、あるいはコンスタンティノープルの征服者メフメット二世のトルコ帝国である。また少しあとの、シャルル八世のもとでイタリアへの冒険に賭けたフランスやカトリック両王のスペインである。いずれの国も地中海岸から遠い内陸部で、たいていは障害となる都市がほとんどない貧しい地域で、その最初の勢力を発展させていた。一方イタリアでは、都市の豊かさ、人口密度そのものが分割と弱点を保っていたわけで、過去が輝かしいものであって、

相変わらず活力があった限りにおいて近代性は過去からうまく抜け出せない。過去はそれゆえに度し難い弱点になっていた。そのことは一四六三年から一四七九年までのトルコ・ヴェネツィア第一次戦争の際に見られた。この戦争の間、ヴェネツィア政府は、あまりにもひょろ長い領土ゆえに十分に守りができず、技術力の優秀さにもかかわらず、結局は勝負を放棄しなければならなかった。それはまた一四八〇年のトルコ軍によるオートラントの悲劇的な占領の際にも、さらには一四九四年にシャルル八世のイタリア南下が巻き起こしたあの激しい嵐の始まりの際にも見られた。マキャヴェリの言い方によれば、侵略者にとっては宿舎担当下士官に軍隊の宿舎をチョークで印を付けさせるだけで十分であったあのナポリ進軍ほど驚くべき軍事的行進がかつてあっただろうか。」(Ⅲ/⑥、一二一一三頁)

「しかしすでに十五世紀に、そして十六世紀には確実だが、語らなければならないのは、もはや単なる領土国家ではなく、国民国家についてである。このとき、今までよりも大きな、怪物的な集団が出現する。つまり個々の国家の寄せ集め、継承、連合、連立——時代錯誤があるとはいえ、帝国という現在の意味で都合のいい言い方を使うことができるなら、いくつもの帝国が出現するのである。」(Ⅲ/⑥、一四—一五頁)

「カトリック両王のスペインもまた『単なる国民国家』ではなく、すでに君主という人格において統一された諸王国、諸国家、諸民族の連合である。スルタンもまた、それぞれの民族の巡り合わせで結ばれたか、あるいは力で制圧された、被征服民族と忠実なる民族の寄せ集まりを支配している。しかしそれでも、海洋の冒険は、ポルトガルとカスティーリャに有利に、初期の近代的な植民地帝国をつくりはじめる。その重要さは初めは同時代のどんなに炯眼の観察者にもよくわからない。」（Ⅲ／⑥、一五頁）

こうして十六世紀に帝国が出現するが、広大な帝国の維持には非常に多くの軍事力、すなわち金がかかるわけで、十六世紀後半になって経済の下降する時期に有利になるのは、小回りの利く中規模の国家、たとえばフランスであり、イギリスである。

## 一六〇〇―一六一〇年。時は中規模国家に有利か？

「十六世紀末ならびに次の世紀の初めの数年間、大国家の病あるいは少なくとも疲弊があったのか。同時代人は、篤志家の医者が著名な病人の枕元に急いで駆けつけるという印象を我々に残している。しかもそれぞれの医者が急いで病気の説明、診断をおこない、もちろん治療薬を出す。スペインでは、〈夢想的な政治家〉、つまり国内ないし外国の助言提供者が不足したことは一度もない。彼らは彼らだけでひとつの社会階級を構成している。十七世紀の初めの数年が経つだけで、助言提供者の数は増え、彼らの語気が強まる。彼らはびっしりと並んで、歴史の善意の裁判所に群がっている。ポルトガルでも、同じ議論と同じ歩みである。

こうした演説をすべて聞いたあと、スペインの君主制の衰退を信じないでいられるだろうか。何もかもこの衰退を示している。すべての事件と証言、トメ・カノの描いた一六一二年の暗い絵、あるいはブラジルとインドに向かったポルトガル船の悲劇の綿密な一覧である、あの『海難の歴史』という、非常に興味深い事例集。この本では、さまざまな不幸、衰退、消耗、敵の勝利、『海上の危険』、モザンビーク浅瀬での座礁、喜望峰周航途中に行方不明になった船のことしか語られない。そのうえ、イベリア半島への途上で、山賊行為が増加し、ペストで住民が大量に死ぬときに、スペインの屋台骨の弱さ、衰退を疑うことができるだろうか。当然のことながら外では、スペインは相変わらず大きな勢力を持っている。つまり脅かされていながらも、スペインは威嚇的な力を持っているように見えるのだ。しかも少なくともマドリードでは、十七世紀ヨーロッパの最も輝かしい生活がその祝宴を繰り広げている。

だが同じ時代に、イスタンブールの宮殿の豪華さは前代未聞である。

しかしながら、そこでもまた、暗い影は明らかに見えはじめ、数々の疲弊の徴候が現れている。オスマン帝国は、組み立て方が悪い板張りの船のように、ぎしぎし音を立てている。アルジェからペルシャの境界まで、タタール人の国々からエジプトの南部まで、一連の公然の反乱や陰険な反乱がオスマン帝国を苦しめる。自分の思いどおりにすぐ結論を下す、ヨーロッパの観察者にとっては、オスマン帝国の機械設備は直しようもないほど壊れてしまっている。前代未聞の熱心さで、イエズス会士とカプチン会修道士が成り行きまかせのこの世の精神的征服に身を投じる。あの異教徒をヨーロッパから追い出し、異教徒の領土を分かち合うときではないのか。ヴェネツィア駐在スペイン大使イニィゴ・デ・メンドサは、絶えずこのことを繰り返している。この人物は、心が高ぶって、今にも外交官生活を捨てて、イエズス会に入る準備をしているのは事実である。もっとも彼だけが、歴史の果てしない道で、オスマン帝国分割の賛同者がいっぱいの最初の大隊を編成しているあの幻視者ではない。他の者も後に続く。一六〇〇年には、カルロ・ルチオ神父。一六〇六年には、フランス人のジャン゠エメ・シャヴィニ。一六〇九年には、もう一人のフランス人ジャック・エスパンシャール。一六〇九年十月には、ジョヴァンニ・ミオッティ。その同じ年の十二月には、無名のイタリア人。一六一一年には、カプチン会修道士フランチェスコ・アントニオ・ベルトゥッチ……といった具合だ。しかし我々としてはシュリの『大計画』や、ヌヴェール公シャルル・ゴンザグとジョゼフ神父のやはり壮大な計画（一六一三―一六一八年）を取り上げないでおく。少し熱意のある考証学的知識なら、ここに引用する名として十くらいは見つけるかもしれないが、実際には、その数を百倍にしなければならないだろう。宗教的な情熱も手伝って、十七世紀初めから、ヨーロッパは『病気の人間』の遺産相続を当てにした。だがこうした煽動者たちは間違っていた。病人はそんなに早く死なないのだ。病人はかつての体力を取り戻すことは決してないが、長生きをする。トルコは、一五九〇年に、ペルシャに対して空しい勝利を収めていた。一六〇六年、ひどく疲れる戦争のあと、トルコはドイツに対して、すなわち西欧に対して、何も得るところのない和平に甘んじなければならなかった。

実は、車輪は回転したのだ。世紀初めは大きな国家に有利であった。大きな国家は最適規模の政治的企てを表している、と経済学者なら言うところだ。時代が過ぎて、望ましい正確さで位置づけることができないさまざまな理由から、こうした大きな国家は少しずつ時代の情勢に裏切られていく。束の間の危機か、それとも構造的な危機か。弱さか、それとも衰退か。いずれにしても、十七世紀初めには、活力があるのは中規模の国家だけのようだ。たとえばあの突然の栄華をきわめたアンリ四世のフランス。あるいはエリザベス女王の好戦的な、輝きわたる小国イギリス。あるいはアムステルダムを中心にまとまったオランダ。あるいはドイツ。ドイツでは一五五五年から三十年戦争まで物質的繁栄があり、三十年戦争で身も心もかげりを帯びてくる。地中海では、金《きん》でふたたび豊かになったモロッコや、ひとつの都市が領土国家になる歴史を持つトルコ大守支配のアルジェの場合である。贅沢や美や知性で光り輝く、影響力のあるヴェネツィアも、大公フェルディナントのトスカーナも同様である。あたかも新しい世紀は、自分の国で効率的に秩序を保つことができる小国を助けるかのようにすべてが進行する。コルベールのような不完全な数多くの人物が、こうしたささやかな国で成功し、自国の経済の診断をおこない、関税を引き上げ、国民の事業を刺激するのが巧みである。しかも国民の手綱をできるだけ近くで握っている。さまざまな帝国の複雑で、あまり明快でない大きな歴史以上に、互いにつながったこうした運命は、すでに歴史の車輪が回転したことを示している。

言い換えれば、帝国は、中規模の国家以上に、一五九五年から一六二一年までの長期の景気後退に苦しんだのである。次に、あの広大な政治的集団は、上げ潮の逆流の時期にその競争相手国と同じくらい早く浮上することがなかった。上げ潮は事実それほど高くなく、短期であった。というのも、十七世紀半ばから、百年にわたる長期の危機が悪化しているからである。十八世紀に、長期の危機から浮かび出て、大規模な経済の復活を十全に利用する強国が、十六世紀の帝国でなく、トルコ人でもないし、スペイン人でもないのは確かである。地中海の衰退だろうか。きっとそうだ。しかしそれだけではない。というのはスペインは大西洋に向かって元気よく向きを変える時間がたっぷりあったからだ。なぜスペインはそうしなかったのだろうか。」（Ⅲ／⑥、七九－八二頁）

## ユダヤ人とモリスコの追放、スペインにおける国土再征服戦争

スペイン帝国においてもともとイスラム教徒であってカトリックに改宗した子孫のことをモリスコと呼ぶ。カトリックによる国土再征服運動が盛んになり、一五〇一年にはカスティーリャで、一五二六年にはアラゴンで、モリスコやユダヤ教徒の国外追放が宗教上の理由からおこなわれる。スペイン帝国からのユダヤ人追放は一四九二年におこなわれ、ユダヤ人は地中海世界のあちこちに、特に北アフリカやイタリア半島やバルカン半島などに四散する。追放されたユダヤ人は印刷術などを伝え、また商人として活躍する。一六〇九年から一六一四年にはモリスコが追放される。しかしその背景には人口過剰という経済的な問題があったと言える。八〇〇万の人口に対して三〇万人を国外追放したという計算がある。マラーノと呼ばれるユダヤ人やモリスコの追放は「資源から見て人口の多すぎる国においては、宗教は迫害の原因であるとともに口実でもあった」（Ⅱ／④、一一一頁）とブローデルは断言している。

迫害の対象になるユダヤ人の文明については、ブローデルは次のように述べる。

「ユダヤ人はどこにいようと、歴史家には周囲の環境に適応する能力が非常にあるように見える。ユダヤ人は、あるがままの自分を受け入れるか、あるいは単に自分たちの出会う異文化に適応するよい生徒である。場合によってであるが、ユダヤ人の芸術家と作家は、カスティーリャ、アラゴン、あるいはその他の地域の本物の芸術家や作家ではないのか。彼らは自分たちに押しつけられるか提供される社会状況に、つまり最も控え目な社会状況にも、最も輝かしい社会状況にも、たちまち適応する。したがって、ユダヤ人は、たちまち文化の遭難に出会いかねず、彼ら自身のアイデンティティの放棄に瀕している。これについては我々はいくつものケースを知っている。しかしふつうは、彼らは社会学者や人類学者が『基本的人格』と呼ぶものを守っている。彼らは自分たちの信仰の中心にとどまり、何ものも彼らを追い出すことがない宇宙の中心にいる。こうした粘り強さ、捨て身の拒否は、彼らユダヤ人の大きな特徴である。キリスト教徒がマラーノ（この侮蔑的な単語は改宗者を指す）の金持ちがひそかにユダヤ化しようとする頑固さを強調したのは正しい。間違いなくユダヤ文明があり、これはきわめて特殊なので、この文明に人々は必ずしも本物の文明の特徴を認めない。しかしそれでも、ユダヤ文明は、光りを放ち、伝達し、抵抗し、受け入れ、拒否する。それは我々が文明について指摘したすべての特徴を持っている。ユダヤ文明には根がない、あるいはむしろ根づき方が悪く、またきっぱりと与えられた、安定した地理的至上命令をのがれているのは事実である。それはユダヤ文明の唯一の独自性ではないが、最も大きな

独自性である。」（Ⅲ／⑦、二四四頁）

ユダヤ人が一四九二年にカスティーリャとポルトガルから追放され、一四九三年にはシチリアから、一五四〇年および一五四一年にはナポリから、一五七一年にはトスカーナから、そして一五七七年にはミラノから追放されて以来、トルコのサロニカ、コンスタンティノープル、北アフリカなど（Ⅱ／④、一一二頁参照）地中海世界のどこにでもいる例として、ブローデルは次のように述べている。

「念を押しておくべき最後の特徴として、マラーノが地中海全域に広がって、オランダ人の到来を準備し、世界の時計で、アムステルダムの世紀の始まりを示した。一六二七年、オリバレス伯公爵は、〈アシエント契約〉の決定的な舞台にポルトガルのマラーノを駆り立てた。もうひとつの財政の時代がこの時期よりもはるかに前に始まっていたことが明確になる。数多くの徴候で予測されていた。すでに一六〇五年には、一万人のユダヤ人にスペインに移住する許可を与えることが問題になっていた。キリスト教徒の〈アシエント契約〉の体制よりもユダヤ人の方がカトリック王の財政をきちんとするのを助けるからである。我々はやろうと思えば記録を延ばすことができるし、十七世紀に、地中海の三つの主要な町、マルセイユ、リヴォルノ、スミルナにユダヤ人がいたことを示すことができる。これもやはり重要な場所、セビーリャ、マドリード、リスボンにもユダヤ人がいたし、アムステルダムにも、またすでにロンドンにもユダヤ人がいた。ロンドンには、金持ちの商人アントニオ・フェルナンデス・カルバハル、

『偉大なユダヤ人』が、一六三〇年から一六三五年までの間に住み着いていた。しかし我々の論証はこれだけで十分である。」（Ⅲ／⑦、二六八―二六九頁）

シェークスピアの『ヴェニスの商人』はこの時代を描いたもので、ユダヤ人の高利貸しシャイロックが登場することはだれでも知っている。

「一五五〇年に、ヴェネツィアはユダヤ人を追放したいと考えるが、ユダヤ人がヴェネツィアの商業、つまり羊毛、絹、砂糖、香辛料をすっかり握っていることに気づく――またヴェネツィア人自身はたいていは〈いつもの手数料だけを稼いで〉ユダヤ人の扱う商品を売るだけである。実際には、イタリアには、フランス、スペイン、ポルトガルから次々と追放された、非常に多くのユダヤ人がいる。」（Ⅲ／⑦、二五八頁）

## スペインとトルコにおける大土地所有の構造

「地中海では大土地所有が法則である」（Ⅰ／①、一一九頁）。つまり大きな土地を所有する領主、これが貴族だが、その下で働く「農民は、その法律上の身分がいかなるものであれ、多くの点で、植民地の奴隷のような存在である」（Ⅰ／①、一一六頁）とブローデルは述べている。農民を植民地における奴隷とほぼ同一視するブローデルの発言がきわめて政治的であることは明白だ。しかしこのようなブローデルの政治的発言は珍しい。

社会的な構造という点では、スペインは世襲制貴族、トルコは知行制といった表向きの相違はあるが、基本的には二つの世界には大土地所有者と貧しい農民からなる共通の社会構造が見られる。

## スペインとトルコの差異と共通性——政治を越えて

「経済的にも文化的にも、スペインとトルコの二つの地域のそれぞれの価値の逆転が達成されると同時に、十六世紀には、二つの地域の相違が際立つばかりである。十三世紀以来、東方世界はその優位を、つまり物質文明と技術の洗練、産業、銀行、金や銀の産地をひとつまたひとつと絶えず失ってきた。十六世紀には前例のない経済的危機の間に東方世界の敗北が決定的になる。この経済危機は、大西洋を新たにつくり上げて、一時期、『両インド』の富の唯一の保管者であったレヴァントの古くからの特権を無効にする。その時から、日毎に、西欧と生活費の安い東方世界との生活水準の差は開いていく。西欧は技術と産業の進歩によって激変し、東方世界には西からやって来た銀が自動的に価値を与えられ、より大きな購買力をつけていく。

しかしこの生活水準の差は、二つの海のある種の経済的統一性を再現する。政治の障壁を含めて、ありとあらゆる障壁があるけれども、海賊行為という手段も含めて、あらゆる手段によって、生活水準の差が経済的統一性を絶対に必要なものにするのだ。電流を決定するのは電圧の差である。電圧の高低差が大きければ大きいほど、電流はますます必要である。東は西洋の優れたところと提携する必要があり、どんなに高くついても西洋の分け前に与かる必要がある。つまり東は西洋の貴金属、言い換えればアメリカ大陸の銀を求める。しかもヨーロッパの技術の進歩に絶対について行く必要がある。また逆に、徐々に成長する西洋の産業は、過剰生産品を輸出する必要がある。これは本書でもう一度ふれることになる大問題である。なぜならこのような深刻な必要、均衡の乱れと回復、強制的な交換によってこそ、地中海の歴史はすべて動かされてきたのであるし、また古くから支配されてきたからである。」(I／②、二二四頁)

## 貴金属と貨幣経済

「我々は昨日のフランソワ・シミアンの時代と同じように十六世紀を貴金属と価格の波瀾に富んだ時代とは見ていない。フランク・シュプーナーと私はアメリカ大陸発見以前のヨーロッパと地中海において流通していた貨幣の総量を計算しようと試みた。単純だが確実とは言えない方程式をもとに得られた我々の数字は、およそ金五、〇〇〇トンと銀六〇、〇〇〇トンである。一五〇〇年から一六五〇年までの一世紀半にアメリカ大陸からやって来た金銀は、アール・J・ハミルトンのおこなった計算では、銀一六、〇〇〇トン、金一八〇トンである。確信があるわけではないが、以上の数字はすべて大まかに言えば正確であると仮定してみよう。この数字はいくつかの問題を立て直し、他のいくつかの問題を確認する。

(1) このようにして我々は一五〇〇年以前の状況を、したがって十五世紀を一括して評価するが、十五世紀はすでに歴史家のなかに弁護人がいる。それゆえ十五世紀の功績として西欧における貨幣経済の著しい伸びを記載しておこう。貨幣経済は、一五〇〇年以前に、君主に払うべき税金のすべてに広まり、また領主や教会に対して支払われる賦課の一部にも広まったのである。

(2) フランソワ・シミアンにとっては、鉱山のあるアメリカ大陸がすべてを決定したのかもしれない。貨幣の在庫は一五〇〇年から一五二〇年までに倍になり、一五二〇年から一五五〇年までにふたたび倍になり、一五五〇年から一六〇〇年までには倍以上になったらしい。『これは十六世紀全体にとっては五〇倍以上の増大である。それに対して、十七世紀、十八世紀、そして十九世紀前半においても、約一〇〇年の単位でかろうじて在庫は二倍である』とシミアンは書いたことがある。このイメージはほとんど容認できない。十六世紀は、このような特異な激しさで歴史のなかに投げ込まれたのではない。人口の増大、貨幣価値の低下、経済生活の確実な躍進、硬貨の流通の速度が加速されたこと、さまざまな支払い方法といったこともまた、十六世紀のあの物価の値上がりと価格革命ないし疑似価格革命の説明になる。しかしこの問題はあとでもう一度取り上げることにする。

(3) いずれにしても、地中海は、十六世紀に、信用取引がどれほど拡大しようとも、毎年六、〇〇〇万人という大量の人々がおこなう交換と賃金をただの一瞬たりとも帳簿に記載できるような通貨も所有していないないし手形も持っていない。この通貨不足は慢性的である。ヴェネツィアでは、一六〇三年に—

――都市の金庫には銀貨が一杯あるというのに――労働者の賃金を払うための銀貨が足りないという事態が生じる。至るところで物々交換がおこなわれ、物々交換がなければ必要な仕事が達成されないような、およそ閉鎖的な、遅れた経済については、何と言うべきなのか。もっとも、物々交換にはある種の敏捷さがないわけではない。物々交換は市場経済の下準備をおこなうが、現金による支払いだけが市場経済を活気づけ、促進するのだ。バルト海沿岸では、ハンザ同盟加盟都市ならびに西欧の商人が投資する金がほとんどないということが未だに原始的な経済を促進している。もちろん世紀末になると為替手形が多くなり、おそらく、十七世紀の二十年代ないし三十年代にアメリカ大陸からの貴金属の入荷が減速（減速があるとして）するのを埋め合わせている。一六〇四年に、あるヴェネツィア人はピアチェンツァの定期市では毎年一、二〇〇万から一、六〇〇万エキュの取引がおこなわれていると語り、ドメニコ・ペリは一六三〇年頃は三、〇〇〇万エキュの取引があったと伝えている。しかしこうした数字は確実ではない。しかもこうした交換は経済生活の頂点でのみの流通を活気づけている。

(4)　間違いなく貨幣経済の進歩はあった。この進歩は、トルコ帝国においては、一連の貨幣価値急落現象によって、革命のような様相を呈した。歴史家はトルコの現実がどうであったかを毎日発見している。あらゆる価格が上昇した。昔からの社会的関係はすべて断ち切られ、西欧の悲劇がまるでひとりでに起こるかのようにトルコにも延びてくる。同じ原因があれば、同じ結果が生じる。

(5)　しかし重要ではあるが別に驚くこともない結論とは次のようなものだ。貨幣の流通（貨幣と言う場合、最も価値の低いものも含めてすべての貨幣を意味する）は、人間の生活の一部分だけにかかわっている。

河川の生きた流れはどんなものでも重力の影響で低い地域に向かって流れていく。貨幣の流れはどちらかと言えば経済生活の高い段階のほうへ行く。こうして貨幣の流通はさまざまな絶えざる格差を生み出す。つまり電圧の高い地域――都市――と貨幣のない地域あるいはほとんど田舎、近代的な地帯と旧習を維持している地域、先進諸国と後進諸国（後進諸国にもすでに二種類あり、一方は前進している国、他方は進歩の途上にある国で、たとえばトルコはトップグループに追いついていない）という格差ができる。さまざまな活動の分野では、運輸、工業、そして特に商業と金の流れのすぐそばにある国家の税制との間に不均衡があり、ごく少数の金持ち（おそらく五パーセント）と大多数の貧しい人々の間に格差があり、この少数の人々と圧倒的な多数の人々の差はどんどん大きくなっていく。社会革命の目についた試みが失敗したり、はっきりと口にされることもないのは、相対的に多数の人々がますます貧しくなっていくからだと思う。」（II／④、一六八―一七一頁）

貨幣経済の進行とともに国家予算が増大し、全体としては景気が上昇するにもかかわらず、人々の生活は決して豊かにならない。貧富の差が拡大する一方であることを強調しているブローデルは、貧しい者の味方であると言えよう。

## 奴隷制について

この節を終えるにあたり、地中海社会の近代性と矛盾する奴隷制度の記述を引用しておこう。

「最後の特徴のひとつは地中海の社会を目立たせることになる。地中海の社会は、近代性があるにもかかわらず、西欧においてもオリエントにおいても、相変わらず、奴隷制度を守っている。それこそは過去への奇妙な忠実さであり、たぶんある種の贅沢のしるしである。というのは、奴隷は高くつくからであり、奴隷には奴隷なりの要求があり、またイスタンブールでさえ貧しい者、悲惨なほど困窮している者と張り合っているからである。あの広範で甚だしい過去への後退、つまり新世界で昔風の奴隷制度が可能になるのは、労働力の不足、鉱山と砂糖キビのプランテーションの生産高のためである。いずれにしても、北ヨーロッパとフランスでは事実上消えてしまった奴隷制度が、地中海の西側、イタリアやスペインで、召使というかたちでかなり根強く生き残っている。一五七二年のブルゴスの通商院の決定は、新世界だけでなく、ポルトガルと〈この王国に〉すなわちスペインにも運ばれる黒人奴隷が保証される条件を定めている。ピカレスク小説の主人公グスマンは、夫が西インド諸島に行っている奥方に仕えているが、この奥方の抱えている白人の女性の奴隷、〈長いこと自由の身だと思っていた白人の奴隷〉に、運悪く、またまったく不名誉にも、熱を上げてしまう。一五五五年頃まだカスティーリャ王国の首都であったバリャドリーでは、奴隷は大貴族の家に仕え、『台所の残り物できちんと養われ』、たいていは主人の遺言書によって自由になった。一五三九年に、ルシヨンで、主人がいないうえに泥棒をしていて見つかったあるトルコ人は、逮捕されて、ある公証人に奴隷として売られた。イタリアでは、一連の証書が、主に南部で、また他の地域でも、召使としての奴隷制度が生き残っていたことを示している。ナポリでは、公証人の作成した資料が奴隷売買を示している（十六世紀前半の間、ふつうは『一人』あたり三五ドゥカートである）。ヴェネツィアの公正証書原簿保存所にも、またおそらく宮廷の娯楽のために黒人少年を買っていたゴンツァーガ家の通信にも、同じ書き込みがある。リヴォルノでは、〈港湾記録〉が、時々、何人かの黒人奴隷の乗った船の到着を記している。

こうした絶え間のない取引はすべて例外的な出来事の際にしか公然とおこなわれない。たとえば一五一〇年のトリポリの占領によって、シチリアの市場に非常に多くの奴隷が出たので、奴隷は一人三ドゥカートから二五ドゥカートまでの捨て値で売られた。また同時に、地中海西側のガレー船は漕ぎ手を新しく入れ替えた。一五四九年には、トスカーナ大公だけではないが、彼はトルコまたは〈モルラキ〉の奴隷を買い付けにセニャに代理人を送る。世紀末に増大する宗教的な信心と施しの広範な運動にもかかわらず、奴隷制度は、貧しい者に対して厳しい、この地中海社会の現実のひとつである。いずれにしても、奴隷制度は、大西洋と新世界の専有物ではない。」（Ⅲ／⑥、一六四―一六五頁）

## 第Ⅲ部「出来事、政治、人間」について

最後に、伝統的な歴史の主題であった事件について見ていく。事件という日本語からは暴動や戦争といったことをすぐに思い浮かべるので、日常的な、三面記事的な出来事を含めてブローデルが考えていることを考慮に入れて、私は「出来事」という訳語を採用することにした。なおこの第Ⅲ部が博士論文の出発点であったし、第二版での書き直しが比較的少ない部分であることを付け加えておく（初版と第二版の目次を比較するだけでもこのことは推測できるだろう、本書、付1参照）。

出来事の歴史が扱っている年代は第1章のタイトルが示すように、「一五五〇—一五五九年」の五十年間である。副題は「世界戦争の再開と終結」となっている。

「世界戦争」という用語については、地中海が世界の中心であった時代に地中海全体を巻き込んだ戦争であるという意味で用いられているのだが、この時代の戦争を「世界戦争」と呼んだのはブローデルが初めてであろう。出来事としては、ミュールベルクの戦い（一五四七年）からレパントの海戦（一五七一年）を経て一五八八年にスペインの無敵艦隊がイギリスに敗れ、一五九八年にフランスとスペインの間でヴェルヴァン条約が結ばれ、フェリーペ二世が死去するまでを扱っている。（本書、付2『地中海』関

連年表」参照）

一口に戦争と言ってもその形態にはいろいろある。二つの国家が敵対する大戦争は実はそれほど頻繁に起こるわけではない。むしろ「小さな戦争」と呼ばれる強盗や追い剥ぎや海賊行為が日常的におこなわれて、これが大戦争の代わりになっているとも言える。

## 戦争には人と物が必要になること

「地中海における大戦争について話すとすぐに、冬には眠り込み、夏には海岸沿いに走る、ガレー船のほっそりとしているが力強いシルエットが思い浮かぶ。ガレー船の移動、維持、費用のかかる贅沢さについて詳しい資料は豊富にある。専門家の多数の話が、ガレー船は手入れ、食糧、人手、金がどれほどかかるかを言っているか、言おうとしている。また経験がただちに示しているのは、大隊で航行する際に、ガレー船は、かさばる食糧を持ってくる丸船に助けてもらわなければならないだけに、全体の移動のために再編成することが難しいということである。こうした緩慢な準備作業のあと、出航は突然であり、旅は結局速い。どんな海岸地点にも到達しうる。しかしながらガレー船の艦隊が打つ弾丸の射程を誇張しないようにしよう。ガレー船から下船する軍隊は、万一の場合を考えて、あまり海岸から離れない。一五三五年に、カール五世はチュニスを占領するが、それ以上先には行かない。一五四一年、カール五世はアルジェを取ろうとして、成功する。彼の軍事行動はマティフー岬からアルジェの町を見下ろす場所にまでしか進まなかった。同様に一五六五年に、トルコの大艦隊はマルタ攻囲にまで達するが、そこで動かなくなる。一五七二年、老ガルシア・デ・トレドは、レパントの海戦のすぐあと、レヴァントに戦勝者の軍隊派遣があるような場合には、陸地を攻めるよりもむしろどこかの島を攻めるようにドン・フアン・デ・アウストリアに進言している。

戦争について話すことは、十六世紀になって、その兵力の膨張によって我々を驚嘆させるあの数多くの軍隊のことをただちに考えることである。軍隊を移動させること、また前もって軍隊を集めることは、いずれも大問題である。ある日、フランス国王が『不意に山越えをする』ためには、傭兵と大砲を集めるのにリヨンで数ヶ月かかる。一五六七年に、アルバ公爵はジェノヴァからブリュッセルまで軍隊を率いていくという壮挙を実現するが、それこそは穏やかな輸送であり、戦闘の続きではない。同様に、スルタンの軍隊をイスタンブールからドナウ川に、あるいはイスタンブールからアルメニアに投入するためには、また出発基地から非常に遠い戦いを始めるためには、トルコの膨大な資源を必要とする。それは費用のかかる、並外れた壮挙である。また敵と対戦しなければならなくなるとすぐに、やや長引くどんな展開も通常の資力を上回ってしまう。」（Ⅲ／⑦、二九八―二九九頁）

次頁の図「アルバ公爵フランドルに行く、一五六七年四月―八月」（Ⅲ／⑦、三〇〇頁）参照。

## アルバ公爵フランドルに行く，　1567年4月-8月

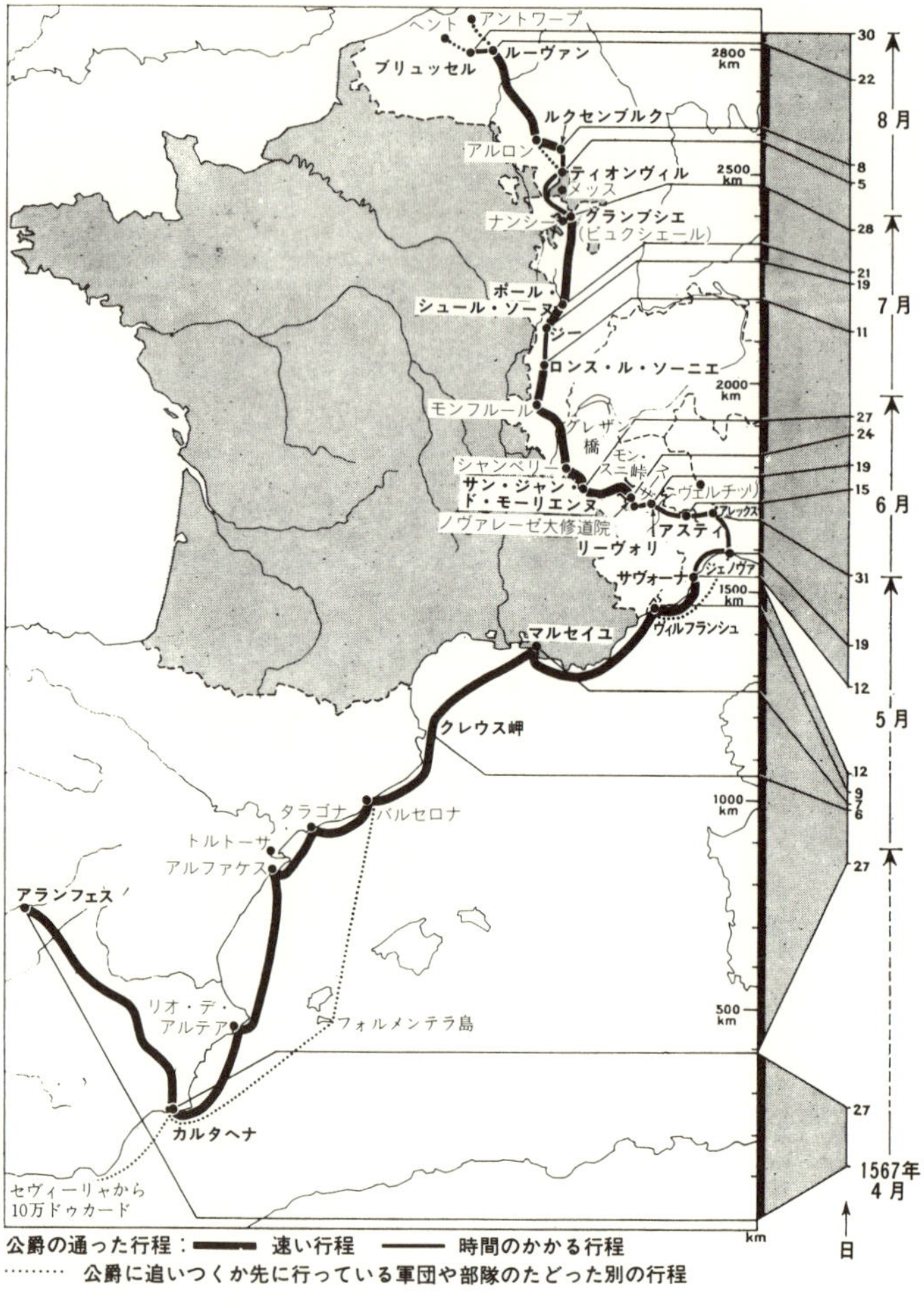


アルバ公爵とその軍隊の約3,000キロメートルに及ぶ移動は，事実平穏であったが，壮挙である。海上の速い行程とアルプス山脈越えにかかった時間に注目せよ。敵対するフランスの空間を迂回する必要があったのだ。計算と検証はJ・J・エマルダンケによっておこなわれた。

## 既成の秩序への復讐としての強盗行為

「強盗行為は、まず何よりも、政治秩序および社会秩序の守り手である既成の国家に対する復讐である。『バリョーニ家、マラテスタ家、ベンティヴォリオ家、メディチ家……に苦しめられていた民衆は、もちろん、こうした家門の敵を愛し、また尊敬していた。最初の強奪者の跡を継いだ狭量な暴君の残忍なおこない、たとえばヴェネツィアやパリにまで亡命していた共和国主義者を暗殺させていた（トスカーナの）最初の大公、コジモの残忍なおこないは、新兵をこうした山賊のところに送った。』『これらの山賊は、イタリア中世の共和国の後を受けた残忍な政府に対する反対党だった。』このようにスタンダールは自分の考えを表している。この場合、スタンダールは自分の目の前で繰り広げられている光景に従って判断を下している。強盗行為はスタンダールの時代のイタリアにおいて相変わらずたくさんあるのだ。『今日でももちろん、山賊に出くわすのを恐れぬ人はいない。しかも彼らが処刑されると、誰しも哀れをもよおす。というのは、とても繊細で、からかい好きなこの国の民衆は、お上の検閲の下に出版される本などばかにして、日頃愛読するのは名だたる山賊の生涯を熱っぽく語る小詩だからである。彼らがこうした物語のうちに見出す英雄的なもの、それが大衆のうちにいつも躍動している芸術家気質をうっとりさせる……〔中略〕民衆の心は彼らに味方していた。そして村の娘たちは、生涯に一度、〈森林に逃げ込んで〉山賊にかくまわれる以外に道がなくなった若者を、ほかの誰よりも愛したのであった。』（Ⅲ

／⑥、一五〇―一五一頁）

要するに「強盗行為は潜在的な農民一揆であり、窮乏と人口過剰が生んだ息子である。」（Ⅲ／⑥、一五九頁）

「世紀末の数年および十七世紀初めの数年の間、スペイン以上に強盗行為の増加を見せる国はない。スペインは、老国王がエル・エスコリアル宮殿で亡くなり、急速に伸びていくあの新しい都市、ベラスケスとロペ・デ・ベガのマドリードにおいて、黄金世紀にほかならない贅沢と祝宴、芸術と知性のあの驚くべき発展を体験していく。マドリードは非常に豊かな金持ちと非常に貧しい貧乏人の二つの顔を持つ都市である。領主たちは自分の屋敷に帰るために広場の隅に寝込んでいる乞食や袖無しのマントにくるまった体をまたいでいく。〈夜回り〉は金持ちの家の門で徹夜する。ならず者、中隊長、腹をすかせた下僕、垢だらけのトランプを使う賭博師、獲物から金を巻き上げるのが上手な娼婦、大学に戻るのを忘れているギター弾きの学生のいる不安な世界。スペイン中が食物を提供し、朝になるとパンを売りに来る近隣の田舎の農民の男と女が侵入してくる、いろいろなものが混じった町……。慎重王の治世の大半の間、グラナダの深刻な危機の徴候とイギリス人が各地の港を襲ったことを別にすると、国は平和を味わっていた。外国人がしばしばうらやんでいた平穏である。山賊に関して言えば、彼らが数多かったのは、カタルーニャの小貴族と隣のフランスとつながりのあるピレネー東部地方だけであった。ところが、フェリーペ二世の治世の最後の数年になると、強盗行為が半島全体で目立ってくる。山賊はバダホスへの街道に出没する。これは一五八〇年のポルトガルへの遠征と関係がある。バレンシアでは、激烈な争いが、大領主の家族たちを対立させ、殺人にまで至る。一五七七年には危険があまりにもはっきりしているので、新しい〈王令〉の対象になる。

ここでもよそでも、解決手段はありうるのか。効果的ではないが、もう一度解決手段を講じなければならない。一五九九年、一六〇三年、一六〇五年に、〈禁じられた武器を持って王国の平安を乱しながら現在あちこちを放浪している（王国の）都市の山賊〉に対する新しい王令が発布される。『悪者』の問題が、一六〇九—一六一四年代のモリスコの大量追放の前日にも、議事日程にのっている。この大量追放は山賊に絶好の機会を与えることになる。下っぱ役人の腐敗がそれに関わり、彼らはこうして盗賊とぐるになっている。」（Ⅲ／⑥、一六二—一六三頁）

## 海賊

また十六世紀の地中海には海賊が多かったことが知られている。有名な海賊としてはバルバロッサ（バルバロス）とドラグトがいる。

「十六世紀初めの数十年からは、エーゲ海全体にわたってギリシャ発展の回復の兆しが現れてくる。バルバロス・ハイレッディン・パシャは、ジェルバ島〔チュニジア〕、次いでジジェル〔アルジェリア〕に根拠を置いたレスボス島のイスラム化した船乗りで、イベリア半島から逃げ出したいと思っているスペインのイスラム教徒の輸送を引き受けた海賊であり、ついには一五一八年からは、アルジェの支配者となるわけだが、このバルバロスの冒険は、偶然の出来事ではない。一五四〇年代からチュニジアの沿岸に見かけられるもうひとりのギリシャ人、ドラグト〔トルコの海賊ツルグト、一五〇〇―一五六五〕の冒険と同様である。トルコ人によって一五五一年に追い出されたマルタ騎士団の代わりに、彼はバーバリーのトリポリに一五五六年に進出した。」（I／②、一八四頁）

## 沿岸航行

航海の仕方としては沿岸沿いに航行するやり方が地中海の大きな特徴で、しかもあまり大きくない船が中心であった。小麦や香辛料を積んだ貨物船を襲って荷物を奪い、また乗組員を捕虜にして奴隷として売り飛ばすのが海賊の仕事だが、海賊行為は国家あるいは都市が認めている場合もある。私掠と言われるもので、私掠許可状という海賊行為を許可する文書を持って海賊行為を公然とおこなうのである。ただし「地中海には私掠許可状はほとんどない。一例として、フランス人に対するフェリーペ四世の報復許可状。（中略）大西洋では、このために、キリスト教徒同士でおこなわれる海賊行為は私掠許可状が必要である」とブローデルは注に記している。（III／⑦、三五二頁、注三）

海賊行為がどれほど多かったかについて、ブローデルは次のような例を挙げている。

「私掠の年表」という節からの引用である。

「いくつかの日付が私掠の歴史に目印をつけ、歴史を動かしている。一五〇八年、一五二二年、一五三八年、一五七一年、一五八〇年、一六〇〇年である。一五〇〇年頃、ヴェネツィアの場合を除いて、それまではガレー船では志願の漕ぎ手だけ、あるいはそれに近かったのが、捕虜と漕役囚に代わる。一五二二年、ロードス島の陥落は、東の方でイスラム教徒の大規模な私掠の行く手をさえぎっていた堰を開ける。一五三八年、プレヴェサの海戦で海の支配権はイスラム世界に渡り、一五七一年にレパントでのキリスト教側の勝利が海の支配権をイスラムから取り戻す。バーバリーの私掠が、特に一五六〇年(ジェルバ占領後)から一五七〇年まで、最初の大々的な発展を遂げたのはこの二つの日付(一五三八―一五七一年)の間であり、この時代に、マルタ島の攻囲戦を別にすれば、艦隊による戦争は非常に大きな軍事行動をほとんど経験しなかった。一五八〇年以降、キリスト教徒とイスラム教徒の私掠は、大艦隊の活動停止とともに、同じ勢いで伸びていく。最後に、一六〇〇年以降、アルジェの私掠は、全面的に技術革新をおこなって、大西洋に乗り出していく。」(Ⅲ/⑦、三六一頁)

## グラナダ戦争のとき

「アルジェやバーバリーの船は、兵員、弾薬、武器(キリスト教世界の捕虜が支払いに利用される。捕虜一人につき、らっぱ銃一丁)、大砲、米や麦や小麦粉といった食糧を運んでくる。この沿岸地帯一帯では、普段から領主たちが――国王ではなく――主人であり、密貿易と私掠行為が日常茶飯事のように横行している。」（IV／⑨、二九六頁）

「アルベルト・テネンティの研究のように注意深い研究は、ちょうどいいときに、深刻な打撃を与えた多様な海賊行為のイメージを我々に取り戻させる。彼が一五九二年から一六〇九年まででおこなっている調査は、ヴェネツイアに向かうかヴェネツイアの港を後にした船を問題にしているので、地中海全域の規模には有効ではないかもしれない。しかしながら、ヴェネツィアはあらゆる海賊行為の標的であるという特権を持っているので、このテストは厳密には局地的ではない。この短い期間の間に略奪され、地図の上で場所を特定することができた約二五〇から三〇〇隻の船のうち、九〇の事例で襲撃者が比較的正確にわかっている。イスラム教徒の海賊は四四回、北欧人（イギリス人とオランダ人）は二四回、スペイン人は二二回である。キリスト教徒とイスラム教徒の海賊行為は、およそ釣り合いがとれている。この二五〇から三〇〇隻の拿捕と対照的に、三六〇隻の海難があった。したがって人間は、自然の力とほぼ同じくらい有害である……。当面の間、あまり信じることなく、ヴェネツイアの貿易は海の貿易の十分の一であると認めるならば、他のことは同じとして、一五九二年から一六〇九年までの十八年の間に、海賊の仕業で二、五〇〇か三、〇〇〇の拿捕があったとしなければならない。すなわち年平均一三八か一六六の拿捕である（これには岸辺で奪われた人間や商品や財産は数に入れていない）。控え目な数字である。しかしこうした不確かな数字の少なさをあまり信頼しないようにしよう。また海賊の装備や船団の貧弱さも信頼しないようにしよう。海賊の装備は、非常に小さな船があふれていて、警戒が上手におこなわれていないような海での抵抗に打ち勝つに十分である。海賊行為は、接舷攻撃であり、白兵戦であり、大砲よりも火縄銃である。もしウスコクの小舟をその武装から判断すれば、ウスコクの小舟がかつて危険であったなどと想像することはできない。それでもやはり危険であったのだ！

もちろん、大事なことは、海賊行為と地中海の生活との積極的な相関関係である。私は積極的と言っている。つまりすべてがともに上昇し、下降するのだ。海賊行為が交換の平和な生活からかろうじてはみ出し、貯蔵食糧が不十分である恐れがあるならば、地中海の後退があったことになる。そのことを証明するためには、我々には数字が必要であるが、その数字がまだ不足している。海賊船の総数、捕獲物の量、捕虜の数……について、我々はいかなる正確な観念も持っていない。だがこの総量は増えているように思われる。」（Ⅲ／⑦、三八三―三八四頁）

## ガレー船を動かすのは人の力

ガレー船は地中海を代表する船だが、多数の人間が櫓を漕いで動くこの船を動かすために奴隷や戦争捕虜や囚人が必要であった。大変つらい仕事なので「自分から進んでガレー船の漕ぎ手になる人」が少なかったそうだ。だからヴェネツィアは義勇軍制度を作ったし、一五四二―一五四五年からは囚人をガレー船の漕ぎ手にした。さらに船員の数も地中海だけでは不足し、北欧の船員を雇うこともしばしばであった。フィレンツェの町を支配したメディチ家は、リヴォルノでは地中海の船員だけでなく北欧の船員もつねに募集する政策を採った。

船の技術についても北ヨーロッパから借用した。天候の悪い冬でも航海できるようにする貨物船、一本マストで帆を一枚装備したコグ船と呼ばれるものである。これはバスクの海賊が作り出したもので、次第に丸みを帯びた船になっていく。のちには複数のマストと複数の帆を装備した船が出現し、この大型帆船によって大西洋を航海できるようになる。

## 地中海を二分する境界地点での海戦

地中海の東西に二つの帝国があり、カトリック国王フェルナンド二世、カール五世、スレイマン一世、そしてフェリーペ二世の時代に、大海戦は、いわば地中海の二つの海の境界地点で起こっている。

トリポリ（一五一一、一五五一年）、
ジェルバ（一五一〇、一五二〇、一五六〇年）、
コロニス（一五三四年）、
チュニス（一五三五、一五七三、一五七四年）、
プレヴェサ（一五三八年）、

マルタ（一五六五年）、
レパント（一五七一年）、
メトネ（一五七二年）、
ビゼルト（一五七三、一五七四年）、
といった具合だ。

こうした大海戦の合間に上で述べたような海賊行為や私掠が横行していたのが十六世紀の地中海である。

しかし戦争が気候の自然条件に左右されること、すなわち海の荒れる秋から冬には海戦は起こらず、天候のよい春から夏にかけて戦争がおこなわれることも思い出しておく必要がある。冬は停戦協定を結ぶための交渉の時期である。

そして戦争には何よりも金がかかることについて、次のような具体的な数字を見ていただこう。

「一五隻のガレー船に対して、乗組員に配られる武器を別にして、端数をなくした総計で九五、〇〇〇エスクードに達する。我々が問題にしている報告書では、この価格はきわめて有利なものとして表されている。ガレー船の船体は、原価の半分以下であり、他の半分は、帆、櫓、ラテン帆用の帆桁、マスト、ロープ、鎖、鉄製部分、容器、シャベルやその他の道具、樽、帆を縫うための糸、船底に塗るためのタール入り獣脂……などであることを書き留めておこう。繰り返しておくが、全体で九五、〇〇〇エキュ〔エスクード」のうち、一五隻のガレー船の船体は三七、五〇〇エキュであり、ロープは九、〇〇〇エキュ、帆はほぼ二〇、〇〇〇エキュ、マストと帆桁は三、〇〇〇エキュ、櫓は二、九〇〇エキュ、大砲は二一、五〇〇エキュである。こうしてこの計算において、ガレー船の囚人や奴隷の購入費は無視されている。それこそは、乾パンの不可欠な食糧補給とともに、維持費の大出費なのである。シチリアの二二隻のガレー船には、一五七六年五月に、一、一〇二人の囚人、一、五一七人の奴隷、一、二〇五人の漕ぎ手志願者がいる。一五七七年五月には、数字は減って、それぞれ一、〇二七人、一、四四〇人、六六一人である。これは、ガレー船一隻につき、漕ぎ手は前者の場合一七三人、後者の場合一四三人ということになる。ところで漕ぎ手が強化されたガレー船がある。バルバロッサの孫のガレー船には二二〇人の奴隷がいる。ガレー船の漕ぎ手に士官、つまり乗組員と歩兵隊が付け加わる。一五七〇年八月に、ナポリの二〇隻のガレー船には、総人員二、九四〇名がいる。すなわちガレー船一隻につき、およそ一五〇名の定員である。したがって、それぞれのガレー船には、囚人、乗組員、兵士を合わせて少なくとも三〇〇人いる。イスラムやキリスト教世界の約五〇〇か六〇〇隻のガレー船が動員された一五七一－一五七三年の海戦において、戦争のために地上に、つまり港や兵器廠で動かないでいた人は別にして、艦隊の戦争が船を漕いで進ませたのは、一五万から二〇万人の兵士である。」（Ⅲ／⑦、三〇七頁、注三）

さらに食糧の確保は、戦争するかしないかの重大な契機になる。

「ハンガリーの国境周辺で大麦の十分な収穫の見込みがなければ（周知のように、地中海にとって、大麦は北欧の燕麦に等しい)、トルコ皇帝が積極的に戦争を継続しないことは確実である。オスマン・トルコの騎兵の馬を養えないからである。もし同時に地中海の三、四ヶ所の穀倉地帯で小麦が不足したら――こういう事態は稀なことではない――、冬あるいは春の間に練った戦いの計画がどうであれ、収穫時には必然的に大きな戦争は起こらない。収穫時は海の穏やかな時期でもあり、大海戦の時期でもある。〔せっかくの収穫物を無駄にしてしまうような陸上での戦争は起こらないとブローデルは言っている――引用者〕たちまち農民の山賊行為や海の海賊行為が激しさを増すことになる。そういうことであるから、外交文書に規則的に記録される日常生活の細部が、次のようにもっぱら収穫に関することであることに驚くことがあろうか。雨が降った、雨が降らなかった、小麦は十分に発芽しなかった。シチリア島の予想は満足すべきであるが、トルコの収穫はよくないから、トルコ皇帝は間違いなく小麦を輸出させないだろう。今年は人々が言っていたように、〈食糧不足〉の年、『高値』の年になるのか、そうでないのか。」(I/③、四〇四頁)

グラナダ戦争、レパントの海戦、これらの大戦争はいずれも宗教的には文明の衝突、つまりキリスト教対イスラムの戦いとしてとらえることができる。一五六九年のグラナダ戦争は、グラナダ王国内のイスラム教徒であるモーロ人がクリスマス前夜に蜂起した反乱で、スペインにとっては国家の威信にかかわる重大事件であり、これに同じイスラム教徒のオスマン・トルコ帝国が介入してくるのを恐れた一種の十字軍戦争であり、スペインにとっては国土再征服の仕上げとなるものである。結局は一五七〇年の凶作で食糧不足になり、山に立てこもって抵抗していたモーロ人が降伏して、カトリック・スペインが勝ちを収めたかたちになる。

## レパントの海戦

レパントの海戦は、華々しい事件、地中海における最後の大海戦として歴史に残っている。この一五七一年十月七日の戦闘はキリスト教連合軍側の勝利に終わるのだが、その模様は次のように描かれている。（⑧Ⅳ頁、上図「レパントの海戦」参照）

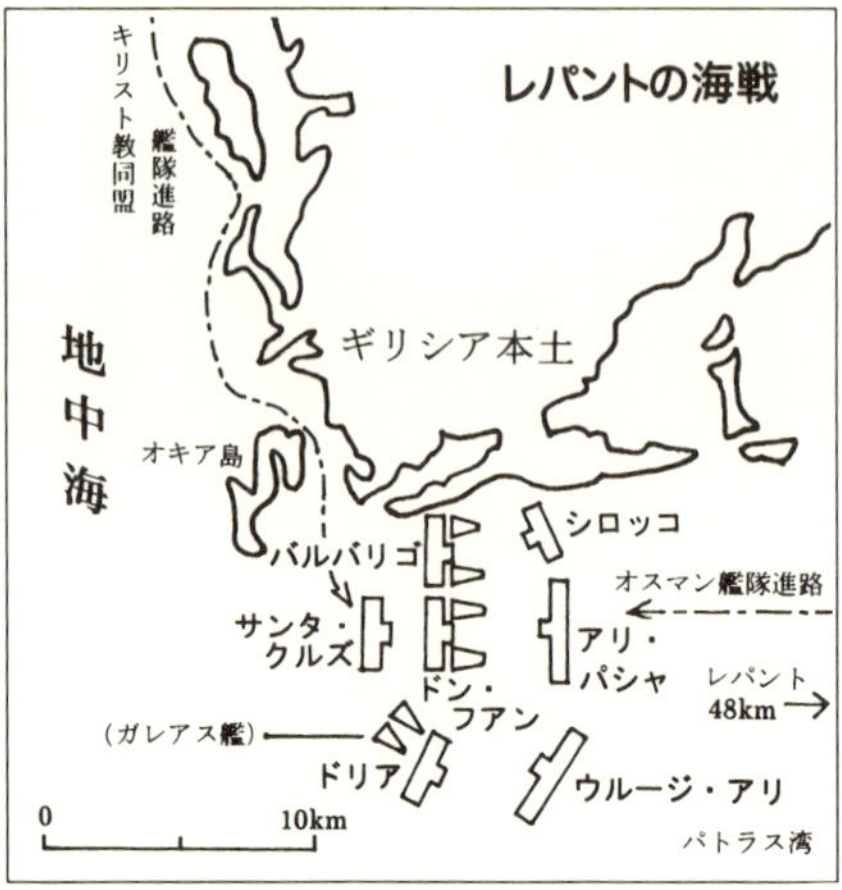


「二つの艦隊は互いに相手を探し合い、十月七日の未明、レパント湾の入り口で出し抜けに出会った。そして、キリスト教国艦隊は間もなくして敵艦隊を湾のなかに首尾よく封じ込めた（これは戦術上の大成功であった）。対峙するキリスト教徒とイスラム教徒、この時、どちらも驚きの色に染め上げられながら、相手の兵力を数えることができた。トルコ側は戦艦二三〇隻、キリスト教国側は二〇八隻。大砲をしっかり装備した六隻のガレアス船で兵力を増強したドン・ガルシアのガレー船団の方が、兵士が相変わらず弓を使って戦うことの多いトルコのガレー船団よりも、全体と

しては、たくさんの大砲と火縄銃を備えていた。

この衝突にまつわる話には事欠かないが、いずれの話も――副提督ジュリアン・ド・ラ・グラヴィエールの研究も含め――歴史学的に完全な客観性を持っているわけではない。あの華々しい勝利の功績を誰に帰すべきか、それをこれらの話のなかから取り出すのは難しい。最高責任者、ドン・ファンにか。きっとそうだ。あるいは、衝突の前日、ガレー船の衝角を叩きつぶすというアイデアを思いついたジャン・アンドレア・ドリアにか。衝角を叩かれたガレー船が舳先を水中に突っ込み、前のめりになったとき、船内の通路側の砲門からの砲撃は砲弾があまり曲がらずに、トルコの船の横腹、木材でできた部分の真ん中に命中したのである。それとも、ヴェネツィアの強力なガレアス船の功績か。ヴェネツィアのガレアス船は、キリスト教国側の最前線に陣取り、その驚くべき力のある大砲で敵艦隊の波を分断し、艦隊の船列を四散させたのである。じっとしたままである、というか、少なくとも機動力はほとんどないのであるが、ヴェネツィアのガレアス船はいわば主力戦闘艦、海に浮かぶ要塞であった。その他、過小評価しないでおきたいものがある。ほぼ陸上戦と言ってよいこの戦いで大役を果たしたスペインの優秀な歩兵連隊、あらゆる〈西洋人〉ponentinasのうちでも、最もトルコ人に恐れられたスペインのガレー船団の一糸も乱れぬ見事な動き、ヴェネツィアのガレー船からおこなわれたとりわけ激しい砲撃などである。さらに、トルコ海軍の疲弊も勘定に入れておこう。この点は、後になって、トルコ人が強調するところでもあるし、また、勝者自身も認めるところである。トルコ海軍は最高のコンディションで臨んだのではなかったのだ。

いずれにせよ、キリスト教国側は大勝利を収めた。難を逃れたトルコのガレー船はほんの三〇隻であった。これらのガレー船は、ウルージ・アリの指揮に従いながら、ジャン・アンドレア・ドリアの率いる恐るべきガレー船団の周りで、軽快な動きと比類ない機動力に物を言わせ、方向転換をやり遂げることができたのである。なぜと言うに(ここでひととき中傷に耳を傾けてみよう)、たぶん、このジェノヴァ人が、『自分の資本』を気遣うあまり、またしても、深入りを拒んだからであろう。その他のトルコのガレー船は残らず拿捕され、勝者の間で分けられたか、沈められた。この衝突で、トルコ側は三〇、〇〇〇人以上の死傷者と、三、〇〇〇人の捕虜を出した。ガレー船の漕ぎ手として働いていた一五、〇〇〇人の徒刑囚が解放された。キリスト教徒側は、一〇隻のガレー船を失い、死者八、〇〇〇人、負傷者二一、〇〇〇人を出した。この成功には人的な代価が高くつき、戦闘員の半数以上が戦闘不能の状態に陥った。戦場と化した海は、戦っている人々には、突如、人間の赤い血のように見えた。」(IV/⑨、三七二―三七三頁)

これほど多くの代価を払った戦争が、キリスト教連合軍とトルコにとってその後の歴史に大した意味を持たなかったことをブローデルは強調している。

「レパントの海戦は十六世紀の地中海における最も華々しい軍事的な事件である。しかし、技術と勇気によるこの壮大な勝利は、歴史学の通常のパースペクティヴのなかでは、しかるべき像をなかなか結ばない。

このセンセーショナルな戦いは、それまでに起きた一連の出来事の延長線上にあるとは言えない。それならば、レパントの歴史を書いた最近の歴史家の一人F・ハルトラウプと一緒になって、ドン・ファン・デ・アウストリアの果たした、シェークスピア的とも言える果敢な役割をクローズアップしなくてはならないのだろうか。この人物は独力で運命の流れを変えた。しかし、こんな風にしてすべてを説明することは適切ではない。

人々には驚くべきことと思われたのだが——そして、ヴォルテールはまさにその点を突いて諧謔を発揮した——思いも寄らなかったこの勝利はごく僅かな影響しかもたらさなかったのである。レパントの海戦が始まったのは一五七一年十月七日のことである。次の年、キリスト教連合軍はモドン〔メトネ〕を前にして敗退する。一五七三年には、疲弊したヴェネツィアが戦争を放棄する。一五七四年には、トルコ皇帝がラ・グーレットとチュニスで戦勝を挙げる。そして逆風のなか、十字軍の夢はことごとく潰え去る。

しかし、ただ単に事件だけにこだわらなければ、つまり、歴史のきらびやかなあの表層に注意を奪われなければ、おびただしい新しい現実が噴出しているのであり、しかもそれらの現実は騒々しい派手なざわめきも立てず、レパントの彼方へ歩み出しているのである。

トルコの威力が発揮していた魔法は消える。

キリスト教国側のガレー船では、漕ぎ手である囚人たちの大規模な交代が完了したところである。新しく投入されたこれら囚人たちは、以後、何年にもわたり、新鮮な牽引力となる。

至るところで、キリスト教徒の活発な海賊行為がふたたび見られ、はっきりとしてくる。

要するに、一五七四年の戦勝以後、とりわけ一五八〇年代以降、トルコの大艦隊は自然に解体しはじめる。一五九一年まで続く海上の平和は、トルコの大艦隊にとって最悪の災難であった。この平和のため、艦隊は港に停泊したまま、朽ち果ててしまうことだろう。

レパントの海戦は、それだけでこうした多彩な影響をもたらしたと口にすれば、それもまた言い過ぎになる。しかし、やはりレパントの海戦はその誘因ではあったのだ。しかも、歴史的な経験として見れば、レパントの海戦の意義は、たぶん、華々しい実例を呈示することによって、事件史の限界そのものを示しているという点にあるだろう。」(IV/⑨、三四六―三四七頁)

これ以後二大帝国が真っ向からぶつかり合うことはないのだが、その理由としては両帝国には十分な兵力がなくなったことと財源がなくなったことが挙げられる。というのはスペインは思いもかけなかったオランダの反乱に手こずり、恐怖政治で抑え込むことに失敗し、オランダ連邦の独立を許すことになるからであり、他方トルコはペルシャ問題の処理をしなければならなくなり、戦争は地中海の中心から離れた場所で起こるようになるからである。

## 文明の重なり合い

しかし異なる文明は衝突ばかりを繰り返しているのではない。むしろ地中海世界における「文明の重なり合い」こそ地中海世界の大きな特徴であると言える。小競り合いはかなり多いけれども、それぞれの文明は地中海世界のなかで交流を繰り返し、棲み分けていると言える。

ただ十六世紀後半、一五八〇年代に世界の中心が地中海から大西洋へ移動し始めるのも事実である。スペイン帝国とオスマン・トルコ帝国がそれぞれ地中海の覇権争いから別の方向へと進み始める。

「状況は根底からの変化を否応なく促す。過去の舞台装置だけが残っている。カール五世の偉大な、あまりにも偉大な政治は、フェリーペ二世の治世の初めの、一五五九年の和平以前にも、非が明らかになり、一五五七年の財政破綻によって突然放棄される。修復し、再建し、すべてをふたたび動かさなければならない。カール五世はせわしない疾走においてこのようなブレーキを一度も経験したことがなかった。フェリーペ二世の治世の最初の数年の平和への強力な回帰は、新たな弱さの徴候である。偉大な政治が目覚めるのはずっと後でしかなく、また君主の情熱のせいというよりも状況に押されたためである。間違って反動宗教改革と名付けられているカトリックの宗教改革というあの強力な運動が、次第に地盤を獲得しながら、少しずつ実現していった。一連の努力、緩慢な準備から生まれ、すでに一五六〇年に強力で、この時期に、慎重王の政策の方向を変える力がすでにあったこの運動は、一五八〇年代になると、北のプロテスタントに対峙して、急激に発展する。この運動こそスペインをフェリーペ二世の治世の終わりの激しい戦いへと向かわせたのであり、フェリーペ二世をカトリック教の闘士、信仰の擁護者にしたのである。このとき宗教的な情熱は、対トルコ人の十字軍の場合よりもずっと力強くフェリーペ二世を精神的に支えた。対トルコ戦争は地中海においていやいやながら始まり、レパントの戦いは束の間のエピソードでしかなかったようだ。

別の強力な要因として、一五八〇年以後、新世界からやってくる貴金属の入荷がそれまでにないほどの量に達する。このときグランベルがスペイン宮廷に入り込むことができる。時代は彼に好都合である。しかし正直なところ、フェリーペ二世の治世の末期の帝国主義は、フェリーペ二世の存在だけでできあがったのではない。一五八〇年代以降の大戦争は、実は、地球の中心となった大西洋の支配をめぐって始まる。大西洋は宗教改革派に属するのかスペイン人のものなのか、北の人々のものなのかイベリア人のものなのかという問題が提起された。なぜならそのときから問題になるのはまさしく大西洋だからである。スペイン帝国は、銀、武器、船、荷物、政治思想を持って、西に、つまりこの広大な戦場のほうに向かって行く。同じ時期に、オスマン人は内海にきっぱりと背を向け、アジアの戦いに入っていく……。以上は、必要とあらば、地中海の二つの大帝国が、少なくとも世紀末の二十年間、同じリズムで生きていること、内海はもはやこの二大帝国の野心ならびに切望の中心ではなくなっていることを我々に思い起こさせる。地中海においては、他の地域よりも早く、帝国の後退の鐘が鳴らないだろうか。」(III

／⑥、四五―四六頁）

## 地中海の衰退はいつ頃始まるのか――『地中海』のメインテーマ？

それでは地中海はいつ頃から衰退したのか、という問題が最後に立てられるが、ブローデルは一六五〇年以前には衰退していないと結論を下している。

「一九四九年に、私は次のように述べた。一六二〇年以前にあっては、衰退の兆しは目に見えない、と。今日の時点では、私は、〈まったく確証があるわけではないが〉、一六五〇年以前には、衰退の兆しは見えないと進んで言っておきたい。」（V／⑩、一八八頁）

そしてこの結論を導き出すブローデルの歴史学の方法は、次の言葉がよく表している。

「要するに、短期の危機という変動局面の歴史の研究の場合さえ、その答えを求めて、まず初めに構造、すなわち徐々に変化する歴史に向かわなければならないと言っておくべきだろう。すべてをこの基本となる水面と比較しなくてはならない。たとえば都市のめざましい業績（一九四九年の私には、都市の輝かしい業績はあまりにまぶしすぎた――最初に文明ありき！）だけでなく、また、景気動向の歴史も然りである。景気動向の歴史は説明に手間がかからない。まるでこの歴史が、時にはきわめて短期で終わってしまうこともあるそれ自体の動きによって、すべてをきちんと説明するような歴史である。事実、新しい経済史は、人生が絶えず対峙して止まない、そのような運動と不動性から出発して、一歩一歩構築していくべきなのである。誰もが知っているように、最も騒々しいものが、最も重要だとは限らない。

いずれにしても、一五九〇年代において、過去百年単位の傾向が終わり、あるいは、一六一九―一六二一年には短期の危機が訪れ、大鉈を振るわれたことで、地中海の繁栄が終わるわけではない。さらには、もっと十分な情報が得られるまでは、北ヨーロッパと南ヨーロッパとの間に、『古典的な』景気循環の致命的なずれが存在していたのだとも、私は考えていない。もし存在したとしても、そのようなずれが、地中海の繁栄を掘り崩すとともに、北欧人の覇権を確立したのではないと思う。一石二鳥の手っ取り早い説明である。検討してもらいたい問題である。」（V／⑩、一九〇頁）

# 第三章　『地中海』を読むためのキーワード

歴史家にとって、いっさいは時間に始まり時間に終る。

（「長期持続」、五五頁）

## 一　ヒューマニズム、帝国主義、父と子

「地中海が提起するすべての問題は例外的なほど人間的に豊かであり（中略）地中海の問題はその光りを現代にまで伝えている」と『地中海』の序文で述べるブローデルは、十六世紀後半の地中海世界を論じつつも、すでに過去のものとなった遺跡としての歴史を語ろうとしたのではない。

おそらく現代において『地中海』を読む意義はこのブローデルの言葉のなかに見いだされるにちがいない。私たち読者もまたこの歴史書をひもときながら、やはり「現代」を参照軸としているはずである。そして「現代」を理解するためには歴史を振り返る必要があることはほとんど自明のことである。一例を挙げれば、今日のコソボ紛争の原因を理解するためには十四世紀のオスマン・トルコ帝国によるバルカン半島の征服にまで遡らなければならないだろう。正教会のキリスト教徒がつくったセルビア王国の発祥地コソボは、一三八九年にオスマン・トルコによって征服され、その後五〇〇年以上もイスラムのオスマン・トルコ支配下で二流市民として扱われて、ひどい目にあってきたというのがセルビア人の歴史認識である。コソボに住んでいたセルビア人は北方に移住し、代わりにイスラムに改宗したアルバニア人が住むようになった。一方のアルバニア人の側からすれば、オスマン・トルコ帝国が十九世紀末か

ら衰退し、一九一二年のアルバニア独立の際にコソボはアルバニアの一部になったという経緯がある。二つの民族の間には歴史認識の違いが根底にある。

そのような意味で『地中海』の序文にある次の言葉は、フェルナン・ブローデルの歴史観を如実に示すものとして重要である。

「歴史学は塀に囲まれた閉じた庭だけを研究する運命にあるのではない。そうでなければ歴史学はみずからが現在抱いている任務のひとつに背くことにならないだろうか。歴史学の任務のひとつとは現在のさまざまな不安な問題に答えを出すこと、かなり未熟ではあるけれどもきわめて帝国主義的な人間諸科学との連携を保つことでもある。一九四六年の現在、おのれの義務とその非常に大きな力を自覚している、野心的な歴史がなければ、今日的なヒューマニズムはありうるだろうか。」(I／①、二一―二三頁)

「今日的なヒューマニズム」という言い方はひょっとして誤解を招くかもしれないという気持ちが翻訳の際にあった。いわゆる人間中心主義の意味ではないからだ。あるいはこの部分を「現実的ヒューマニズム」と訳すべきであったかもしれない。しかしこの訳語にはアドルノ以後初期マルクスを指す傾向があり、ここでは適切とは言えない。あるいは単に「現実的な人文主義」のほうがよかったのか。いまだに確信の持てる決定訳に至らないまま藤原セレクション版(一九九九年)においても訳語を改めずに出すことにした。

ブローデルはのちにサルトルが「実存主義とはヒューマニズムである」と断言するような意味でヒューマニズムを使っていない。さりとてルネサンス時代のギリシャ・ラテンの教養を意味する人文主義的教養、ユマニスムを念頭に置いていたとも言えない。このヒューマニズムという語は多義的であり、これを使用する思想家や歴史家によって意味するところが少しずつ違っていることで悪名高い用語でもある。翻訳に当たっていろいろと悩んだ末にやはりカタカナのヒューマニズムを採用したわけだが、前記引用文を読み返しながら私なりの意味づけをしておきたいと思う。

『地中海』がリュシアン・フェーヴルに捧げられていることからもわかるように、ブローデルはフェーヴルを師と仰ぎ、学問的にも経歴上もフェーヴルの後継者である。フェーヴルはマルク・ブロックと二人で『アナール』を一九二九年に創刊したとき、歴史学者の課題として現在の問題への意識を強調していた。問題意識のない過去の歴史学を徹底的に叩きのめすほど戦闘的な態度をとった、フェーヴルの『歴史のための闘い』の発言をブローデルの序文と比べて読んでみよう。

「歴史が人間の科学であること、歴史が人間社会の絶えざる変化と、物質的・政治的・道徳的・知的生活の新しい条件への人間社会の絶えざるそして不可避の適応とを対象とする科学であること、人間のさまざまで共時的な生活条件の間に絶えずそして自然に実現される一致、調和を対象とする科学であることは決して忘れられてはなりません。(中略) 歴史を研究するためには、決然と過去に背を向け、まず生きなさい。生活に没頭しなさい。さしずめ知的生活といったところでしょうが、多様な知的生活に。歴史家よ、地理学者でありなさい。同じく法学者、社会学者、心理学者でありなさい。物理的世界の諸科学を、諸君の眼前でめくるめくような速さで変えている偉大な運動に目を閉じてはなりません。それ

ばかりか実生活をも生きなさい。」（平凡社ライブラリー、長谷川輝夫訳、六二―六三頁）

二つの引用文には、共通している二つの問題が読みとれる。ひとつは「現代」であり、もうひとつは歴史学の革新である。

フェーヴルは「決然と過去に背を向け、まず生きなさい。生活に没頭しなさい」と言う。これはいま私たちが生きているこの時代をまず生きよと言うことに他ならない。またフェーヴルが『アナール』のマニフェストで「歴史とは、今日の人々がぜひ提起せねばならない問題に対する解答である」（「嵐に抗して――新しい『年報』のマニフェスト」『歴史のための闘い』八二頁）と述べた言葉は、ブローデルが「歴史学の任務のひとつとは現在のさまざまな不安な問題に答えを出すこと」と述べていることにほとんど一致しているし、これはブローデルがフェーヴルの教えをまさに継承していることを示す。

もうひとつの問題は、歴史学の革新の必要性についてである。ブローデルは「きわめて帝国主義的な人間諸科学との連携を保つこと」を強調し、そのなかで歴史学が中心的な役割を果たすはずであると確信を抱いている。これはフェーヴルが「歴史家よ、地理学者でありなさい。同じく法学者、社会学者、心理学者でありなさい」と言って、隣接する人間諸科学との連携どころか、帝国主義的に歴史家の領土を広げることを要求しているのとまったく同じである。フェーヴルは『歴史のための闘い』の別のところでは「歴史学の利用する学問」として統計学、人口学、心理学、言語学を挙げ、「他のすべての学問と新しい同盟関係を絶えず取り結び、同一の主題にさまざまな学問の光を当てる、これこそ境界と障壁に苛立つ歴史に課せられた最も重要にして緊急かつ多産的な任務だと言えるでしょう」（前掲訳書、二九頁）と述べている。ブローデルが「帝国主義的」といういささか唐突に見える形容詞を用いたのはフェーヴルと同じ意図からである。歴史学が歴史学の狭い範囲だけで仕事ができるものではなく、「序文」の他の部分で言及しているように、『地中海』を書くために地理学、民族誌、植物学、地質学、科学技術史、経済社会史、そして人口統計学など、それまでは歴史学の領土をはみだすものと考えられていたさまざまな人間科学の成果を取り込むことが必要であると考えていたからである（ブローデルが料理書まで読んでいたことについては、付録1「想像力の歴史家　フェルナン・ブローデル」を参照）。このように自分の本来のテリトリーを越えてまで隣接の人間諸科学を取り込む姿勢をブローデルは帝国主義になぞらえているのである。別の個所では歴史学の革新を「帝国主義の歴史」と言っているが、もちろん比喩的な言い方である。そのような意味で言えば、「ヒューマニズム」はフェーヴルの言う「人間の科学」であり、人間諸科学の総動員、総合ということになるだろう。

ブローデルが献辞に「子としての愛情と感謝のしるしに」と書いているのを読んで、私にはこの「子」という言葉の意味するところが最初は不明であったのだが、以上のように二人の考え方を対照してみると、本当にブローデルがフェーヴルを「父親」のように敬愛していたのだということがよく理解できるのである。実際、フェーヴルは一八七八年生まれ、ブローデルは一九〇二年生まれであるから、年齢的にも父と子の関係であった。

## 二　大きな歴史、小さな戦争

重要な概念を表す言葉であるはずだとはわかっていたが、その意味が十分に理解できないままであった言葉に「大きな歴史」がある。しかし、この言葉の登場する回数はさほど多くない。

まず初版の序文の最後に「大きな歴史を圧殺したのは大きな歴史への恐怖である」（I／①、二三頁）というエドモン・ファラルの言葉が引用され、序文は「この大きな歴史が甦ることができるのを祈るばかりである」（同右）と締めくくられている。あるいは「山は、大きな歴史を、また大きな歴史の重荷も利益も押し返す」（I／①、五九頁）と出てくる。また「大きな歴史の通り道」（I／②、二五五頁以降）という節では島が論じられているし、第Ⅲ部には「大きな歴史の外の地中海」（V／⑩、九一頁以降）という章がある。「大きな歴史は、戦場としてのジェルバ島しか知らない」（I／②、二五九－二六〇頁）とか「イスラムが地中海の大きな歴史の前景にまで登場するのは、征服者イスラム（七世紀のアラブ人、十六世紀のトルコ人）がこの重要な世界を占領するからである」（I／②、二六七頁）とか「とりわけ都市と遊牧民はオアシスの歴史よりも大きな歴史の共同の要素ではないかのようであるが、実は都市と遊牧民は、特に、砂漠の息子イスラムの大きな、また特異な歴史を理解するために必要な要素なのである」（I／②、三〇九頁）という記述が見られる。

『地中海』にはこの用語の具体的な説明はないから、これらの用例だけから「大きな歴史」の意味を推測するしかない。正直に告白すれば、この「大きな歴史」という訳語を採用しながら、私の念頭にあったのは、世界史を長期的観点から見てその大きな動きを示す政治の歴史であった。十六世紀の世界の中心が地中海世界にあり、十七世紀には世界の中心が大西洋へと移動していく、すなわちアムステルダムやロンドンという都市を中心とした北のヨーロッパによって世界が動かされていくという認識であった。その基本的な認識そのものは間違っていなかったと思うが、ブローデルの意味するところを正確に把握しているかどうか自信がなかった。

ところが『地中海』の翻訳が完了した後、一九九七年になってブローデルの遺した論文を集めた『ブローデル著作集』がブローデル夫人とロズリーヌ・デ・アヤラの手で刊行され始めた。その第二巻『歴史学の野心』第一章に「三つの定義。出来事、偶然、社会」というマインツの捕虜収容所内でおこなった講演の原稿（聴衆のメモなどをもとにブローデルが書き直したもの）が収録され、そこに「大きな歴史」についてのブローデルの定義が明確に記されているのを見つけた。以下に「大きな歴史」の定義部分を引用することにする。

「私がここで引き合いに出す歴史学はまったく新しい歴史学であり、帝国主義的であり、革命的でさえあり、歴史学の隣人である他の社会科学の豊かな成果を略奪して、自らを一新し、自己を完成させることができる歴史学である。繰り返して言うが、歴史学は大いに変わったし、人がなんと言おうとも、人間と世界についての知識の面で、ひと言で言えば生活の理解そのものにおいて大変な前進を遂げてきたのである。これを〈大きな〉歴史とか〈深層の〉歴史と言うことにしたい。〈大きな〉歴史とは、全体的なものを目指す歴史という意味であり、ディテールから一般化をおこない、専門的知識を超えて、自己の全責任において、また真理という大筋において、生きているものを捉えることができる歴史である。（中略）今日の、ならびに昨日の他の何人かの歴史家と同じく、私はこの大きな歴史とか深層の歴史という言葉を集団的現実という面から見た人々の歴史、すなわち国家の構造とか、経済の構造とか、社会の構造とか、文明の構造といった、今日流行の用語によれば、〈構造〉の〈緩慢な〉変化から見た人々の歴史という意味で使っている。」(p. 16)

この講演が一九四一年の八月から十月にかけておこなわれた二〇回以上の講演のひとつであることを考えると、すでに執筆中であった『地中海』の原稿に見られる「大きな歴史」という用語と完全に一致しているものと考えてよい。のちに「大きな歴史」よりも「深層の歴史」のほうが多く用いられるようになったが、意味するところは共通であるというのが私の認識である。

もうひとつ気になる言葉は「小さな戦争」である。「大きな歴史」に対してこちらには「小さな」という形容詞が付いていることが気になったのである。「小さな戦争」という用語が含まれる文を『地中海』本文から拾い出してみよう。

「冬の三ヶ月は穏やかで平和な時期である。国家間の戦争は休止であり、小さな戦争も、いくつか緊

急の事態を除けば休みである。」(「平和と冬のおしゃべり」、Ⅰ/③、四二五頁)

「高地の反乱には、このときからもはや数百人の追いはぎしかいなくて、あるジェノヴァの通信によれば、彼らは山賊のように、小さな戦争をおこなっている。」(「グラナダの悲劇」、Ⅲ/⑦、三三五頁)

「絶えず略奪を伴い、奴隷狩りや税金探しをする小さな戦争は、国境線をもはやほとんど動かさなかった。」(「ドナウ川で」、Ⅲ/⑦、三一八頁)

これらの用例から「小さな戦争」は国家対国家の大戦争との対比で用いられ、少数の集団による襲撃や略奪行為や追いはぎなどを指していることがわかる。地上での小さな戦争の代理人は山賊である。また次のように「小さな戦争」が海上でおこなわれるケースも登場する。

「ガレー船の船乗り、時には艦隊から抜け出したガレー船そのもの、兵士あるいはふつうだったら兵士であった者、まずまず行動半径の広い冒険家はすべて、地上あるいは海上の小さな戦争に吸収される。」(「新しい戦争が古い戦争を追い払う」、Ⅲ/⑦、三八九頁)

「地中海の中央地域で小さな戦争が難なくその数を増やしていることをはっきりと示している。」(「アフリカ問題」、Ⅳ/⑧、二四頁)

「小さな戦争を繰り返していたこの数ケ月のうちに、軍隊は疲弊し、補給物資も底をついたのだ。」(「レパントの海戦以前のトルコ人」、Ⅳ/⑨、三六九頁)

「アロンソ・デ・コントレラスは、マケダ公爵のガレー船に乗り込んで、大きな成果をもたらしたこの略奪目的の作戦行動に従軍する。そして、従軍から帰ると、三エキュの報酬で雇われた一兵卒にすぎないこの人ですら、『帽子いっぱい、縁から溢れ出しそうなほどのレアル銀貨』がもらえたのであった。この小さな戦争は、雑多な雑報の山に紛れ込んでほとんど全体像を把握することができない」（「一五九一年の杞憂」、V／⑩、一六四頁）

「しかし、この海賊行為という小さな戦争は、本物の戦争とは違う。」（同右）

これらの例が示すのは、いずれも海上での海賊行為である。あるいはトルコ軍の場合のように小競り合いも指している。大規模な戦闘、本物の戦争でないことは言うまでもない。

しかし小さな戦争は、小競り合いや略奪行為といった武力行為だけに限られていない。次の用例には武力が伴わない。

「スペイン政策を妨害するだけの力がなかったとして、やがてジェルミニーには非難が寄せられることになる。しかしジェルミニーにしてみれば、言葉によるこの小さな戦争以外に、戦う術がなかったのだ。」（「マルリアニ」、V／⑩、三九頁）ジェルミニーの場合には「言葉による」という説明が付してある。これは罵詈雑言の類を指すということである。

引用文の指し示す「小さな戦争」は、「大きな歴史」に比べればディテールに属する事柄であるが、ブローデルはディテールのなかにこそ「大きな歴史」を読みとっていたと言えるし、この『地中海』を読む楽しみのひとつはディテールを読むことでもある。そしてブローデルのパノラマ的な長期の視点と古文書の細部を読んでいく精密な方法との往還を示す独特の叙述には、まさに「生きているものを捉える」迫力がある。

## 三　経済＝世界か世界経済か

ブローデルが『地中海』に導入した新語「経済＝世界」（エコノミー＝モンド）については、世界経済と訳されたり、英語のワールドエコノミーが使われたりして、やや混乱しているようである。私は「経済＝世界」と訳し、『地中海世界』の訳者神沢栄三氏も同じ訳語を採用しているが、『物質文明・経済・資本主義』の村上光彦氏の訳は「世界＝経済」である。用語の使用の混乱は何も日本に限ったことではないし、混乱の原因はどうやらブローデル自身にあるらしい。しかしウォーラーステインは『エスパス・タン』（時空）三四／三五号（一九八六年）のブローデル特集号でのインタビューで次のように述べて、この語の本来の意味を明らかにしている。

「（エスパス・タン誌編集部）エコノミー＝モンドという概念を最初に使った人は、あなたですか、それともブローデルですか。

（ウォーラーステイン）ブローデルです。しかしブローデルの背後に別の人々がいます。ブローデルは一九二〇年代のドイツのある研究者がこの語を初めて使っているのを発見したと説明していました。その研究者はブローデルが使った意味で **Weltwirtschaft** について話していたのです。もちろんブローデルはそれをドイツ語で読んだわけですが、ドイツ語にはその単語がフランス語になったときに区別ができる可能性はまったくありませんでした。しかしブローデルは Weltwirtschaft を世界経済（エコノミー・モンディアル）とは訳さずに、経済＝世界（エコノミー＝モンド）と訳しました。これはもちろん造語であるわけですが、重要です。ひとつの経済＝世界とは世界全体ではありません。それはひとつの経済であるひとつの世界ということです。それに対して世界経済というのは単に国際経済を指しています。したがってこの二つはまったく異なる見方です。ドイツ語ではそういう区別をすることができなかったのですが、ブローデルはその区別をフランス語でやろうと考えたのです。英語でも違いを出すことはドイツ語と同じくらい難しいので、私はワールド＝エコノミーという具合に二つの単語をつなぐことによってしか区別を出すことができなかった。それが経済＝世界です。ところがワールドエコノミーは世界経済です。以上が要点です。その後、ショーニュがこの用語を頻繁に用いたし、私もこの用語を踏襲しました。ショーニュと私の違いは、私はこれを理論化しようとしたことです。我々は二人ともブローデルの伝記から抜け出せないままです。結局、ブローデルは古文書の方に向かう立派な歴史家として自己形成してきたわけで、それだから抽象化を前にしてためらいがあるのです。私の方は、社会学者として育ってきたために、いつでも抽象化の方に進むわけで、別の方向に進むための自制が必要なのです。そういうわけで『資本主義とワールド＝エコノミー』やその後の別の仕事でやってきたように、経済＝世界という用語の枠組みとなる理論的側面を探す方が楽であったのです。私はある種の抽象的な社会学に陥らないように努め、また現実的であろうと努めていますが、理論的な言説においてはブローデルよりも私の方が気兼ねなくやっています。そんなわけですから人々は私がこの用語を作り出したと思っているのです。」

ウォーラーステインのこの説明は疑いの余地がないほど明快である。あとでショーニュやウォーラーステインなどが頻繁に使用することで人によく知られるようになった用語なのであるが、それでもウォーラーステインが作った言葉だと思っている人が多い。

次にブローデルが『地中海』において「世界＝経済」という用語をどのような文脈において用いているかを確認しておきたい。

「しかし地中海が話題になるとき、我々にとって想像しがたい、並外れて大きい空間という印象がこの脱線によってはっきり感じられる。ドイツの経済史家のまったく正当な表現、つまり〈世界劇場〉ないし〈世界経済〉という表現を繰り返すだけではいささかも十分ではない。ドイツの経済史家は、自己充足した世界、「経済＝世界」としての地中海の総体が長い間自分自身の力で、六十日間の回路で生きてきたこと、そしてその他の世界、とりわけ極東との接触はもっぱら生活に不必要な贅沢品に関してだけであったことを示すために、歴史的ならびに現在の地中海の総体について進んでこうした表現を用いた。大事なことは、この世界の大きさを示すことであり、またいかなる点でその大きさが政治的ならびに経済的な構造を動かしているかを示すことである。その都度、想像力という努力が必要になるだろう。」

（「現在の比較」、II／④、四一頁）

好奇心の強い読者にはぜひ探し出して確認してもらいたいが、この「経済＝世界」という用語は「ジェノヴァ、ミラノ、ヴェネツィア、フィレンツェの四辺形」という一節には、次のような記述として見られる。

「この約六十日の世界は、おおざっぱに言って、たしかにひとつの《経済＝世界》、それ自体としてひとつの宇宙である。この世界ではすべてが厳密に、強権的に組織されているのではなく、ひとつの秩序の大筋が描かれているのだ。したがってどんな経済＝世界もひとつの中心を認める。つまり他の地域に衝撃を与え、問題になる統一性を独力で築き上げる決定的に重要な地域である。明らかに、この地中海の中心は、十五世紀においても十六世紀においても、ヴェネツィア、ミラノ、ジェノヴァ、フィレンツェの緊密な都市の四辺形であり、都市と都市の間には不協和、競合関係があり、それぞれの都市の重要度は異なったものである。はっきりと目に見える変化によって、世紀が始まったときにはまだ重心のあったヴェネツィアから、一五五〇年から一五七五年の間に華々しく築き上げられるフィレンツェへと重心が移動する。」（Ⅱ／④、六七頁）

要するにひとつの経済の仕組みで出来上がっている空間、ブローデルの言葉を借りれば「自己充足した世界」を指すのが「経済＝世界」なのである。ブローデルによれば地中海世界は六十日間で行き来できる範囲で生活に必要なすべてを供給できるわけで、その地域においてひとつの同じ経済構造を持っているということになる。

このことを『地中海』初版では次のように説明している（第二版では削除された記述である）。

「したがって地中海における経済＝世界は、十六世紀においては不完全なままである。ローマ帝国の時代や中世と同じように、地中海における経済＝世界は、いくつかの珍しい贅沢品を別にすれば、必要不可欠な物産に限定されている。すなわち小麦、塩、羊毛、毛皮、香辛料、胡椒、砂糖、織物、絹製品、絹。ほかの多くの物産は海を行き来するが、その行程は短い。たとえばワイン、油、塩漬けの食品である。」（初版、p. 333）

さらにこの「経済＝世界」という用語を一九七九年の『物質文明・経済・資本主義』第三巻「世界時間」で確認してみると、冒頭に次のような重要な記述が見つかる。いささか長い引用になるが、大事なところなので省略なしに読んでいただくことにする。ただし以下の引用文で「世界＝経済」となっている個所は私の訳では「経済＝世界」であるから、読み替えをしていただく必要がある。

「議論に入るにあたって、混同を招きやすい二通りの表現について説明しておかなくてはならない。世界経済（économie mondiale）と世界＝経済（économie-monde）とについてである。

世界経済は地球全体に広がっている。それが意味するところは、シスモンディが語ったとおり、〈全世界の市場〉のことであり、『人類あるいは人類のある部分全体が集合をなして通商してきて、今日ではすでにいわば単一市場を形成するにいたった』ということなのである。

世界＝経済（économie-monde）――これはフランス語としては、意表を衝く、歓迎しがたい表現ではあるが、かつてわたしが **Weltwirtschaft** というドイツ語の特殊な用法を翻訳するために、もっと巧みな言い方がないままに、あまり論理的とは言いがたいのを承知のうえで造語したものである――を語るときに関わりあいになるのは、世界の一断片というか、地球の一片にすぎないが、経済的に自律性があり、おおむね自給自足することができる。そして、域内で行われる連絡および交換によって、一定の有機的統一が付与されているのである。

たとえば、ずいぶん以前のことだが、わたしは十六世紀の地中海を〈Welttheater〉ないしは〈Weltwirtschaft〉――〈世界＝劇場〉、〈世界＝経済〉――とみなして研究したことがある。そのときわたしの念頭にあったのは、海としての地中海だけではなく、地中海の岸辺から多少とも隔たった地域まで含めて、地中海の交換生活によって活動的になった全体のことであった。要するに、ひとつの即自的世界、ひとつの全体であった。じっさい地中海圏は、政治的、文化的、さらに社会的にも分割されていながら、ある経済的統一性を受け入れていたのである。」（村上光彦訳、『世界時間1』一一―一二頁、みすず書房）

「ある特殊な事例を検討することで、以下のことがらを演繹することができる。すなわち、ある単一の世界＝経済とは、経済面でも非経済面でも個別化された諸空間が、これを中心として再編成された総和なのである。」（同右、一四頁）

以上見てきたことを今日風にまとめて言えば、「世界経済」はアメリカのドルを中心とする資本主義体制によるグローバリズムということになるだろうし、「経済＝世界」はグローバリズムとの衝突が起こりうる「日本型資本主義」とか単一通貨ユーロを採用したヨーロッパ連合といったものに相当すると理解しておくのが適切であるように思われる。

## 四　運命論者ブローデル？
### ――初版から削除された「地理的歴史と決定論」と運命――

「運命」という言葉は、『地中海』第Ⅱ部のタイトルの一部をなす重要な概念であり、ブローデルの歴史観と深い関わりがある。「決定論」という言葉もブローデルの歴史を考えるにあたって無視することはできない。ブローデルを十八世紀の哲学者ディドロの作品『運命論者ジャック』に倣って「運命論者ブローデル」と名付けることができるだろうか。

『地中海』初版（一九四九）の第Ⅰ部には「地理的歴史と決定論」という題の結論があった。ほぼ一〇ページあったこの一節（pp. 295-304）は、翻訳の底本とした第二版（一九六六）では削除された。第Ⅱ部のタイトルの「運命」は第二版以降も消えないが、ブローデルが好んで使っていた「地理的歴史と決定論」というこの二つの用語は、のちにはブローデル自身の用語集からいったんは消えたかに見える（というのは晩年の『フランスのアイデンティティ』ならびに一九八五年十月のシンポジウム、『ブローデル、歴史を語る』では再び地理学的決定論が問題になるからである）。ブローデルが第二版で削除したもの、使わなくなった用語（特に地理的歴史）については、ブローデルの考えに変化があったのだから、無視したほうがよいと考えることもできる。しかし『地中海』ならびにブローデル理解のためにはこの二つの用語がどんな意味を持っていたのかを知っておくことはむだなことではない。そうでなければブローデルが第二版であれほど大幅な削除と書き直し（三分の一）をおこなったことの意味が理解できないだろう。

## 地理学的決定論

「地理的歴史」については「地政学」というドイツ語から借用された用語と区別して、ブローデルは次のようなことを指すと初版の該当個所で述べている。

「地理的歴史について話題にするとき、地政学が含意するものとは別のもの、もっと歴史的であると同時にもっと広い別のもの、諸国家の現在ならびに未来の状況に、図式化され、またたいていは、ある意味で前もって方向が変えられた空間の歴史を適用するだけではないものを指し示そうと思っているのだ。（中略）土地そのもの、気候、土壌、植物、動物、生活の仕方、労働者の活動などを気にもかけずに国家の国境と行政区画の研究にほとんど専念してきた伝統的な歴史的地理学を本当の意味での回顧的な人文地理学にすること、そのようにして地理学者に時間に対してより多くの注意を払わせること、そして歴史家にはますます空間を気にかけるようにさせること（中略）、それがこの地理的歴史の野心であろうし（中略）、本書のある種の野心である。（中略）結局、理解することが問題であるのは人間、つねに人間なのであり、人間とは言い換えれば社会であり、国家なのだ。」(pp. 295-296)

引用文の最後の文で「人間」を理解することが問題であることを言っている点に注目しておく必要があるだろう。「歴史をつくるのは地理的空間ではなく、この地理的空間の支配者であり発見者である人間なのだ」（「地中海から学んだ大西洋」、Ⅰ／②、三七四頁）とブローデルは断言している。ブローデルにとっての地理的歴史について、フランソワ・ドスの説明は以下の通りである。「社会の解読格子としての地理学、人間たちが係留索でつながれている堅固な岩としての地理学、それがフェルナン・ブローデルによる地理的歴史であり、時間的な眼差しというよりも空間的な眼差しである。（中略）地理学によってブローデルは長期持続を有効なものにすることができるのだ。」（『粉々になった歴史』ポケット版、pp. 131-132）ただしドスは「ブローデルはあまりにもしばしば機械的な決定論を適用している」（同書、p. 138）という批判もおこなっている。

「もし地理学的決定論というものが存在しないとすれば、どこに学問としての地理学があることになるのですか。」（『ブローデル、歴史を語る』福井憲彦、松本雅弘訳、新曜社、一二〇頁）これは一九八五年のブローデルの発言である。そして少し先で、「決定論というのは、いくつかの原因がいくつかの結果を引き起こす、ということなのです」（同右、一二二頁）と「決定論」について単純すぎるほどの説明をしている。しかし『地中海』初版で「決定論の役割を誇張しないようにしよう。だが決定論の役割を小さくしないようにもしよう」（p. 302）とも言っている。

決定論の最良の一例としてブローデルが挙げるのは「地中海における航海」である。十六世紀における地中海の航海は比較的小さな船による沿岸航行が中心である。天体観測儀も天然磁石も知っていたが、

「昔からの航海の仕方を断念しなかったのは、その航海術で十分であったからであり、それが地中海の海盆の区分に対応していたからである。」（I／②、一六七頁）地中海は冬の間天候が荒れ、十月から四月までは航海が危険な時期であり、その結果、大戦争は冬には起こらない。冬は停戦協定のおこなわれる時期である。しかし荒れる海を航海できる大型の船が建造される。北のハンザ同盟都市が建造したコク船またはは別名ナーヴェ船である。輸送力にすぐれ、しかも冬の荒天に打ち勝つこの丸型の大型船は、それまで優勢であった多数の漕ぎ手を必要とする商用の長いガレー船に勝るのである。「この場合、地理学的決定論は破られた、一四五〇年以降、人間は冬の支配者になることによって自然に対して打ち勝ったと言うことにしようか。」（初版、p. 303）「一方に自然の障害、他方にその自然の障害に拮抗する人間たちの努力があるが、この努力は自然の障害に合わせておこなわれるのである。」（同右）このことはマラリアに苦しめられていた湿地帯を平野に変える十六世紀の土地改良事業にも当てはまる。初めに地理ありき、なのである。

## サルトルとブローデル

一九八八年に刊行された『ブローデルを読む』（ラ・デクーヴェルト）の「まえがき」でティエリ・パコはブローデルとサルトルを比較して、「人間の自由な行動を信じているサルトルよりもブローデルははるかに決定論者である」（p. II）と断言している。

両者については、サルトルは当時の歴史家の仕事をあまりよく知らなかったし（とはいえジョルジュ・ルフェーヴルやマルク・ブロックの仕事を引用している）、一方のブローデルは哲学的な議論にはあまり関心がなかったところから、互いに個人的なつきあいがあったかどうかは定かではないとしながらも、パコは「議論の余地なく、知的な出会いがあり（中略）かなり近い歴史方法論を共有している」（同右）と考えている。

サルトルが『弁証法的理性批判』のなかでブローデルの『地中海』の成果を利用している事実（『サルトル全集』人文書院、第二六巻、一九七頁や二一一頁）は一般にはあまり知られていないようである（サルトルは『地中海』からの引用を示す注のなかで「以下の記述はすべてこのすばらしい著作の一注釈にすぎない」と述べている）。パコはもちろんこの事実を知ったうえで発言している。両者の知的出会いの証拠としてパコが引用しているのは次の一節である。

「個人的な諸弁証法が、自然にたいする人間の支配としての反自然と、人間にたいする無機的物質の支配としての反＝人間性とを同時に創造したあとで、こんどは人間的支配（つまり人間たち相互間の自由な諸関係）を構成するために団結によって己自身の反自然を創造する、とこう言ってもよい。」ここまでがパコの引用であるが、すぐに次の文が続く。「この水準においてこそ、また以前の諸条件を土台にしてこそ、人間たちは全体化をおこない、また自分を全体化して、ひとつの実践の統一性のなかに自分を再組織するのである。換言すれば、われわれはここでこの経験の第三の、そして最後の契機に、つまり人間世界（人間たちとその諸対象との世界）を歴史的企業のなかに全体化する契機に、ふれるわけである。経験のこのあらたな構造は、実践的＝惰性的分野の逆転としてあたえられる。つまり実践的統一のあたらしい点は、自由が必然性の必然性として、あるいはこう言ったほうがよければ、必然性のあらがいがたい転回としてあらわれるという点である。(中略)自由と必然性とがもはやただひとつのものとなっているこのあらたな弁証法は、超越論的弁証法のあらたな化身などではない。それはむしろ、自由な活動性としての個人的な人間たちを唯一の行為主体とするようなひとつの人間的構成物なのである。」(前掲書、四〇六―四〇七頁)

ブローデルは「長期持続」という論文では、「いつも最後にはジャン＝ポール・サルトルは深い構造的コンテクストへたどり着く。サルトルの研究は、歴史の表面から深層へ向かい、私の関心と結びつく」(井上幸治編集＝監訳『フェルナン・ブローデル』新評論、五九頁)と述べて、サルトルへの共感を示している。私としては二人を対比させて考えるために、「決定論」を退けるサルトルの次の言葉を付け加えておきたい。

「じつのところ、私が植民地主義の実行と体制を検討したいと考えたのは、経済主義的、社会学的説明に、つまり一般的に言えばすべての決定論に、〈歴史〉を取って代わらせることがいかに重要であり得るか、ということを簡単な例によって理解していただくためだったのである。」(同右、第二八巻、一九八―一九九頁)サルトルはブローデルの仕事を利用したが、ブローデルを全面的に受け入れているわけではない。

## 運命

ところで、ブローデルは『地中海』の「結論」で「出来事の射程とか人間の自由などについて私に出されたまたこれからも出されるであろうかくも多くの質問について長々と議論してみたいという気分にはなかなかなれない」と述べたうえで、「少なくとも、集団の自由と個人の自由だけは区別する必要があろう」(V／⑩、一九三頁) と言っている。そして「フェリーペ二世の自由とは、(中略) ドン・ファン・デ・アウストリアの自由とは何であったのか。いずれの自由も、私には、ひとつの小島、ほとんどひとつの牢獄のように見える」(同右) と言い、そのことが「歴史における個人の役割を否定することだろうか。私は決してそうは思わない」(同右) と続けている。だが「深層を流れる歴史の方向に逆らおうとするどんな努力も (中略) 失敗する運命にあるのだ」(V／⑩、一九四頁) と断言し、これを「運命」と名付けている。

「運命は人の意志とはほとんど関係なくできあがっており、風景はこの人の後ろに、また前に、『長期持続』という無限のパースペクティヴを描き出している。(中略) 最終的に勝ちを収めるのは、つねに長期の時間である。(中略) 長期の時間はたしかに人間の自由と偶然そのものの余地を制限する。」(同右)

「長期の時間」「長期持続」あるいは「運命」を「地理的歴史」や「構造」の同義語とみなすことができるブローデルの発言は、次の一節に明確に、しかも具体的に読みとれる。

「十六世紀の地中海は、何よりもまず、農民の世界、小作人と地主の世界であるということ。穀物とその取り入れこそが経済活動の中心であり、それ以外はひとつの上部構造、つまり、蓄積の成果、都市への行きすぎた経済転換の成果であるということ。まず初めに来るのは、農民であり、小麦である。言い換えれば人間を養う食糧であり、多数の人間である。それが、この時代の運命が従っている、物言わぬ規則なのである。短期的に見ても、長期的に見ても、農業活動がすべてを支配している。農業活動は、日増しに増える人間たちの重みを、それしか目に入らなくなるほどまぶしい都市の贅沢を、これからも支えていけるのだろうか。これこそは、毎日の、各世紀の、死活を賭けた問題なのだ。それ以外は、相対的に、ほとんどどうでもいいようなことなのだ。」(「結論」、V／⑩、一八九頁)

マルクスに言及したインタビューでブローデルが述べた次の発言はよく知られている。すなわち『人間が歴史をつくる』と言ったとき、マルクスは、半分以上間違っていました。歴史が人間をつくる、このほうが確かです。人間が歴史に耐えるのです。」(「歴史のための人生」『フェルナン・ブローデル』所収、一七五頁)

こうしてサルトルとブローデルの文章を並べて読んでみると、ブローデルはたしかに運命論者であるようだ。それを補強する発言が「私がやっていることは、人間の自由に反している」という一九八四年のテレビでのインタビュー(「歴史のなかの不変」)である。「人間は人間を拘束する世紀単位の力に対しては、また長期持続の経済的循環に対しては何もできないのだ。」(ドス、前掲書、p. 114)ブローデルには「世界の運命について根本的に悲観的な考え方がある」(同右)とドスが言うように、ブローデルはやはりペシミストであったのだろうか。

## 五　魔法の数字 3

『地中海』を読むときに誰もが最初に思い浮かべるのは、長期・中期・短期という三層構造の時間であろう。すでに多くの論者が指摘しているブローデル独特の時間概念であるから改めて論じるまでもないと思われるのであるが、このことを私なりにもう一度整理しておきたいと思う。

### 三つの時間

高校生向けの歴史教科書として執筆されながら教科書としては使用されなかった『文明の文法』（みすず書房）には「歴史の時間には、出来事の速い時間、挿話の長くのびた時間、文明のゆっくりとした緩慢な時間というようにさまざまな時間がある」（1、二八頁）という記述がある。これを読んでおやと思った読者は、すでに『地中海』の時間の分け方を知っている人である。というのは『地中海』は「緩慢な時間」から「速い時間」へと逆の方向に時間が流れているからである。

『世界時間1』では『地中海』の記述とほぼ同じことが次のように書かれている。

「歴史家は、過剰な事象を単純化して、歴史をいくつかの部門に区分する（政治史・経済史・社会史・文化史）。とりわけ、歴史家は経済学者からこういうことを学んだ。時間はさまざまの時間性に則して区分でき、そのようにして区分すれば時間は手なずけられ、要するに扱いやすくなる、ということを。長続きする、あるいは非常に長続きする時間性があり、緩慢な、またさほど緩慢でない、もろもろの重合局面があり、すばやい、場合によっては瞬間的な、もろもろの逸脱がある。要するに、世界史を単純化して組織立てるにもっとも短期的に生ずる逸脱がもっとも探知しやすい。要するに、世界史を単純化して組織立てるにあたって、われわれの手中には、なかなかもって隅に置けぬ手段が揃っている。」（みすず書房、二頁）

『地中海』の序文では「歴史を段階的に成層化された次元に分解」したと言っている。第一に「ほとんど動かない歴史」「つまり人間を取り囲む環境と人間との関係の歴史」「ゆっくりと流れ、ゆっくりと変化し、しばしば回帰が繰り返され、絶えず循環しているような歴史」であり、第二に「緩慢なリズムを持つ歴史」「すなわち社会史」「諸集団の歴史であり、再編成の歴史である」。そして第三に「伝統的な歴史」「出来事の歴史である。つまり歴史の潮がその強力な運動によって引き起こす表面の動揺であり、波立ちである」。この三つの時間をブローデルは「地理的な時間、社会的な時間、個人の時間」と言い換えている。この時間区分に応じて『地中海』は三部構成となっている。「それぞれはそれ自体として全体の説明の試みとなっている」。では三層の時間の相互的な関係はどうかということになると、実はその相互関係についてははっきりとブローデルは理論化していない。そのことを非難する人もいる。だがブローデルは経験的な観察に依拠して分析する方法を選択したために、理論化の必要を感じなかったのである。

しかしながら「結論」では、次のように述べている。

「三つの時間性の最大の差のなかで、過去の多様な時間をすべて把握すること、それらの時間の共存状態、さまざまな相互干渉、さまざまな矛盾、多様な厚みを暗示すること、これが本書の狙いである。」(V／⑩、一八四頁)

歴史学の時間について、『地中海』出版から約一〇年後に書かれた「長期持続」(一九五八)という挑発的な論文では、次のように述べている。

「社会的現実の核心において、瞬間とゆっくり流れる時間との間で果てしなく繰り返される生き生きとした内面的な対立ほど重要なものはない。問題が過去であれ現在であれ、社会的時間が持つこの複数性についての明確な意識は、人間科学に共通する方法論に不可欠なのである。」(『フェルナン・ブローデル』一八頁)ここでは地理的な時間と個人の時間の間で社会的な時間は「内面的な対立」を繰り返すものととらえられている。このような言い方を記憶に留めると、三つの時間はただ単に便宜的に分割され、相互に関係がないものとしてあるのではないということがわかる。「長期持続」の論文では「短い時間、個人、事件」、「周期的変動」「一〇年、二〇年、五〇年という長いスパンで区切られた過去を問題にする変動局面」、そして「一〇〇年単位で動くゆったりした歴史、非常に長く持続する歴史」というふうに分類されている(同右、一九頁)。そのうえ「長期持続は、厄介で複雑で、多くの場合目新しい登場人物」(同右、二九頁)と定義されている。「とにかく、ゆるやかな歴史のこうしたさまざまの層に関連させてこそ、歴史の全体性は下部構造をもとにして再考されうる。歴史の時間のあらゆる段階、無数の段階、無数の炸裂は、この深み、この準不動性から出発してこそ、理解される。いっさいがそのまわりを回っているからである。」（同右、三〇頁）『地中海』Ⅱ、セレクション版第5巻に即して言えば、図「地中海・ヨーロッパの小麦の価格」、図「ブルサの物価」、図「救済院の古文書によるパリの物価の動き」（本書八九頁以降参照）の一五〇〇年から一六〇〇年までの長期のサイクルで見れば、価格の上昇は明らかであり、この動向は「価格革命」と呼ばれるが、これはアメリカ大陸からの銀が地中海世界に大量に流入したことと相関関係にあり、国家の問題、商業の動向、社会の問題などと必然的に連関していることが具体的に分析されている。そしてブローデルが観察可能な具体的な記述において非常にすぐれた語り手であることは言うまでもない。

ブローデルの三つの時間についてはいろいろな人がすでに論じているが、そのなかから歴史家ジャック・ルヴェルとジャック・ル＝ゴフの意見を『エスパス・タン』誌から紹介しておこう。

まずルヴェルは「経済の領域を除くと、ブローデルは三つの時間の統合に完全には成功しなかった」と断定しているが、「ブローデルは同じ歴史を三つの異なる視点から語り、ひとつの対象を浮き彫りのかたちで構成しようとした」（前掲書、三四／三五号、p. 12）と評価している。次にル＝ゴフは「我々は一部分のみ、すなわち長期持続のみを記憶に留めることによってブローデルの思想を不幸にも歪めてしまった」と述べたうえで、大事なことは「変化のリズム」であるとし、「ブローデルは歴史の変化をさまざまなリズムの組み合わせのなかに見ていた」（同右、p. 22）と言っている。ルヴェルの表現を借りて言えば、「全体史は、もはやデータや学問領域などの積み重ねではなく、歴史の言説の非線型性についての考察である」（同右、p. 12）ということになり、三つの時間に分けて歴史を書くというブローデルの仕事は、明らかに直線的な、編年体の事件史、あるいは進歩を前提とした十九世紀的な歴史主義に対する反発から始まっていることがよくわかるのである。

この論考の冒頭に私は「長期、中期、短期」という表現を用いたが、これは地理学者クリスティアン・グラタルーによる「長い時間、すなわち構造的な時間、中ぐらいの時間、すなわち変動局面の時間、短い時間、すなわち事件的な時間」（同右、p. 74）から借りたものである。以上のようにブローデルは歴史の時間を三つに分けて歴史を力動的に分析した。ブローデルが「繰り返し」や「規則」という言葉を非常に重要なものとしていたことを思い出すならば、三つの時間の相関関係は理論的には明確に示されないにせよ、その立体性によって全体史を試みたことが納得できるだろう。

## 三つの空間、中心、周辺、外縁

ところで『地中海』で一度だけ名前の出てくるドイツの経済学者チューネンによる、いわゆる「チューネン圏の法則」と言われるもの（I／①、九五頁）について『世界時間1』では次のような説明がある。「都市を中心として、いくつかの同心円状の地帯がおのずから描かれてゆく。中心に近い第一の輪は、庭園・菜園であり（両者は都市空間に密着し、隙間が開いているところでは市内に入り込みさえしている）、さらに酪農生産が加わる。つぎにくる第二・第三の輪では、穀物が作られ、家畜が飼育されている。ここに見られるのはひとつの小宇宙であって（中略）そのモデルはセビーリャにもアンダルシア地方にもあてはまるし、（中略）ロンドンなりパリなりに――いや、じつのところ、ほかのいかなる都市にでも――隣接する地方にもあてはまる。」（『世界時間1』三五頁）

この三つの同心円を敷衍して、ブローデルは経済＝世界について次のように述べている。「いかなる経済＝世界においても、諸地帯はまとまりをなして――ただし、相異なった水準において――連関しながら、たがいにはまり込み、また肩を並べている。その場全体にわたって、すくなくとも三つの《区域》、三つの範疇が色分けされている。すなわち、狭い中心がひとつ、かなり発達した第二次的地方がいくつか、第三に膨大な外縁である。（中略）イマニュエル・ウォーラーステインは、この説明に基づいて、その著作『近代世界システム』全体を構築したのであった。中心、《心臓部》には、存在する限りにおいてもっとも先進的で、もっとも分化したものがすべて寄り集まっている。つぎにくる輪は、以上の利点に参与してはいても、その一部分を有しているにすぎない。すなわち《見どころのある二流》のたむろする地帯である。膨大な周辺地帯はと言うと、人口もまばらだし、打って変わって、昔風で、遅れていて、たやすく他人に搾取されるというふうである。」（同右、三六頁）これはアンリ・ピレンヌがアントワープ（アンヴェルス）について述べたことと一致する。「十六世紀初頭、アンヴェルスがあるときヨーロッパ商取引の中心として目ざめたとき、アンリ・ピレンヌが語ったとおり、ネーデルラントは《アンヴェルスの郊外》となり、そして広大な世界全体は同市の非常に遠大な郊外となった。」（同右）

以上の記述をさらに単純化してみると、中心・周辺・外縁という三つの輪による考察ということになるが、これはひとつの空間を同心円として三つに分けることにほかならない。三つの空間には必ず同じ中心があるわけで、この思考法には中心と周縁という二項対立よりもダイナミックな側面がある一方、必ず中心をどこかに設定しているわけだから、ある特定の地域を世界の中心とみなすとか、中心は進んでいて外縁は遅れているという図式化がおこなわれるという危険な陥穽も潜んでいる。ただしブローデルの場合には中心はひとつではなく、多であるところに特徴があり、それが前に述べた経済＝世界の考え方（本書第三章 三「経済＝世界か世界経済か」を参照）と通じている点に注目する必要があるだろう。

## 現代思想における3という数字の魔力

3という数字が魔法の数字であるという私の考えを補強する材料を補足的に記しておこう（ちなみに前述のグラタルーも「3という魔法の数字」という表現を用いているが、これは偶然の一致であることをお断りしておく）。ブローデルは『世界時間1』において経済学者ヨーゼフ・シュンペーターの例を次のように挙げている。「シュンペーターは彼の著作『経済分析の歴史』（一九五四）のなかで、こう語っているではないか。経済を研究するには三通りの仕方がある。すなわち、歴史による・理論による・統計による、という三通りである。しかし、もし生涯をやりなおすことになったら、自分は歴史家になるだろう、と。」（『世界時間1』六頁）また問題の取り上げ方においてもブローデルは3という数字が好きだ。たとえば「第Ⅱ部

第3章　経済──商業と運輸」の冒頭には次のような記述が見られる。「我々の関心があるのは、全体的な構図である。最終的には、胡椒の危機、小麦の危機、大西洋の船の地中海への侵入という三つの問題を取り上げることにした。」（Ⅱ／⑤、三二六頁）第Ⅰ部において山と海、そして地中海の周辺という三つの地理的側面に分けて分析していたことも思い出してもよい。だがこのような三分割なら誰でもやるたぐいのものだと反論する人がいるかもしれない。

ブローデルと同じように、3という魔法の数字で私たちに衝撃を与えた同時代の人々に神話学のジョルジュ・デュメジルと文化人類学のクロード・レヴィ＝ストロースがいる。

デュメジルはインド、イラン、ゲルマン、古代ローマなどの神話の比較研究をおこなって、そこに共通の世界観があることを発見した。つまり「神官、戦士、生産者」という三分類によって宇宙の秩序、人間世界が組織されていることを論証してみせて、この世界観を「インド・ヨーロッパ3機能体系」と命名したのである。この単純な原理の発見によって複雑な神話を体系的に分析することが可能になったし、その考え方は広く思想界に強い衝撃を与えたのである。フランスの絶対主義時代においては、聖職者、貴族、そして第三身分として人間生活に必要なものを作り出す働く者という区分の仕方が歴史的に存在したし、「三部会」という身分制議会が中世以来政治的に存在した事実を思い出すのもあながちむだではないだろう。

レヴィ＝ストロースは「料理の三角形」と言われる見事な図式で、世界中の料理について「生のもの、火を通したもの、腐らせたもの」という三つの公式を使えばすべてを分類できることを示した。複雑な現象の基礎となる「構造」を解明したと言える。さらにレヴィ＝ストロースはコミュニケーションについては次のように述べている。「どんな社会においても、コミュニケーションは、少なくとも三つの水準で展開される。すなわち、女性のコミュニケーション、財貨や労力のコミュニケーション、メッセージのコミュニケーションである。したがって、親族体系の研究と、経済体系の研究と、言語体系の研究とは、ある種の類似を示すことになる。これらの研究は三つとも、同じ方法によっている。三つの研究は、共通の世界の中で、各々の研究が自分を位置づける戦術的水準に応じて異なっているだけである。」(『構造人類学』荒川幾男ほか訳、みすず書房、三二五頁)

以上見てきたように、一見複雑な現象をできる限り単純な原理によって解明しようとする際に、3という数字は、現代思想のなかでほとんど魔法の数字であると思われる。このことはヨーロッパにおける三位一体の思考法に由来するのだろうが、生産的な原理であることはまちがいない。

# 六　構造

## 構造主義と関係のないブローデルの構造

「構造」という用語はブローデル理解のために必須のキーワードである。しかし、レヴィ＝ストロース以来流行語となった「構造」とは同じではない。ブローデルは『地中海』の結論の末尾において自分の考えている「構造」と構造主義者の「構造」は違うことについて、次のように断言している。

「出来事にほとんど頓着せず、同じ兆候を帯びた出来事の集合である変動局面には半分しか頓着しない私は、気質から言えば『構造主義者』である。だが、歴史家の『構造主義』は、他の人間諸科学を苦しめている問題群、構造という同じ名前で呼ばれる問題群とは、何の関わりもない。この歴史家の構造主義は、もろもろの関係が関数として表現される数学的な抽象化の方向へと歴史家を導くことはない。歴史家は、生活のなかで最も具体的で、最も日常的で、最も不滅であるもの、最も匿名の人間に関わるもの、そのような生の源泉そのものへと向かっていくのである。」（V／⑩、一九四頁、傍点は引用者）

まず第一に、「気質から言えば『構造主義者』である」というブローデルの自覚、次にレヴィ＝ストロースに代表される構造主義とは「何の関わりもない」という断言、そしていわゆる構造主義の数学的抽象化を批判して、具体的、日常的なもののなかで不変なものを「歴史家の構造主義」と定義している点に注目しておきたい。

別の個所では「憲兵と泥棒の、賢明な都市と浮浪者のこのゲームは、始まりもなければ終わりもない。これは変わりようもない光景であり、『構造』である。一斉検挙で、すべては平静に戻るが、そのあと小さな盗み、ひったくり、殺人がまた増える。」（Ⅲ／⑥、一四五頁）という例を挙げて、長期にわたる現実であることを強調している。

「したがって、私が地理的観察という枠組みと縦糸に従って探し出そうとしたのは、地中海の歴史をめぐる、位置づけ、恒久的なもの、動かないもの、反復されるもの、『規則性』である。人間たちの昔の生活が持っていた〈すべての〉構造ないし単調な規則性ではなく、それら規則性のうち、日々の生活にかかわってくる最も重要なものだけである。これらの規則性こそが、我々の著作にとっては、基準となる案内図であり、特権的な要素であり、本書の最も生き生きとしたイメージでもあり、アルバムは、そうしたイメージを補ってたやすく完成させることができる。これらの規則性は、時間とともに滅びないものとして、現在の生活のなかにも、またいろいろな人たちの旅行や本の所々に見つかるのである。ガブリエル・オーディイジオ、ジャン・ジオノ、カルロ・レヴィ、ローレンス・ダレル、アンドレ・シャンソンなどの本に……。ある日、内海と出会ったすべての西欧作家たちの前に、地中海は歴史の問題と

して、あるいはむしろ『長期持続』の問題として現われたのだった。」（V／⑩、一八六頁）
　これらの引用を読む限り、ブローデルの言う歴史における「構造」は、事件、出来事といった表層の歴史の底にある「恒久的なもの、動かないもの、反復されるもの」すなわち「規則性」ということになる。別の言い方では「長期持続」と言われるものである。レヴィ＝ストロースとの大きな違いは、レヴィ＝ストロースの構造概念が無時間的であるのに、ブローデルの構造概念には「時間」すなわち歴史が含まれることである。

## レヴィ＝ストロースの構造

　ところでレヴィ＝ストロースの言う「構造」については、次のような簡潔な定義が渡辺公三によって紹介されている。
『構造』とは、要素と要素間の関係とからなる全体であって、この関係は一連の変形過程を通じて不変の特性を保持する。」（『レヴィ＝ストロース』講談社、一二頁）
レヴィ＝ストロースの「民族学における構造の観念」に従って、「構造」の定義をさらに詳しく確認してみることにしよう。
「まず基本的に認めておかなければならないのは、社会構造の観念は、経験的実在にかかわるものではなく、経験的実在にもとづいてつくられたモデルにかかわっているということである。」（『構造人類学』

荒川幾男ほか訳、三〇三頁、傍点は引用者）

ここで用いられている「モデル」という用語についてレヴィ＝ストロースは次のように整理している。「私の考えるところでは、構造の名に値するためには、モデルはもっぱら四つの条件を満たしていなければならない。

第一に、構造というものは、体系としての性格を示す。構造は、構成要素のどれか一つが変化すると、それにつれて他のすべてのものが変化するような要素から成り立っている。

第二に、あらゆるモデルは、一つの変換群――その変換の各々が族を同じくするモデルの一つに対応する――に属しており、その結果、これらの変換の集合がモデルの一群を構成する。

第三に、右に述べたような特性は、モデルの要素の一つに変化が起こった場合、モデルがどのように反応するかを予見することを可能にする。

最後に、モデルは、それがはたらくとき、観察されたすべての事象が考慮に入れられているようなやり方でつくられなければならない。」（同右、三〇四頁）

## ブローデルの構造の定義

対比的に見るためにブローデルが「構造」をどのように定義しているかを、今度は『文明の文法』から取り上げてみよう。

「空間による果てしない制約、社会的位階制、集合的『精神』、経済的必要性といったさまざまな力はすべて深層のもので、一見したところではほとんど認識不可能である。とりわけ、そうした現実とともに生きている人間にとっては特にそうである。そういう現実はつねに自明のものであり、何ら問題とはならないように見えるからだ。こんにちの用語法において『構造』という言葉で呼ばれるのは、このようなさまざまな現実なのである。」(『文明の文法』I、五八頁）この定義の後すぐにブローデルは、次のような例を挙げている。

「一方で、意識的であると同時に無意識的な壮大な恒久性あるいは半恒久性が明らかになってくる。これこそ文明の『基盤』、というか『構造』なのである。たとえば、宗教的な感情や、農民の不動性、死生観、労働観、快楽観、家族観などがそうである。」(同右)

『地中海』の「結論」の別の個所では次のように「構造」と「緩慢な歴史」は同一視されている。

「短期の危機という変動局面の歴史の研究の場合さえ、その答えを求めて、まず初めに構造、すなわち徐々に変化する歴史に向かわなければならない。」(V／⑩、一九〇頁）

### 構造の実例

それでは『地中海』本文においては「構造」という用語がどのような文脈で具体的に登場しているか、いくつか例を挙げてみよう。

「本書は社会構造に、したがって摩耗するのが緩慢なメカニズムに関心を持つ。また社会構造の変動にも関心を持つ。そして最終的には、本書は、我々の専門用語で『構造』と『変動局面』と名付けているもの、つまり動かないものと動くもの、遅いことと速度の出しすぎを組み合わせる。この二つの現実は、経済学者がよく知っているように（実は構造と変動局面という区別は経済学者から借用したものである）、毎日の生活のなかでは、互いに結びついていて、変化するものと永続するものとの間でひっきりなしに共有されているのだ。」（第Ⅱ部冒頭、Ⅱ／④、一三頁、傍点は引用者）

ここでブローデルが用語を経済学から借用したことを告白している点にも注意を払っておきたい。というのはブローデルが一九四〇年代に借用した経済学で言う「構造」は「あるシステムを構成する要素全体の組み合わせ」（『プチ・ロベール』による定義）を意味するからである。

「実際、我々は完全雇用の経済には一度も出会ったことがない。労働市場には未就職の大量の労働者、放浪者ないし半放浪者が重くのしかかっている。この人たちは、少なくとも十二世紀以来ヨーロッパと『地中海』の定数のひとつ、つまり『構造』のひとつである。」（「貧民は人口の五分の一か」、Ⅱ／④、一七二頁）

「十四、十五世紀に、小アフリカで都市が発達するが、時には都市を取り囲む国々とまったく釣り合いがとれないこともある。各都市は内海の方に向いて暮らしているだけでなく、南の方の黒人の国々（スーダンの内陸部）に向いて暮らしている。サハラ砂漠の境界地域からギニア湾岸まで、こうしたつながりは、（中略）『地理的・経済的に不変の条件をそなえた』構造化された古いシステムを形成している。」（「スーダンの金」、Ⅱ／④、一九六頁）

「アメリカ大陸に始まって、地中海経由にせよ、喜望峰経由にせよ、地球を一周するこのイタリア＝中国の軸は、二十世紀初めになってしか消え去ることのない世界経済の構造であり、永続であり、特徴である。」（「おびただしい貨幣の餌食になった地中海」、Ⅱ／④、二四六頁）

「金貨は兵士の要求するものであったし、要求が非常に強かったので、金貨はこの世紀の貨幣流通の大きな特徴のひとつ、（中略）十六世紀の構造的特徴のひとつとなったほどである。」（「ジェノヴァ人の世紀」、Ⅱ／④、二五二頁）

以上の引用文で用いられている「構造」が、構造主義で言うところの「構造」と異なっていることは明白である。

「要素と要素との関係」や「体系」、そしてある要素が変化すれば他のすべての要素が変化するというレヴィ＝ストロースの数学的または言語学的な考え方に対して、「恒久性あるいは半恒久性」「基盤」といった用語が示すように、ブローデルにおいては「長期持続」、言い換えれば歴史の深層においてほとんど変わらないものが「構造」ということになる。レヴィ＝ストロースは現象を解明する原理を探索しようとして「構造」に着目するのに対して、ブローデルは歴史の表層に浮かび上がる現象を生み出す原因になる「構造」、言い換えれば不変性を摘出しようとする。それでもレヴィ＝ストロースにおいても「不変の特性」という用語が用いられていることに注意を払っておく必要がある。両者には「不変」という共通点もあるのだ。「構造」と言う限りそこには「不変」が含まれている点で、決して両者は無縁とは言えない。ただレヴィ＝ストロースにおいては親族構造や神話の構造解明のアプローチの方法として

「構造」が有効であるのに対して、ブローデルはいわば歴史の構造そのものを摘出することを目的としているという違いがあることは間違いない。

さて最後に「長期持続、歴史と社会科学」と「歴史学と社会学」という一九五八年の二つの論文（いずれも井上幸治編『フェルナン・ブローデル』に所収）は、レヴィ＝ストロースの『構造人類学』や社会学者ギュルヴィッチの仕事を念頭に置いて書かれたもので、ブローデルの考える「構造」が人類学者や社会学者の「構造」とは別物であることを明らかにしているので、関係のありそうなところを読んでおくことにしたい。

長期持続、歴史の時間については次の一節。「歴史の全体性は下部構造をもとにして再考されうる。歴史の時間のあらゆる段階、無数の段階、無数の炸裂は、この深み、この準不動性から出発してこそ、理解される。いっさいがそのまわりを回っているからである。」（「長期持続」『フェルナン・ブローデル』所収、三〇頁）

レヴィ＝ストロースについては「いつでも彼が極端に緩慢な、いわば無時間的な現象を問題にする点に注意しよう」（同右、五〇頁）とブローデルは言っている。「歴史家にとって、いっさいは時間に始まり時間に終わる」（同右、五五頁）のである。

ブローデルにとって時間は構造そのものである。そのことを「歴史学と社会学」では次のように述べている。

「長期持続とは、諸構造と構造のグループの果てしない、様相不動の歴史である。歴史家にとってひとつの構造とは単なる建築物、集合体ではなく、恒常性であり、しばしば百年を越える単位のものである（時間は構造である）。」（同右、八八頁）

レヴィ＝ストロースとブローデルは、ブラジルのサンパウロ大学に同時に赴任したフランス教授団の同僚であった。研究対象や方法が異なることもあって、決して親しく付き合うことはなかったようであるが、レヴィ＝ストロースはブラジルのフィールドワークでナンビクワラ族に出会い、ブローデルはブラジルに十六世紀の地中海と同じ経済構造を発見し、ともにブラジル時代に記念碑的な仕事の基礎を確立し、同じ一九四九年にレヴィ＝ストロースは『親族の基本構造』を、ブローデルは『地中海』を出版した。レヴィ＝ストロースがコレージュ・ド・フランスの教授に立候補したときに、メルロ＝ポンティとともに推薦者として応援したのはブローデルであった。ブローデルの高等研究院第六部門時代に、レヴィ＝ストロースは第五、第六部門に同時に属していた。両者ともコレージュ・ド・フランス、アカデミー・フランセーズと似たような経歴をたどった。しかし「構造」の観念における差異に見られるように、ついに相互の知的な交流には至らなかった二人が、ともに巨象であることは疑う余地がない。

## 七　文明の衝突、そして経済の減速期に文明が開花すること

### 文明の衝突

一部の専門家の間ではよく知られていた文明の衝突が話題になったのは、国際政治学者サミュエル・ハンチントンの著作『文明の衝突』（鈴木主税訳、集英社）がきっかけである。しかしハンチントンが『文明の衝突』で言及しているブローデルが、すでに五十年前に『地中海』のなかで「文明の衝突」に触れていたことはあまり知られていない。人々がブローデルの言う「文明の衝突」にさほど注意を払わなかったのは、ブローデルがキリスト教世界とイスラム世界の衝突の側面よりもむしろ共存のほうを描いたためかもしれない。そのことは『地中海』のテレビ番組用に書いた『地中海世界1』の次の一節に端的に表れている。「文明の十字路に立つ地中海世界、異文化が混じり合う地中海世界は我々の記憶のなかでは、自然の景観の点でも人間的景観の点でもまとまった一つのイメージとして、すべてのものが混じり合い、そこから再び独特の統一体に構成されてゆく一つの組織体としての姿を保っている。」（神沢栄三

訳、六頁）

一五七一年十月七日のレパントの海戦は、キリスト教連合軍とオスマン・トルコ帝国という、地中海世界における二大文明の衝突の象徴として軍事史に残る戦争である。

言うまでもないことだが、キリスト教世界とイスラム世界の衝突と共存は、地中海世界では古い時代から今日に至るまで「問題」である。一九九九年の現在において、コソボ紛争をめぐってユーゴスラビアに対する空爆が北大西洋条約機構によってなされているが、この紛争の背景を理解するためには十四世紀のオスマン・トルコ帝国によるセルビア王国征服にまで遡る必要がある。コソボ紛争は政治的・軍事的な事件ではなく、まさに文明としての事件であり、その衝突の遠因は民族・宗教の異なる文明の対立にある。

十六世紀の地中海世界において、東にはオスマン・トルコ帝国、西にはスペイン帝国があり、二大帝国はいわば地中海の覇権をめぐって何度も戦争を繰り返した。戦争については『地中海』第Ⅲ部において詳しく論じられるので、ここでは二大帝国の衝突が、たとえばトリポリ（一五一一、一五五一年）、ジェルバ（一五一〇、一五二〇、一五六〇年）、コロニス（一五三四年）、チュニス（一五三五、一五七三、一五七三年）、プレヴェサ（一五三八年）、マルタ（一五六五年）、レパント（一五七一年）、メトネ（一五七二年）、ビゼルト（一五七三、一五七四年）など地中海を東西に分ける地点で起こったことを指摘しておくにとどめる。

## 『地中海』における「文明の衝突」の用例

「文明の衝突」が言葉として登場するのは『地中海』全文で五回であるが、同じ段落に登場するのを省いて考えれば四回のみである。どのような文脈で「文明の衝突」と言われるのか、その具体例を以下に示す。

まずはイスラムとキリスト教の衝突として。

「比較的短く、あわただしいが、それでも重要な、より一層人間的な次元の歴史に立ち返ってみようとすれば、隣合う文明同士の、つまり勝ち誇った（あるいはそのように思い込んでいる）文明と、征服された（もはや征服されないことを切望する）文明との激しい衝突ほどよい出会いはない。十六世紀の地中海において、そのような文明の衝突が必ずあった。つまりイスラム教は、その代理人、トルコ人の名のもとに、バルカン半島のキリスト教徒を捕らえた。西では、カトリック両王のもとにスペインが、グラナダとともに、イベリアのイスラム教の最後の砦を奪った。それぞれの征服者はこうした征服をもとに何をするのだろうか。」（Ⅲ／⑦、二〇一―二〇二頁、傍点は引用者、以下同様）

次にスペイン帝国内における宗教の衝突として。

「つまりモリスコ問題は宗教の衝突であり、別の言い方をすれば、広い意味で文明の衝突であり、解決するのが困難で、長く続く運命にある。」（同右、二〇九頁）文明の衝突が起こった場合にそれが解決困難で、長期に及ぶことは中近東のパレスチナ問題のケースを思い浮かべれば十分であろう。

第三に植民地問題として。

「どんな『植民地』戦争も文明の衝突をもたらし、激しく、陰険な、盲目的な情熱が割り込んでくる。」（同右、二二二頁）この一文を含む「グラナダの悲劇」は初版には存在しない。ブローデルは、植民地アルジェリアの高校教師であったが、在職中には植民地問題に政治的にほとんど関心を持たなかった。したがって「アルジェリア問題」がフランスにおける国家的問題になってから書き直した第二版に書かれていること、つまりブローデルが現在の問題を歴史に投影していることに私は意味があると思っている。

第四に「文明の衝突」の考察における立場の違いの問題として。

「文明の衝突というこの見地からすると、レオン・ポリアコフの熱っぽく魅力的な弁護は私を満足させてくれない。彼は悲劇の二つの面のうちひとつしか、つまりイスラエルの不満しか見なかったわけで、さまざまな時代のスペインの不満を見なかった。」（同右、二七八頁）文明の衝突が問題になる際に当事者双方の言い分を公平に聞くということの困難さを指摘している点が私には興味深い。

## 文明の定義

ところでこれまで不用意に用いてきた「文明」という用語は、ブローデルにとってどんな意味であったのか。

死後出版の『ブローデル著作集』第二巻「歴史学の野心」（一九九七）所収の論文「諸文明の歴史、過去が現在を説明する」によれば、文明の定義にはシュペングラーやトインビーなど歴史家によって約二〇の異なる定義がある。そうしたさまざまな定義を踏まえた上で、ブローデルは文明の持つ特徴を空間、借用、拒絶の三つのキーワードから説明している。

第一に文明とは空間である。言い換えれば文化圏である。その一例として、宗教改革はライン川とドナウ川に挟まれた地域においておこなわれ、その外側には及ばなかった。ハンチントンが『文明の衝突』で「日本文明」を世界の八つの主要文明のひとつとして分類する際の基準に合致するものと言うことができよう。

第二に文明とは借用である。たとえば「物質的であれ非物質的であれ、すべての財は、道路を通って、都市に流れ込む。（中略）建築の観点から見ると、アウグスブルクのレヒ川沿いにはヴェネツィア風の街、ウェルタハ川沿いにはジェノヴァ風の街さえある。フィレンツェにおけるルネサンスは、トスカーナ地方全体の芸術家がフィレンツェに流入してくることになる。ローマのルネサンスは、フィレンツェ、ウンブリアの芸術家が永遠の都に流れ込むことである。」（I／③、五二九頁）

第三に文明とは拒絶である。もともとイスラム教徒であったが強制的にキリスト教に改宗させられた、スペイン帝国内に住むモリスコの国外追放について、『地中海』に次のような記述がある。なぜスペインがモリスコを追放したかと言えば「何よりもまず、モリスコは同化できないままでいたからである。スペインは、人種的な憎しみから行動したのではなく（この戦いにおいて人種的な憎しみはほとんどないように見える）、文明、宗教に対する憎しみから行動したのである。そしてスペインの憎しみの爆発、つまり追放は、スペインの無能ぶりの告白である。ケースにもよるが、一、二、三世紀後も、モリスコはかつてのモーロ人のままであったのが証拠である。衣装、宗教、言語、家、モーロ人の風呂、モリスコはすべてを持ちつづけていた。モリスコは西欧の文明を受け入れようとしなかった。そしてこれが議論の核心である。宗教の面で、いくつかの目覚ましい例外があっても、都市のモリスコが次第に征服者の衣装を身につけるようになったというあの否定しようもない事実、つまり何も変わりはしない。モリスコは、スペインで人々がわかっていたように、似たような家や風俗を持ち、まったく同じ信仰を持って、遠くペルシャまで広がっている広大な世界に心で結びついたままであった。」（Ⅲ／⑦、二三二頁、傍点は引用者）

またオスマン・トルコ帝国のシパーヒと呼ばれる騎兵がピストルを使用しなかったことについては、ブローデルは次のように述べている。「しかしながら文化の借用は、必ずしも根づかない接ぎ木である。一五四八年に、トルコ人は、ペルシャに対する遠征のときに、〈シパーヒ〉の武装を変えて、ピストルを持たせようと試みていた（〈騎兵の使う小さなピストル〉と、ビュスベックは明言している）。しかしこの試みは物笑いになって、〈シパーヒ〉は、レパントでも、それより後でも、弓矢で武装したままであった。この平凡な例は、それだけで、トルコの国々が敵の真似をする際に体験した困難を示している。規律正しさ、盲目的信仰、騎兵の優秀さ、あるいは軍隊の優秀さがあったけれども、敵の分裂、敵同士の争い、裏切りがなかったなら、トルコ人は、西欧に対して持ちこたえることはできなかっただろう。」（同右、二四〇頁、傍点は引用者）

さらに十六世紀における文明の借用の拒絶の最大の例が反動宗教改革であったことは言うまでもないだろう。

## 文化と文明

しばしば文化と文明はドイツ語圏の歴史家とそれ以外の言語圏で異なる意味を持つが、ブローデルは、文化とは「それは、まだその成熟の段階、最良の状態に到達もせず、確実に成長するかどうかもわからない文明である」(『物質文明・経済・資本主義』第一巻、七九頁)と述べて、文化を文明の下位区分に位置づけている。文明は、文化とは逆に「空間や社会や経済や集合心性に次々と準拠して定義され、長期持続と同一視されることになる。すなわち『一連の経済、一連の社会を貫いて生き続けて行き、少しずつわずかにしか方向を変えられないもの』」(『文明の文法1』一六頁)とされる。そして文明の「基盤」または「構造」は「たとえば、宗教的感情や、農民の不動性、死生観、労働観、快楽観、家族観など」である(同右、五八頁)。

ブローデルは次第に「物質文明」という用語で文明を指すようになるのだが、『地中海』においては実は文化と文明は判然と区別して用いられているわけではない。「文化の伝播と借用の拒絶」という一節で、プロテスタント教会がアルプス山脈やピレネー山脈のような地中海の境界で挫折する例を述べているが、そこでは宗教を文明ではなく文化と名付けている。「生きている文明のしるしは、その財産を遠方に輸出し、放射することができるということだ。人間や考え方や生き方を輸出しないような文明は考えられない」(Ⅲ／⑦、一八二頁)と述べて、一般には文化という名称で括られるようなものと物質的なものとの区別が厳密におこなわれないこともある。地中海からその他の地域へ輸出されていった文明として、ブローデルは造船の技術、絹織物、会計の技術、印刷所を挙げている。

地中海に渡ってきた外来の植物なども文明の移動の例として紹介されている。「アラビア人によって極東から輸入されたオレンジの木、レモンの木、マンダリンの木。アメリカからやって来たサボテン。オーストラリア原産のユーカリ(中略)。あのペルシャから来た糸杉。おそらくペルー原産のトマト。ギアナ原産のトウガラシ。メキシコ原産のトウモロコシ。アラブ人のもたらした恩恵である米」やタバコやコーヒー(同右、一七七頁)。

文明の移動には非常に長い時間がかかる。一三四〇年代のフランスの男たちの服装の変化、つまり「十字軍時代のゆったりした服に代わって、短く、体にぴったりした胴着」になったことや「スペイン風ヤギ髭と口髭」(同右、一九八頁)など、服装の歴史を研究しようとすれば、おのずと長期持続の時間層を考慮しなければならなくなる。言い換えれば文明の歴史は長期持続の歴史なのである。

最後に、文明の開花についてのブローデルらしい独特の解釈に触れておく。

「文明の長期の動き、言葉の伝統的な意味での文明の開花は、我々の不意をつき、我々を面食らわせる。一四八〇年から一五〇九年までのルネサンスは、周期的な明らかな後退の時期にある。壮麗王ロレンツォの時代は、経済的に言えば、うっとうしい時代である。スペインの黄金世紀と、ヨーロッパの至るところ、またイスタンブールでも、十七世紀のあらゆる輝かしさは、最初の百年単位の大逆転の後に起こっている。」(同右、四〇三頁)この一見逆説的に見える歴史的事実についての説明として、ブローデルは次のように述べている。「経済的減速はどれも、金持ちの手のなかに大量の金を使われないままに残す。こうした投資することができない資本の相対的な浪費が、黄金時代や黄金世紀をつくりあげるのかもしれない……。」(同上、四〇三―四〇四頁)

『地中海』の「結論」では同じことを次のように繰り返している。

「文明の華々しい開花は、しばしば、経済が下降している不具合の時期に起きるのである。最後のイタリア・ルネサンスが花開くのは、都市国家の秋、いや、それどころか(ヴェネツィアやボローニャのように)都市国家の冬の時代のこともある。イスタンブール、ローマ、マドリードなど、広大な海上帝国が秋に入るとき、ほかでもない、強大な帝国文明が広がっていくのだ。」(「結論」、V/⑩、一九一頁)

ブローデルの文明観が正しいとすると、我が国の現状のように経済減速の今こそ文明の開花が期待できるということだろう。

## 八　出来事の歴史としての世界戦争

### 事件史は『地中海』の三分の一

地中海世界では戦争が絶えない。一九九九年の現在もコソボでは戦争が続いている。バルカン半島には民族や宗教が異なる人々が混在しているという複雑な事情があり、この地域が昔から紛争の火種を抱えていることは周知の通りである。

ブローデルは二十世紀初めまでの事件史中心の歴史観をひっくり返して、まず自然環境と人間の関係を記述する長期の歴史、言い換えれば地理的歴史、環境の歴史から『地中海』の記述を始めた。しかも海についてではなく、山について語ることから地中海世界の歴史を提示して見せた。この記述の仕方というか歴史の提示の仕方そのものが衝撃的であった。次に社会や経済のやや緩慢な動きを中期的な変動としてとらえ、社会史・経済史を記述した。そして出来事の歴史としての戦争や人物については最後に語ることにした。

出来事の歴史、または多くの人が使用する用語法によれば事件史について、ブローデルは『地中海』以外の著作では語らない。そのためもあってブローデルは事件史をないがしろにしたと批判されることがある。しかし『地中海』の三分の一の分量を戦争の記述に費やしている。初版では七一九頁から一〇八七頁まであるし、現在流布している三冊セットのリーヴル・ド・ポッシュ文庫版の一冊の分量である。だから、そのような批判は不当なものと言わざるを得ない。研究の出発点がフェリーペ二世の外交政策であったことはすでに述べたし、第Ⅲ部は第二版で書き直しがほとんどない。あえて出来事の歴史を第Ⅲ部に持ってきた理由は、歴史は出来事の記述のみでは十分ではないということを示すためなのである。決して事件史をないがしろにしていたのではない。そのことを理解するには『地中海』の第Ⅲ部を参照するだけで十分であると言えるが、晩年に中学生を相手に行った歴史の授業（一九八五年に実施。一九九一年一月一四日テレビで放映）では、「一七〇七年のトゥーロンの攻囲」という事件をめぐって、軍事的、政治的な側面からのアプローチがおこなわれただけでなく、経済的、社会的な側面についても触れ、とりわけ「兵隊を確保するにはお金が必要である」ということを生徒たちに強調していたことを思い出せば、さらに納得がいく。そのうえに、アナール派の中・長期的な歴史観が支配的になったあと、中学校レベルでの歴史教育において事件史、編年史が教えられなくなった時期があるが、これについては歴史の研究と教育とは別のものとして考えるべきであり、過去において何が起こったかを大まかでよいから知っておく必要があるとブローデルは激しく批判したことがある（『ブローデル、歴史を語る』新曜社、参照）。

アンリ・ピレンヌはひとつの出来事または事件が重要であるのは、それがさまざまな帰結をもたらした限りにおいてであるという意味のことを書いたことがある。しかしブローデルは「ある出来事をそれに続くさまざまな出来事によって判断するのは厳密に言えば正しくない」と述べている(『ブローデル著作集』第一巻「地中海をめぐって」p. 289)。その意味では当時の大都市の人口にあたる総勢一〇万人の兵士がレパントに集結し、一五七一年十月七日の夜明けとともに戦いを交え、その日のうちに短時間で決着がつき、キリスト教連合軍がオスマン・トルコの海軍に勝ったあのレパントの海戦にはいったいどういう意味があるのか。『地中海』の記述だけでなく、一九七一年十月ヴェネツィアで開催された「レパントの海戦四〇〇年記念シンポジウム」の記録(『ブローデル著作集』第一巻「地中海をめぐって」pp. 281-292)も併用しながら、事件史の意味を考えてみたい。

## 一五七一年前後の軍事的事件

一五七〇年にトルコ政府は、ヴェネツィアがおさえていたキプロス島をできるかぎり費用をかけずに占領することを考えていた。キプロス島はトルコにとってシリアとエジプトとの通商にとって障害になっていたからである。一方、東地中海を舞台とするキリスト教徒の海賊にとって、キプロス島は基地であり隠れ家でもあった。キプロス島を支配するヴェネツィアにとっては、塩、ワイン、綿の島として経済的に重要であった。地理的な位置の重要さについては言うまでもない。

トルコによるキプロス島遠征は一五七〇年におこなわれ、翌七一年には占領する。このキプロス島占領前後の主な出来事を列挙すると、一五六六年にトルコはハンガリーに侵入し、ジェノヴァ領であったキーオス島を占領し、一五六七年にはチュニスを攻略し、ついに一五七〇年にはウルージ・アリがチュニスの占領に成功している。

一方のスペインは、一五六五年に攻撃されたマルタ島をヨハネ騎士団の力で守り抜く。しかし北のネーデルラントで一五六六年に「八月の暴動」が起こり、一五六七年にはアルバ公爵をフランシュ＝コンテ（当時はスペイン領で、現在はフランス）経由でネーデルラントに派遣し、いわゆる恐怖政治で抑えつけようとする（しかし鎮圧に失敗し、一五七三年にアルバ公爵はスペインに引き揚げる）。国内では一五五九年以来異端審問が厳しくおこなわれ、一五六八年のクリスマスにグラナダでモリスコによる反乱が始まり、グラナダ戦争が一五七〇年まで続く。この戦争中、スペインはトルコがイスラム教徒救援にいつやって来るかと心配している。

フランスはスペインと友好関係にない。地理的にはフランスを取り囲むかたちでスペイン帝国の領土がある。カトリーヌ・ド・メディシスが摂政を務めている時代で、国内ではカトリックとプロテスタントの間で、一五六二年からナントの王令発布の一五九八年まで、宗教戦争が繰り返されている。カトリーヌ・ド・メディシスの政策はスペインに対してフランス人の団結を図ることであった。

教皇庁は一五七〇年にカトリック弾圧の罪でイギリスのエリザベス女王を破門する。

ヴェネツィアは一五六九年に造船所で大火災が起き、軍事的には打撃を受ける。一五七〇年にトルコから宣戦布告を受け、キプロス島にトルコが遠征する。一五七一年キプロス島がトルコに征服される。実はヴェネツィアは香辛料輸入のルートである東地中海を牛耳っているトルコとは特別な関係を保っていて、一五四〇年以来トルコとは争っていない。ヴェネツィアはスペインとトルコの狭間で生き残りを図っていると言える。だからレパントの海戦後の一五七三年にはトルコと和平協定を結んで、キリスト教側からすれば裏切り行為をする。

慎重であるがゆえに慎重王とあだ名されたフェリーペ二世が戦争を望んだとは思われないというのがブローデルの見解である。大西洋を越えて南アメリカに進出し、アジアではフィリピンにまで足を延ばしてきていたスペイン帝国にとって、経済活動がアントワープやオランダで活発になっている状況では、地中海への関心は減少している。フランスの脅威、トルコの脅威（広義にはイスラムの脅威）を過大に評価することは誤りである。しかし国内のグラナダ戦争は十字軍意識を高め、しかもヴェネツィアはキリスト教徒にとっては前線の守り手である。

このような状況下で一五七一年五月二十五日、ついにローマ教皇、スペイン、ヴェネツィアの間で神聖同盟が結ばれ、キリスト教側の連合が成立する（五月二十日に同盟は成立したが、二十五日に発表される。この事情についてはⅣ／⑨を参照）。フェリーペ二世はキプロス島救援のためにジャン・アンドレア・ドリアを派遣することを決める。連合軍の総指揮官はドン・ファン・デ・アウストリア。六月十八日にやっと出発し、八月二十四日に連合軍の集結地メッシーナに到着。九月十六日に出航。

こうしていわば地中海の二大帝国スペインとトルコが地中海のほぼ中央、レパント湾（現在ギリシャ）で十月七日早朝にぶつかることになるのである（詳細についてはⅣ／⑨を参照）。「トルコ側は戦艦二三〇隻、キリスト教国側は二〇八隻。大砲をしっかり装備した六隻のガレアス船で兵力を増強したドン・ガルシアのガレー船団の方が、兵士が相変わらず弓を使って戦うことの多いトルコのガレー船団よりも、全体としては、たくさんの大砲と火縄銃を備えていた。」（Ⅳ／⑨、三七二頁）一〇万に及ぶ両軍の兵士のうち死傷者総数は六万人で、人間の血で海が真っ赤に染まったというから、すさまじい戦闘であったことが推測される。「難を逃れたトルコのガレー船はほんの三〇隻（中略）。この衝突で、トルコ側は三〇、〇〇〇人以上の死傷者、三、〇〇〇人の捕虜を出した。ガレー船の漕ぎ手として働いていた一五、〇〇〇人の徒刑囚が解放された。キリスト教徒側は、一〇隻のガレー船を失い、死者八、〇〇〇人、負傷者二一、〇〇〇人を出した。」（同右、三七三頁）

## レパントの海戦の勝利の原因

キリスト教連合軍にとって予期せぬ勝利となったこの海戦の勝因として、ブローデルは、(1)トルコ海軍は夏の初めから出動していて疲労していたこと、(2)軍備が不十分であったこと、(3)トルコの兵士は弓矢、投石器を使用し、火縄銃を使っていなかったこと、(4)そしてなによりもヴェネツィアのガレアス船の働きが大きかったこと、またガレアス船に装備した大砲が方向を自由に変えて砲撃できるものであったこと、を挙げている。キプロス島を奪われたヴェネツィアが中立的な態度を捨てて、神聖同盟に加わったことが功を奏したのは言うまでもない。ヴェネツィアは二〇〇隻の船を出す用意ができていたが、実はそれらの船を動かす人間が不足していたのである。しかしドン・フアンはスペイン兵とヴェネツィア兵の混成部隊をつくることに成功し、四、〇〇〇人のスペイン兵をヴェネツィアのガレー船に乗せた。

## ドン・フアン・デ・アウストリアとウルージ・アリ

キリスト教連合軍の総指揮官がドン・フアン・デ・アウストリアであったことも勝因のひとつである。この人はカール五世の私生児である。私生児であるがゆえに名誉を望んでいた。名声願望がドン・フアンを行動力ある指揮官に仕立て上げたのだとも言える。従ってブローデルは「技術と勇気によるこの壮大な勝利」(Ⅳ/⑨、三四六頁)と書き記す。

一方トルコの指揮官はアリ・パシャであり、海賊のシロッコとウルージ・アリが補佐を務めた(ただしこの時代の海賊はウルージ・アリがアルジェの国王であったように小国家に相当する力を持っていたのである)。この戦闘に参加していたセルバンテス(『ドン・キホーテ』の作者)は手を失ったことが知られている。

ガレー船による地中海における最後の海戦となったこのレパントの海戦は、一五七一―七二年になんらかの影響をただちにもたらさなかったことがヴォルテール以来の歴史家たちによって強調されてきた。ブローデルは著作集所収の論文では「引き分け」という評価を下している。というのは一五七三年のモレア遠征では、大砲の力を知ったウルージ・アリにキリスト教連合軍は敗れたし、一五七四年には七二年にドン・フアンが占領したチュニスがトルコに奪回され、スペインが大量の資金を投入した要塞ラ・グーレットも奪われるからである。これは「フェリーペ二世の帝国の海軍力の明らかな後退」（『ブローデル著作集』第一巻、p. 291）を示している。

こうした事件史から学ぶべき第一の事柄として、ブローデルはレパントの海戦を頂点とする一連の事件が十六世紀の大海戦の終わりを示したことを指摘している。また「トルコの威力が発揮していた魔法は消える」（Ⅳ／⑨、三四六頁）とも言っている。その結果として東地中海でトルコ海軍を恐れなくなったキリスト教徒の海賊がはびこるようになった。

景気との関連を調べてみると、「十字軍にせよジハードにせよ、聖戦はいつもこのような景気後退の時期に起こる。」（『著作集』第一巻、p. 291）またカトリック対プロテスタント、フランス対スペインのような「兄弟殺しの戦争、あるいは内戦は繁栄の娘である」（同右）というのがブローデルの見解である。

第Ⅲ部で語られるさまざまな戦争を第Ⅱ部の経済史と重ね合わせて読み直すとき、ブローデルが事件史を著作の最後に配置した理由に納得が行く。またレパントの海戦は十月という海の荒れ始める季節に起こったが、その他の戦争は夏の海の穏やかな時期に起こっていること、つまりこの時代の戦争は自然条件を抜きにしては考えられない。夏に戦争、冬に休戦交渉という第Ⅰ部の記述を思い起こすべきである。

一五七七年に交渉が始まり八一年に締結されるスペイン・トルコ休戦協定の駆け引きについては『地中海』Ⅴ／⑩で詳述されるが、レパントの海戦以後、トルコは地中海を西へ向かうのをあきらめ東方のペルシャに手を伸ばし、一方のスペインも大西洋へと触手を伸ばす。地中海の二大帝国がそれぞれ地中海に背を向け始める。こうしてブローデルは世界戦争としてのレパントの海戦を「事件史の限界そのものを示している」（Ⅳ／⑨、三四七頁）例として語っているのである。

## 九　紙の世紀の資本主義

### 長い十六世紀

ブローデルは十六世紀をしばしば「長い十六世紀」と呼ぶ。「長い十六世紀」とはおよそ一四五〇年から一六五〇年までを指す言い方である。言い換えれば地中海世界がひとつの経済圏として世界の中心になり繁栄していた時代の別名である。

ところが「帝国は、中規模の国家以上に、一五九五年から一六二一年までの長期の景気後退に苦しんだのである。次に、あの広大な政治的集団は、上げ潮の逆流の時期にその競争相手国と同じくらい早く浮上することがなかった。上げ潮は事実それほど高くなく、短期であった。というのも、十七世紀半ばから、百年にわたる長期の危機が悪化しているからである。十八世紀に、長期の危機から浮かび出て、大規模な経済の復活を十全に利用する強国が、十六世紀の帝国でなく、トルコ人でもないし、スペイン人でもないのは確かである。地中海の衰退だろうか。きっとそうだ。」（二一六〇〇年—一六一〇年。時は中規

模国家に有利か?」、Ⅲ/⑥、八一―八二頁)

地中海の「衰退」がいつ頃からなのかは『地中海』初版と第二版ではブローデルの見解は異なる。資料の調査を続け、ほかの研究者の仕事に耳を傾け、自説の不適切さに気づけば、ブローデルは二十五年後に初版の結論を覆し、潔く新たな結論を下す。私はここにブローデルの歴史家としての学問的誠実さを見る思いがする。

ブローデルは具体的な年代を次のように改めている。「私は、本書の初版の際に、衰退の時期を一六〇〇年以降か、さらには一六一〇―一六二〇年以降としていた。今日、この時期を約三十年後ろに下げることにやぶさかではない。」(「百年単位のトレンド」Ⅲ/⑦、三九五頁)

ところでブローデルのただ一人の理論的後継者イマニュエル・ウォーラーステインの考え方を経済学者フィリップ・シュタイネールは次のように要約している。

「ウォーラーステインの議論の重要なポイントの幾つかに手短に触れておこう。基本となる考えは、言うまでもなく、長い十六世紀(一四五〇年から一六五〇年にかけて)の間に現代世界の『システム』が資本主義的経済=世界という形をとったということである。この新しいシステムは、三つの枠組みに基づくものである。

(1) 経済=世界は世界全体に拡大する。

(2) 経済=世界は、交互にA局面(拡大)とB局面(後退)が入れ替わる周期的なモデルに従って、また、変化しつつある地理的な役割分配に従って、進展する。

(3) 経済＝世界は百年単位の内的変化のプロセスに従う。そのプロセスとは、技術上の進歩、工業化、プロレタリア化、こうした変化への政治的抵抗といったものである。」（『エスパス・タン』誌三四／三五号、なおA局面、B局面の用語はフランソワ・シミアンが使ったものである。）

もちろんウォーラーステインは基本的にブローデルの経済史観を共有している。しかしここで問題になっている資本主義的経済＝世界と市場経済について、ブローデルは独特の考えを提示している。そのことを以下で検証してみよう。

## 紙の世紀

十六世紀をブローデルは「紙の世紀」と名付けた。「紙すなわち手形の世紀は一五七九年のピアチェンツァの最初の定期市とともに始まるのではない。世紀全体が手形の時代を準備してきたのだ。しかし一五六六年以後、あるいはむしろ一五七九年以後、手形が大きな位置を占めるので、多かれ少なかれ事業に携わる人々はみな手形の存在を認めるようになる。仕事の違いがはっきりしてきて、銀行家という職業が出資者あるいはむしろ金融業者といった商業活動とは別のものになる。というのは銀行の仕事は当初は王侯の銀を対象とするからである。これは我々歴史家が不思議に思う職業であって、その結果多くの同時代人の驚きも理解できる。賢人ないし誠実な人は、金は商品のあとを追うものと考えている。彼らは『ほんとうの交換』とはこの正々堂々とした取引から生じるものと理解しているのだが、金と商品が別々の取引として金が商品から離れるとなると、これを認めることに苦労する。あるいはピアチェンツァで多くの場合簿記の操作ですべてが解決されるのを認めることに難儀する。フェリーペ二世自身為替のことは何もわからないと告白していたし、またたぶんこの無理解のためにフェリーペ二世はジェノヴァ人に対してあんなにもつっけんどんなのだ。」(「紙の世紀」、Ⅱ／④、二六〇—二六一頁)

手形を使うということは、言うまでもなく、金や銀の現物による取引ではなく、信用による取引がおこなわれるようになったということにほかならない。しかしすべての商人が手形を使用したのではなく、手形は大量の取引に必要な膨大な現金を扱う商人が使用したのである。それは長距離の交換がおこなわれるレベルで大量の現金輸送の危険を避ける手段として考案されたものであり、都市と農村の間で農業生産物や手工業製品を交換する市場《いちば》経済という、どちらかといえば地中海特有の「狭い経済圏」を越える国際的な商業ネットワークが形成されたことを示すものである。これをブローデルは「地中海の資本主義」と名付け、「地中海の資本主義は、そのすべてのモデルをオランダの資本主義に提供したのである」(同右)と言っている。だからミシェル・アグリエッタは「為替手形は資本主義の象徴とみなすことができる」(「歴史学のシュンペーター」『エスパス・タン』誌三四／三五号)と断言する。

地中海に南米産の銀がスペインによって大量に持ち込まれたことについて、ブローデルは次のように述べている。

「十六世紀後半になってセビーリャに船団が到着することがヨーロッパ、地中海、世界の経済の支配的要素になると、毎年、新たに大量の銀貨が進んでいく道をたどることが可能になる。銀貨は通貨の在

庫に加わり、（中略）西欧の市場から市場へと間隔のあいた暦に従って流通していく。」（「空間と経済」、II／④、四八頁）

イタリア半島のアブルッツィ地方の特産品サフランを例に、国際的な商業ネットワークが形成されていたことをブローデルは次のように書く。

「ラクイラでは（中略）サフランは麻の袋に包まれているはずで（一回に運べる量としては八袋）、しかもそれらの袋は、四つずつ、革の大包みに包まれているはずである。そのうえ、支払いはラクイラの造幣局が使う銅の棒、**cavali** および **cavaluzzi** と刻印してある小額貨でおこなわれる。したがってサフランは、ドイツからやって来る麻布と銅板、およびハンガリーから来る革の大包みが到着することによってしか運搬されない。」（同右、四九頁）東地中海でも事情は同様である。「レヴァントでは、香辛料、胡椒、薬品、絹、綿は、西欧の銀貨および毛織物と出会う。」（同右）これらは国際的な交換の代表的な例である。

## ブローデルの独特な「市場経済」論

佐伯啓思は『欲望と資本主義』（一九九三年、中公新書）で「ブローデルとはすこしちがうが」と前置きして、「市場経済」と「資本主義」の区別を次のようにおこなっている。

『市場経済』とは、概して市場のメカニズムにしたがってモノやサーヴィスが交換される世界である。だからそこではある程度の競争が作用して価格メカニズムが働く。だが企業は概してあたえられた条件のもとで日常的な一定の活動をするに過ぎないのであって、積極的に『資本』を蓄積し投資をして事業を拡大するということにはそれほど関心を持たない。

これに対して、『資本主義』とは、とりあえず、企業が、たえず、あらたな利潤を求めて、蓄積した資本を積極的に投資し、しかもそのことが経済社会全体の物質的な富の拡大に決定的な重要性をもっているような活動だと理解しておこう。」（前掲書、七二頁）

しかし、「十六世紀にはすべてのものが商品化されているわけではない。市場経済は経済生活のほんの一部である。物々交換や自家消費といった初歩的な形態がどこでも市場経済からはみ出している。商業は生産の最終段階であるというあの公式――商業は、商業が輸送する商品に剰余価値を付け加えるという意味――を認めるならば、（中略）この剰余価値、とりわけ利益は、計算しにくいものだと言うことができる。」（「商取引の総量」、Ⅱ／④、一四七頁）ここで用いられる「市場」はフランス語で「マルシェ」であり、マルシェは今日でも町の広場や通りで定期的に開かれる「市《いち》」でもあり、いわゆる「市場《しじょう》」も同時に指し示していることに注意を払っておく必要がある。なるほど、私の個人史を振り返ってみると、一九六〇年代になってもまだ、農業をやっていた祖父は職人や日雇いの人夫の労働に対する報酬を現金ではなく米で支払っていたが、次第に彼らは現金を要求するようになっていったことが思い出される。それに周囲の農民たちは次第に現金収入を求めて農を捨て町に働き口を探すようになっていったし、それによってモノを買う力を得て、日本の経済が急激に成長し始めたことは記憶に新しい。日本の資本主義が「賃金」を基礎として発達したのはほんの最近のことではないか。

「物々交換は市場経済の下準備をおこなうが、現金による支払いだけが市場経済を活気づけ、促進するのだ。バルト海沿岸では、ハンザ同盟都市ならびに西欧の商人が投資する金がほとんどないということが未だに原始的な経済を促進している。もちろん世紀末になると為替手形が多くなり、おそらく、十七世紀の二十年代ないし三十年代にアメリカ大陸からの貴金属の入荷が減速（減速があるとして）するのを埋め合わせている。」（「貴金属と貨幣経済」、II／④、一七〇頁）

ジャン＝マルク・グルソラは「いかなる交換のシステムも（市場はとりわけそうなのだが）バランス・オブ・パワーに基礎を置いているように思われる」と述べたうえで、「ブローデルによれば、不等価交換は資本主義のしるしであり、とりわけその歴史的な真髄である長距離間の交易のしるしである」とブローデル的資本主義の特徴を取り出しているのだが、次のようにただちに批判している。「不等価交換の定義は全くなされていない。ましてや市場の特徴と想定される等価交換の定義もなされていない。（中略）ブローデルは、彼自身のものである用語を使って、経済学に根本的な質問を提出する。つまり、資本主義と市場経済は、唯一の、かつ同一の現実なのか、という質問である。また、そうでないならば、両者の関係をどう考えればいいのだろうか。ブローデルのこの革新的な発想は大いに直観的なものであるが、（中略）市場は、ルイ・アルチュセール以来周知となっているように、その機能が生産の社会関係を隠蔽することにある商品の物象化のプロセスに大きく加担しさえするものなのだ。資本主義は資本の蓄積に立脚する生産様式として概念化されている。市場は、単純交換としても（これは蓄積が最終目的となる資本交換に変化していく）、自由競争資本主義としても（これは独占資本主義に変化していく）、同じように姿を消す。（中略）ブローデルにとっては、資本主義は『夜の訪問者』であり、それは存在するあらゆる生産システム（奴隷制に基づく社会制度や『家内工業制度』や商業的生産など）を外から利用して、その利益を横取りすることができるものなのである。」（「交換のはたらき」『エスパス・タン』誌三四／三五号）

## 金融型資本主義と商業資本主義を分けて考える

グルソラは続けて次のように言う。「資本主義と市場を切り離す必要性を認めるということ、それはブローデルが資本主義を市場とは正反対の、市場の悪魔的な上部構造であると見なす際に、最後まで彼に従わなければならないということではない。そうではなくて、資本主義と市場とは分けて考えなければならないし、また両者の関係を、とりわけ補完関係を、考えなければならないということである。『資本主義は市場経済の自由競争を完全に排除しはしない。資本主義は市場経済から生まれ、それを栄養にして育つ。資本主義は市場経済の上に、そして隣に存在する。』（『物質文明・経済・資本主義』）ブローデルのこの命題は、資本主義的な諸々の大企業が保っている非常に機能的な関係を明らかにするという利点を持っている。多国籍企業は資本主義的企業が変化の末に最終的に行き着く形態なのではなく、後者の永遠のモデルであり、中小企業が織りなされたものである。中小企業は、経済の発展の度合いにかかわらず、常に経済の基盤である。というのも、中小企業は大企業にとって思わぬ利益をもたらすものであり、フォード主義が勝ち誇っている時代には下請け納入業者の成長の場であり、また、この上なく厳しい時代にあっては経済情勢の緩衝器であり『水先案内をする魚』であり、今日では、かつては大企業の内部にあったありとあらゆる機能をすべて引き受ける受け皿となっている。ブローデルの非常に豊かな直観は、その純粋理性が世界の各地域の相対的な利点を最大限に活用しながら剰余価値を認証することにある、本質的に国際的で商業的で金融的な資本主義と、その機能が消費者の支払い能力に見合った需要を満たすことにある、より地方的で当面の経済情勢に左右される商品生産の世界とを切り離したことにある。」(「交換のはたらき」『エスパス・タン』誌三四／三五号、傍点は引用者)

ブローデル自身は、資本主義を三つに分けて考えていたことを思い出しておく必要があるだろう。すなわち「私は地中海にはおよそ資本主義の三段階が相次いだと見ているが、それらを利益の差別変動に結びつけることができるわけではない。つまり一五三〇年以前には特に商業資本主義、世紀中頃には産業資本主義(商業に主導された)、世紀が終わるときには金融型の資本主義の三つのカテゴリーである。」(「長期の変動」Ⅲ／⑦、三九九頁)我々が通常用いている資本主義は二番目の産業資本主義のことである。

ちなみに「市場経済」は『地中海』ではわずか九回しか用いられていない用語である。それに対して「資本主義」は九〇回登場している。「物々交換」は一四回。単語の出現頻度だけから判断するのはいささか問題がないわけではないが、十六世紀にはまだ「物々交換」がかなりおこなわれていたこと、そして市場経済から資本主義への移行期にあることを示してはいないだろうか。

## ジェノヴァの資本主義からオランダの資本主義へ

手形の裏書きという方法を考案し、金融型の資本主義を生んだジェノヴァ人は、「この時代の最大の資本家、最も抜け目のない、最も幸運な資本家」であり、「ジェノヴァ人だけが、セビーリャから出発して大西洋を横断する支払いを組織することができたのである。」（「空間と経済」、II／④、五〇―五一頁）それゆえに十六世紀は「ジェノヴァ人の世紀」とも呼ばれるわけだが、他方「ジェノヴァ人の失敗とは、人々が早合点したように、財政や手形の破綻、伝統的な商業に忠実であり続けた商人の勝利ではなく、地理上の革命によるもうひとつの資本主義の興隆である。この新しい資本主義はアメリカ大陸の発見以来予告されてはいたが、それが成就するのに一世紀以上もかかったのである。結局、それは新しい金融資本家の勝利であり、一六二七年にマドリードに介入してくるのはポルトガルの金貸しであり、ポルトガル人の背後には北欧の非常に重要な金貸しがいる。これは実はオランダの資本主義の発達段階のひとつであり、オランダの資本主義は、少なくとも一六〇九年から、最も近代的な信用取引の上部構造を含めて資本主義の上部構造を持ち、地中海の資本主義に取って代わっていく。しかし辛抱強く形成されてきた地中海の資本主義は、そのすべてのモデルをオランダの資本主義に提供したのである。」（「紙の世紀」、II／④、二六二―二六三頁）

要するに、ブローデルが『地中海』において語る資本主義は、十四世紀頃ヴェネツィアやフィレンツェに始まる「商業資本主義」であり、「現代の分類法で、十六世紀の経済生活の軽快な、すでに近代的な、そしてたしかに能率的な形態を指して、『商業資本主義』を語ることは間違ってはいない。すべての活動が商業資本主義の手柄になるわけではないが、多くの事柄は商業資本主義の活力と魅力に依存している。大規模な、かつ長距離の取引がどうしても必要になり、資本の蓄積がおこなわれることが、原動力としての役割を果たす。ジェノヴァ、フィレンツェ、ヴェネツィア、ミラノで、工業活動が、とりわけ綿と絹の革命的なまったく新しい分野で活発におこなわれるのは、商業の景気の谷間においてなのだ。商業が工業を導き、活動を開始させるというポール・マントゥーの古典的なテーゼは、すでに十六世紀に当てはまる。そして地中海においては他の地域以上に、交換、輸送、転売といったことが基本的な法則である。」(「道路から銀行へ」、I／③、五三六頁、傍点は引用者)これは十九世紀にイギリスの産業革命によって越えられる「市場《いちば》経済」であると言えるだろう。

## 十　全体史——過去と現在のグローバルな対話

### 危機の時代に参照されるブローデル

「フェルナン・ブローデルを今までに一度も読んだことがない人でさえもブローデルが二十世紀最大の歴史家の一人であることは知っている」とジャック・ルヴェルは書いている（『フェルナン・ブローデルと歴史』アシェット・プリュリエル文庫、一九九九年、未邦訳）。また『地中海』は特別な本である。（中略）この本はその野心、その構成、その書き方において、ほかのどんな本にも似ていない」とも書いている（同右）。

ところがギイ・テュイリエとジャン・テュラールは共著『歴史の学派』（ク・セ・ジュ文庫）で「かつての言い回しで言えば、フーコー、ブローデル、ラブルースといった〈言説の創始者たち〉は、ときに歴史のごみ箱に投げ込まれてしまっている」と書いた。一九九〇年のことである。また友人の歴史家ジョルジュ・ロムネ（マルヌ・ラ・ヴァレ大学教授）は「この頃ではブローデルはやや忘れられた存在だ」と最近私に語った。

一九七二年、七十歳で人間科学館館長を退職し、ちょうど英語訳の『地中海』が出版されてフランス以外の世界の知識人の間にもブローデルの名が知られるようになったとき、すなわち世界的に経済が危機的な状況を迎えるようになってからブローデルはマスコミに登場し始め、テレビの番組制作にも関わる。十二回シリーズ（一時間の番組）で一九七七年に放送された『地中海』である。この番組は長いこと全体を観る機会が与えられなかったが、たまたま一九九九年にフランスの衛星放送「歴史」テレビで再放送された。私は「歴史」テレビ局の特別の計らいでこの番組全体を幸いにして観ることができた。今になって再放送がおこなわれるということはブローデルの価値が見直されていることだと私は理解した。なおテレビ番組のテキスト版は『地中海世界』として別に出版されている（原著は図像も豊富に用いた大型の二巻本であるが、みすず書房版は図版を省いた文庫版からの訳である。古代から現代までを扱っている『地中海世界』と十六世紀の地中海世界を描いた『地中海』を混同する人が目立つので、あえて記しておく次第である）。

一九六七年に『物質文明と資本主義』（一九七九年の『物質文明・経済・資本主義』三巻本の前身）が出るまでは、ブローデルは『地中海』一冊しか書いたことのない歴史家として知られていた。しかし一九七二年に英語版の『地中海』が出版されて以来、『地中海』は必ず参照すべき書物となったのである。

世界的な規模での経済や政治の危機、あるいは世界各地における地域紛争の危機、たとえばコソボ紛争が起こるとき、ブローデルは参照すべき歴史家としてその名が引き合いに出される（ル・モンド紙の記事の中に何度ブローデルの名が登場することか）。なぜなのか。それは、経済学者アラン・マンクが言ったことがあるように、ブローデルがグローバルな思想家だからである。ひとことで言えばブローデルは「歴史の流れ、経済の現実、そして社会の動きを同時に理解しようとしているという意味でグローバルな思想家なのである。思想体系をつくったという意味ではなく、社会をグローバルな視点で見る思想家なのである。」（一九九五年十一月十三日、ラジオ局フランス・キュルチュール「フェルナン・ブローデル、この異端の歴史家」でのインタビューより）

## ブローデルからフーコーへ

「この数十年来というもの、歴史家たちは、その注意を、とりわけ長い時期《ペリオド》に向けるようになった」とミシェル・フーコーが『知の考古学』の冒頭に記したのは、すでに「新しい歴史」が一種の流行になってからである。フーコーは続けて言う。「かれらは、あたかも、政治的な大事件やそれにまつわる挿話などの下に、さまざまな、安定した毀ちがたい平衡、不可逆的な過程、恒常的な調整、古来の連続ののち、高まり、逆転する、傾向性をもった現象、積み重ねの動きと緩慢な飽和、不動で無言の大きな台座――伝説の錯綜がさまざまな出来事のすべての厚みで覆い隠した台座――などを、明るみに出そうと企てたがごとくであった。歴史家たちは、この分析をすすめるために、さまざまな道具を用意した。つくり出したものもあれば、継承したものもある。すなわち、経済的成長の諸モデル、交換の流れの量的分析、人口統計学上の発展と逓減の概略、気候とその変動の研究、社会学的常数の標定《ルペラージュ》、技術的調節とその伝播や存続の記述、などがそうである。これらの道具のおかげで、かれらは歴史の領野において、さまざまに異なる沈殿の成層を見分けることができるようになった。それまで線的な継起が探究の対象であったが、縦の脱　離《デクロシャージュ》が、それにとってかわった。政治の変わりやすさから『物質文明』固有の緩慢な動きまで、分析のレヴェルは多様化した。それぞれのレヴェルに特有な切断があり、それぞれが、自己にだけ属する切り抜き《デクーパージュ》を含んでいる。そして、より深い台座へと下降していくにしたがって、分解度《スカシオン》はいっそう大きくなる。政権、戦争、飢饉などのあわただしい歴史の背後に、ほとんど不動の歴史が眼下に姿をあらわす。ゆるやかな傾斜をもった歴史が。すなわち、海路の歴史、麦や金鉱の歴史、旱魃や灌漑の歴史、輪作の歴史、人類が飢えと繁殖の間で得た均衡の歴史など。伝統的分析の古い諸問題（不調和な出来事相互の間に、いかなる結びつきをうち立てるか。いかにしてそれらの間に必然的な筋道をうち立てるか。全体性は明確にとらえうるか、それとも、連鎖を再構成することに甘んずべきか）は、以後、一つの別の型の問いによって、とって代わられる。すなわち、いかなる地層に互いに分けるべきか。いかなる系《セリー》の型を設けるか。その系の一つ一つに対して、いかなる時期区分の基準を採用するか。一方から他方へ、いかなる連関のシステム（階層秩序、支配、段階、一義的決定、循環的因果性など）を記述しうるか。いかなる系の系をうち立てうるか。そして、幅の広い年代学のどのような図表《タブロー》のうちに、出来事の明確な筋道を決定しうるか。」（ミシェル・フーコー、中村雄二郎訳『知の考古学』序論、河出書房新社、九頁以降）

この『知の考古学』の冒頭の一節を読むと、フーコーがブローデルの仕事を念頭に置いて書いていることは明白である。ここに出現する用語そのものからしてブローデルの用語と重なっているものが多い。そしてアナール派の第二世代であるブローデルに率いられた長期持続の歴史から数量的歴史、系の歴史へと歴史家の関心が徐々に移動してきたことが見事に要約されている。

「ところで、ほぼ同じ頃に、思想史、科学史、哲学史、思念史、および文学史などの名を持つ諸学問(さしあたり、それらの特殊性にはふれずにすむとして)において、それぞれの名称にもかかわらず、歴史家の仕事やその方法を大きく逸脱しているこれらの諸学問において、人々の注意は、逆に、『時代』とか『世紀』として描かれてきた広漠とした単位《ユニテ》から切断の諸現象へと移った。思念の大きな連続性、一個の精神あるいは集合的心性《マンタリテ》の大量かつ等質的な表明、その当初以来一生懸命存在しようとし、それを成し遂げようとしている一つの科学の頑固な生成などの下に、一つの種類、形式、学問、理論的活動などの存続の下に、いまや人々は、遮断が挿入されていることを検出しようと努めている。この遮断だが、その規約や性質はきわめて多彩である。」(同右、九―一一頁)

このあとフーコーはバシュラール、カンギレーム、セールに言及するのだが、集合的心性の歴史が大量に書かれるなかで、フーコーは「切断」とか「遮断」と言われるものに関心を持ち始めるのである。

フェーヴル、ブロック、ブローデルに言及することはあっても地理学に関する言及が少ないではないかという質問に対し、フーコーは「空間に錨をおろすということは政治・経済的な形態のひとつであり、これは詳しく研究しなければならない」(『ミシェル・フーコー思考集成』、原著Ⅲ、ガリマール、p. 193, 1977)とか「空間を整備することは政治・経済的な目的から」(同右、p. 192)であると答えている。地理学が政治経済史と深い関係にあることを自覚していたと考えられる発言である。

これはイタリアにおいて沼地の平野を耕作できるようにする土地改良事業に投資したブルジョワ階級

や貴族階級を思い出せば十分である。事業の規模が大きいため時間も金もかかるが、その分大きな儲けがあったと言われる。イタリア、特に「陸地」の土地改良事業をおこなったヴェネツィアやロンバルディア平野には「土地資本主義の幸福な始まりがあって、そのあと状況は悪化したのだろう」（Ⅱ／⑤、四〇六頁）とブローデルは述べている。

## 全体の判断に関わるディテールの重要性

『地中海』全体の大きなテーマのひとつは、地中海はいつ頃衰退したのか、である。すでに述べたことがあるように（本章九を参照）、「経済的な大変化は一六二〇―一六二一年以前には起こらず、疫病という生物学的な大変化は一六三〇年以前には起こらない」（Ⅱ／⑤、四一三頁）。この第二版の確信に関係する古文書の解読の重要性を指摘した一節に触れておこう。第Ⅱ部第3章「経済――商業と運輸」で地中海の小麦危機に関する「シチリア島は相変わらずシチリア島のままである」という一節である。

問題なのは一五九〇年以後のシチリアの不作と飢饉を論拠として、ブローデルが初版においてシチリア島の小麦の破産を論じたことである。もうひとつの論拠はホーホホルツァーの研究で、ウィーンの古文書のなかにあった「メッシーナへの小麦輸入」という史料であった。

「ところがシチリアの史料は――『シチリア』シリーズのシマンカスのカタログが一九五一年に出版されたので、その証拠を手に入れたわけだが――反対のことを示している。十七世紀に関するこれらの史料の研究によって、シチリア島は十七世紀にも相変わらず小麦を輸出していたというはっきりとした結果が出た。（中略）この史料の写真版を見て、私はひどく驚いた。数字のリストの解釈は、ほとんど信じがたいようなとんでもない思い違いに基づいているのだ。収入、入金、ここでは関税を意味する introyte という語は、商品の入荷に当てはまるものとして理解され、grani（ここではタロという貨幣単位の下位区分を示す）という語は、穀物と翻訳されたから、たしかに輸出、しかも絹の輸出（中略）が問題であるのに、こうして小麦がメッシーナに入ってくることになってしまう。史料のファクシミリ版は最初の一行目からこの点をはっきりと証明している。」（同右、四一四頁）

grani という一語の読み間違いが、シチリア島の小麦の輸出と輸入の問題、すなわち地中海産小麦が健在であったか否かという地中海の農業・経済の全体の問題に関わることをよく示している一例である。ブローデルは全体を論じようとするときに、最初から全体像を描いたうえで論じるのではなく、この一例が示しているように、具体的なディテールを大事にしたうえで地中海世界の全体史、すなわち地理、経済、政治、社会、戦争などを語ろうとするのである。

個別的、具体的な事例の検証なしに歴史研究はありえないことをブローデル自身が自らの非を認めながら語っている点に私は大いに共感を覚える。

# 終　グローバルな思想家としてのブローデル

すでに何度も述べたように、フェルナン・ブローデルは『地中海』や『物質文明・経済・資本主義』によって十六世紀から十八世紀を扱う歴史家、しかも大きな空間と長期の時間を扱う歴史家、ひとことで言えば全体史の歴史家として知られている。

しかしブローデルが一般の人々に広く知られるようになったのは一九七〇年代からである。それまでは一九四九年に自費出版した『地中海』の著者として、またリュシアン・フェーヴルの跡を継いで高等研究院の第六部門を指導するとともに雑誌『アナール』の編集長として、さらにはブローデル自身の発案によって社会科学の連携・統合を目指してつくられた人間科学館の館長として、歴史学を初め社会科学や人間科学の専門家の間で知られているにすぎなかった。『地中海』の売上部数も第二版の一九六六年に五〇〇〇部くらいでしかなかったという。

## 経済＝世界の中心は移動するということ

経済＝世界という用語はブローデル独特のもので、のちに理論的な後継者ウォーラーステインによって広められた考え方だが、ある経済圏には中心があり、その周辺地域があり、それが経済的にも空間的にもひとつの仕組みからなっていることをブローデルは経済＝世界と名付ける。十六世紀以来、経済＝世界の中心は時期によってヴェネツィア、ジェノヴァ、アントワープ、アムステルダム、ロンドンへと移り、二十世紀後半はニューヨークに移っている。ジャック・アタリは「明日の経済＝世界の中心は東京であろう」(一九九五年十一月十三日放送のラジオ番組「フェルナン・ブローデル、この異端の歴史家」での発言)と言ったことがあるが、「ブローデルは経済＝世界として太平洋が上昇してくるということについて懐疑的であった」(アタリ、同ラジオ番組)。

経済＝世界の中心になった場所を振り返ってみると、第一にいずれも港であることに大きな特徴がある。港は海と海だけでなく海と陸をつなぐ場所であり、国内と海外をつなぐ交換の場所である。まずこういう交換の場所に資本主義は生まれる。

第二にいずれの都市も港湾都市として発達するうえで船舶の技術革新を伴っていた。内海としての地中海の沿岸航行に適した小型の船から外海の大西洋を横断する能力を持つ大型の帆船へと移行したこと、さらには蒸気船へと変化していったことを思い出せばよい。ひとことで言えばテクノロジーの発達が資本主義を促進するのである。

第三に、たとえばマルセイユやバルセロナのような港湾都市に経済＝世界の中心があったことがないように、輸入した商品を捌くことができる重要な後背地が必要である。北のルーアンという重要な港湾都市がありながらパリが経済＝世界の中心になったことがないのは、ルーアンとパリを結ぶ交通路が十分に発達していなかったためである。(陸上および海上の交通路の重要性については、『地中海』第I部第5章を参照)

こうして交換、テクノロジー、後背地の三つの要因を持つ経済＝世界の中心は、歴史のなかで移動してきているのであるから、現在の中心がいつまでも中心である保証はないということになる。なぜロンドンがアムステルダムに続いて世界の中心になったかを考えてみれば、森を焼き払って耕作地や町をつくったために薪が不足し、この薪不足を補う商売が成り立ったからである。つまり日本のように資源がないということ、すなわち不足が富を生み出すのである。自己充足しているような世界からは、新しい経済＝世界の中心は生まれない。

## マルクスとブローデル

資本主義についてマルクスと違う独特の考え方を提示したブローデルがマルクスについてどう考えていたかをブローデルの書いたものから知ることもできるが、前述のラジオ番組での発言はきわめて興味深いと思われるので、ここに再現してみる（以下の発言は一九八一年三月二十六日録音のピエール・ショーニュとの対談の一部である）。

「しばしばマルクスに対する私の立場はどういうものかと聞かれることがある。私はマルクスをずいぶん注意深く読んだ、しかもフランス語で読んだだけでなく、ドイツ語でも読んだということを言っておこう。ドイツ語のとてもよい版を持っている。それに時としてフランス語の翻訳はよくできていないと考えられる。プレイヤード版の翻訳は少し散漫である。最初の翻訳で読んだものと第二版の翻訳では一致していないということがある。したがって私はきわめて意識的にマルクスを読んだ。本当のことを言うのはあまり都合がよくないのだが、マルクスを読んでも喜びは得られなかった。（中略）しかし、我々歴史家にとってマルクスは大変驚異的な人物で、なによりも歴史家である。彼は経済学者であるだけではない。社会学者であるだけでもない。歴史家であったのだ。

マルクスを説明するためにおこなった試みにおいて、シュンペーターはマルクスを経済学者、社会学者、歴史家に分けて考えた。シュンペーターの分析のあとでは、マルクスは正当に評価されていない。だがマルクスには驚異的なところがある。いろいろな問題をあらゆる異なった光りをあてて見るというやり方である。少し話を進めてみれば、マルクスは全体史に好意的である。我々はこの全体史に基礎を置いて戦ってきた。

ところで、マルクスにおいてただひとつ欠点としてあるのは、私の思うには、マルクスはすべてがひとつの次元で起こると信じていることである。それは平面幾何学に属する。ところが私は物質生活には大地があると思っているし、この物質生活はゆっくり変化すると思っている。物質生活はひとつの現実を形成しているし、この物質生活の上に私は経済、すなわち市場経済を置いている。しかも市場経済の上に私は資本も資本主義も位置付けている。したがって、私はかなり多くの歴史家、特にマルクス主義者の歴史家と意見を同じくしていない。だいいち、マルクス主義者の歴史家というのはほとんどいないなかにはマルクスの方法を適用してきた歴史家もいるし、たとえば封建主義が変貌するほどであると信じている人もいる。変貌とは資本主義である。ところで資本主義は上から起こるのである。歴史の厚みのなかでこういう分割をおこなう際にこの『上の階層』というものがある。ある種の異なった見方があるということだ。私は、こう言ってよければ、マルクスの思想に敵対していない。しかし私は世界を別の仕方で見ている。

いつも言うように、歴史家というものは、言わばアプリオリに一般的な説明を築き上げる人ではなく、自分が見たものを記述しようと努める人なのである。そういう意味では、私はマルクスと意見が同じではない。つまり私が経済＝世界という観念を用いる限りにおいて、私はマルクスと反対の立場である。ひとつの経済＝世界には中心的な地域があり、それは今日ではニューヨーク、昨日はロンドン、一昨日はアムステルダムによって支配されている資本主義的な地域である。アムステルダムやロンドンやニューヨークにいるとしたら、資本主義がどういうものであるのか、資本主義の広がりと力がわかるだろう。しかしそういう中心からかなり遠いところにいるとしたら、わが国のように資本主義が十分に浸透していない国、本当の意味で資本主義的であったことのない国にいることになる。（中略）またもし今日第三世界と呼ばれる、周辺世界に行ったとしたら、資本主義は存在しない。非常に古いさまざまな形態の経済がある。十八世紀であれば、ロンドンに資本主義があり、東ヨーロッパには農奴制があり、まだアメリカ大陸には奴隷制がある。農奴制、奴隷制が続いて起こるというわけではないことを認めよう。反対にそういったものが同時に存在するのであって、中心が、すなわち中心的な地域が搾取する限りにおいて、そういった共存はほとんど不可欠といってもいいものなのである。世界は、単独では生きていくことはできない。しかし最も遠い地域、言うなれば最も搾取しやすい地域の協力を求めざるをえないのである。」

最後の発言は「搾取」を容認するかのように受けとられかねないが、『地中海』本文で「奴隷」にふれた個所（本書一一六―一一八頁）にも見られるように、ブローデルは現実主義者なのである。

## アラン・マンクによる「グローバルな思想家」としての評価

一九七二年、ブローデル七十歳、すなわち人間科学館館長退職のとき、ブローデルはようやくマスコミに登場する。いわば世界的な経済危機が始まったときに、マスコミはブローデルに解決策の提示を求め始めたのである。しかしなぜブローデルに答えを求めたのだろうか。

第一に、ブローデルは経済学者とは違って、経済には上昇する時期と減速する時期があること、そして上昇はゆっくりと進むが、下降するときにはその速度は速いことなど、経済史をよく知っていたからである。

第二には、歴史家としてのブローデルに将来の見通しを求めたからである。

そして第三には、なによりもグローバルな判断をブローデルに求めたからである。

このことは経済学者アラン・マンクが「おそらくフランスでただひとりのグローバルな思想家」（前述のラジオ番組での発言）という言い方でブローデルを評価しているところによく表れている。

マンクの発言を再現してみれば、「多くの大学人や歴史家にショックを与えるようなことを言うことにするが」と前置きして、次のように述べている。「ブローデルは歴史を大きく越えたところにいる。ブローデルはグローバルな思想家である。ブローデルにとって歴史とは、グローバルな思想を築き上げるもとになる道具である。こういう風にみれば、ブローデルは今世紀最大の思想家三、四人のなかの一人である。（中略）グローバルな思想というものを考えるときには、もちろんマルクスがいる。マックス・ウェーバーもそうであるし、シュンペーターも少しそういうところがあり、それからブローデルということになる。

ブローデルはたぶんフランスでただひとりのグローバルな思想家である、と思われる。それはこういう意味である。つまり歴史の流れ、経済の現実、そして社会の動きを同時に理解しようとしているという意味でグローバルな思想家なのである。思想体系をつくったという意味ではなく、社会をグローバルな視点で見る思想家なのである。」（同右）

私はこのマンクの評価を私自身の評価として繰り返しておきたいと思う。

〈特別付録〉

# 想像力の歴史家 フェルナン・ブローデル
## ――ブローデル夫人に『地中海』成立の経緯を聞く――

ポール・ブローデル
（聞き手） 浜名優美

――フェルナン・ブローデルは『地中海』を第二次世界大戦中ドイツ軍の捕虜時代に記憶だけで書き上げ、のちにご本人は『私の歴史家修行』（「個人的証言」、『フェルナン・ブローデル』所収）という自伝的エッセイで、捕虜時代がなければまったく別の本になっていただろうという意味のことをおっしゃっています。この伝説的なブローデルの記憶力というか、『地中海』の成立の経緯についてお話しいただけますか。

### 本を書くよりも古文書の世界で生きる「想像力の人」

主人は本を書くことなんか考えてもいなかったのです。古文書の世界が大好きでした。だから古文書に囲まれているときは、ほかのどんな本を読んでいるときよりも何十倍もすばらしいことだったのです。なぜかというと、このことは私もどこかですでに言ったことがありますが、私の個人的な見解では、作品を書く際に主人にとって何よりも大事なことは、想像力です。あの人は何よりもまず想像力の人でした。

だから何年も何年も、夏は——ということは私たちはブラジルにいたからヨーロッパでは冬ですが——私と一緒に古文書館へ出かけたのです。二年間主人に同行し、主人がスペインやイタリアの古文書館で仕事をするのを見ました。古文書館こそは主人にとって情熱を燃やす場所だったのです。

あの人はまた非常に矛盾した人でもありました。自分が失敗した教育を改革しようとした人なのですから（笑い）。行動力のある人でした。人間科学館をつくったのは主人です。しかしそういうことからまったく離れて、古文書館にいるときは本当に幸せだったようです。このことがわかると、本を書くまでになぜあれほど長い間待っていたのかがわかります。本を書きたいなんて思っていなかったのですよ。まず初めは与えられた主題から勉強し始めました。まったく伝統的な主題でした。フェリーペ二世時代の地中海。スペインとトルコに分割された地中海と国家の問題でした。

次に、主人は古文書の人間でした。正確に研究主題を追求するということはしませんでした。古文書に没頭してしまうのです。生徒の一人がこう言ったことがあります。「何かを探しに古文書館に一緒に行ったのですが、先生はそれが見つけられなかった。だから僕たちは古文書館を出るとき、とても不満だった。ところが先生はとても満足していた。先生は『ああ確かにあれは見つからなかったね。でも僕は別のすばらしいものを見つけたよ』と言ったのです」（笑い）。おわかりだと思いますが、「遊んでいる」という言葉は使いたくないけれども、主人は何年でも古文書館で、言葉の深い意味で「楽しんでいる」ような人なのです。だから私たちはあちこちの古文書館へ旅をしたわけです。

## リュシアン・フェーヴルとの偶然の出会いで『地中海』執筆が始まる

私たちは一九三五年にブラジルに出発しました。それから、一九三七年にブラジルから戻るときに、船の上でリュシアン・フェーヴルに出会いました。それはほとんど偶然のことでした。なぜかというと、リュシアン・フェーヴルはもとはストラスブール大学にいて、それからパリに戻って、間もなく、つまり私たちがブラジルに出発するほんのちょっと前に、コレージュ・ド・フランスの教授に任命されたのです。

だから主人はリュシアン・フェーヴルに偶然出会ったのです。フェーヴルはブラジル講演の帰りでした。毎日、私たちは三週間一緒に過ごしました。大いに笑ったし、たくさん話したし、大いに楽しみました。私たちはパリに戻りましたが、主人はパリから動きませんでした。なぜかって、船旅の友情などというものはですね……

ところが主人に電話がかかってきました。「いったい何をしているんだ。私のところに来い」というリュシアン・フェーヴルからの電話でした。そういうわけで私たち夫婦は夏休みをリュシアン・フェーヴルの家で過ごしました。彼は怒って、こう言いました。「いったいいつまで古文書館巡りをしているつもりなんだ。ドゥブロヴニクにはもう行くな。君にはうんざりだよ（笑い）。もう十分だろ。私の家に来て、本を書きなさい。」

そんなわけで一九三九年の戦争の夏に、私たちはリュシアン・フェーヴルの別荘にいたのです。別荘に出かける前に、主人は膨大な文献カードの整理を済ませていました。だからもうすべてを頭に入れて考えを練っていたのです。サン・タムールのリュシアン・フェーヴルの別荘で、主人はこんなふうにして本を書き始めたわけです。導入部分だけです。でもこのことが次のことを説明します。
主人は一年間すべての文献カードを読み直していた。文献カードは地下の倉庫に置いてありました。

――したがってすべてを記憶していたということですね。

そういうことです。そうでなかったら『地中海』を記憶だけで書いたことは説明できないでしょうね。十年以上前の文献カードとかそれ以上前の文献カードもありました。というのは一九二七年にスペインの古文書館に行き始めたからです。でも、主人はすべての文献カードを読んだばかりだった。もちろん、資料を読んで行くにつれて、頭脳が動き出す。これは、あなたも歴史家なのだから、おわかりでしょう。ということで、一方には文献カードがあり、他方では少し考え始めている。そういうときに、主人は動員されたのです。宣戦布告前でした。
だからリュシアン・フェーヴルがいなかったらあの人は本を書く気なんか全然なかったのです。次の年にもまだドゥブロヴニクに行くつもりでした。戦争のために行けませんでしたが。

## 戦争に動員され、捕虜になる

一九三八年にも何日間かすでに動員されたことがありました。もちろんすぐに除隊になったわけです。そんなわけで主人は三九年に動員されたけれども、戦争では何もしませんでした。もちろん自分の本のことは考えていたでしょう。あの戦争の間にいわば文献カードへの一種の復帰があったわけです。主人は休戦条約の一週間後に捕虜になりました。主人はあの通りのどちらかといえば反抗的な性格ですから、すぐに降伏しようとしなかったのですが、たちまち包囲されてしまいました。休戦条約の一週間後で、ドイツ側とフランス側の将校の約束で、主人は部下とともに自由の身のまま捕虜になったのです。まだ武器を持っていたけれども、一週間も経つと食べるものがなくなってしまったというわけです。

——軍隊での階級は何でしたか。

主人は陸軍中尉でした。結局、二日後にマインツの捕虜収容所に送られました。収容所に到着したときの手紙を持っています。手紙で「いまとてもばかげたものを書いている」と言っています。だから、ちょうど洞穴に投げ込まれるように、主人はただちに『地中海』を書き始めたのでしょう。フランス軍が潰走するのを主人は目撃したばかりでした。それに主人自身も包囲されたし、潰走は耐えられなかったのでしょう。次に、主人はフランス軍についてとても悪く言っていました。だからすぐに書き始めて、六か月後にはリュシアン・フェーヴルに手紙を書いています。「ありがとう。いま下書きから本物の本に移行できるとわかっています。あなたのおかげで、また神経を使う捕虜生活のおかげで、頭がすっきりして、ひとつの主題を長く考えることができるようになりました。」

## リュシアン・フェーヴルとブローデルの往復書簡集

私はリュシアン・フェーヴルと主人との戦時中の往復書簡をすべて持っています。でもこれは出版されません。リュシアン・フェーヴルの息子が、ほかの遺産相続者ではなく、息子のアンリ・フェーヴルが臨床的な意味で、あいにくパラノイアなものですから、出版許可をくれません。私にはどうしてなのかはわかりませんが、息子さんが出版を望まないのです。ブローデルのことが好きじゃないんですよ（笑い）。それと同時に、彼は第一巻だけ出たリュシアン・フェーヴルとマルク・ブロックの往復書簡集も中断させました。第二巻がいつ頃になるかはわかりません……一年半も前に、第三巻まで用意が出来ているのですが。アンリ・フェーヴルが反対しているのです。

私は、明日の朝死ぬかもしれない八五歳ですから用心しなければなりませんが、往復書簡集についてはすべての手紙をタイプに打ち直しました。注は不完全だから、注を加えなければなりません。リュシアン・フェーヴルの娘さんと一緒に少しやる必要があります。いくつか確認すべきこと、ディテールの確認が残っているけれども、そのほかはもういつでも出版できる状態です。

## 『地中海』第一草稿を一年半で書き、三か月後に書き直し始める

そういうわけで、主人が『地中海』の原稿の一部をフェーヴルにいつ送ったかが正確にわかります。主人はこう言っています。「五〇〇頁送ります。」それが最初の五〇〇頁です。それから私にも同じことを伝える手紙が来ています。主人は私に「これではだめだ。また最初から書き直しだ」と説明していま

す。そしてリュシアン・フェーヴルには「あの最初の五〇〇頁は見ないでください。書き直すつもりです」と書いています。

そうやって第一草稿を書き終えたのは一九四一年の終わりです。つまり『地中海』を一年半で書いたのです。私宛の手紙ではこう書いています。「本を書き終えたよ。一六〇〇頁だ。やれやれだ！」（笑い）そしてそれからわずか三か月経つか経たないうちに、こう言っています。「だめだ、だめだ。また書き直し始めた。だって僕自身満足がいかないからね。」

『地中海』執筆の話として興味深いのは、主人はあらかじめ計画を立てることはまったくしなかったということです。主人は想像力の世界に生きていたのです。想像力のなかであの本は生きていたのです。

## ドゥブロヴニクで十六世紀を発見

――「想像力」豊かなご主人はドゥブロヴニクで十六世紀を発見したと自伝的エッセイに書いていますね。

ある日、私たちはドゥブロヴニクにいました。ドゥブロヴニクの古文書館で仕事をしていたのです。昔のラグーザです。昔の城壁もそっくりそのまま残っていました。町のはずれに港があります。とても小さな港で、その向かい側に海軍工廠がありました。ご存じでしょうが、十六世紀当時は船やガレー船を引っ張って格納しておいたのです。なぜなら冬には航海できなかったからです。海軍工廠は丸天井が付いていて、とても小さく見えます。でもそこが大きなカフェになっていました。そのカフェの中に入ると直接港に面していることになります。丸天井の下にいるわけですが、丸天井は昔のままでした。非常に寒い日で、ボラという北風が吹いていました。港は少し波が立っていました。非常に大きく見える小船が入ってくるのが見えました。薪を積んでいました。船の三倍も高く薪を積んでいました。一月で非常に寒かったから港にはほかには一隻も船がなく、空っぽでした。そこで主人は私をつついてこう言いました。「ほらね、僕たちはいま十六世紀にいるんだよ。」なにかとてつもなく大きくて、昔と同じように建築用の木材とか薪を積んだ船が到着するのを見て、「僕たちはいま十六世紀にいるんだよ」と言ったのです。私はそんなふうには考えもしませんでした。そんなわけで主人の頭脳はそういうふうに働いていたのです。

**資料を手当たり次第に読む**

ところで主人は地中海に関するものなら何でも読んでいました。

——いったい何か国語できたのですか。

話すのはあまり上手ではなかったけれども、スペイン語、イタリア語、ドイツ語は自由に読めました。もちろんラテン語も。実は、いわゆる専門外の先史時代のことを主人に依頼するのはふつうのことではなかったのですが、先史時代やギリシャ、ローマを扱った『地中海の記憶』(死後出版)を書き始める前から、主人は地中海に関することなら何でも読んでいたのです。先史時代も古代も、主人にとっては、すべて関心のあるところだったのです。過去も現在も。過去を説明するのは現在であり、現在を説明するのは過去というわけです。すべてに好奇心を示していました。当然のことながら『地中海』の当初の研究主題には対応していませんでした。だから当初の主題のことはもう考えてもいなかったのでしょう。指導教授には一度も会いませんでした。誰が指導教授だったかも私は知りません。たった一人でやっていたのです。だから手当たり次第に資料を集めていました。そして突然、博士論文の最初の主題の図式のなかに入りきらないたくさんのアイデアがあることに気づくわけです。一九三六年だったか一九三七年だったかはっきりしませんが、ブラジルからフランスに帰る船の上で、「小麦とか耕作とかについて持っているすべての史料をどうしたものかね」と私に言ったことを覚えています。「実にたくさんあるんだ。このままではうまく行かない。主題を変える必要があるだろうね。地中海について僕はもう十分史料を持っていると思うか」と聞くのです（笑い）。

## 五十年の出来事の歴史をはみだす

そこで『地中海』を書くことを決意したのです。でも主題は五十年間ではありませんでした。それでもあの人は五十年ということにこだわっていたのですね。『地中海』の事件史に関することはすべて、あの五十年のことですから。だから第Ⅲ部に事件史があるのです。第Ⅲ部は五十年の出来事で、トルコとスペインの衝突に充てられています。でも集めた史料は、あらゆる意味で、あの五十年をはみだしていたのです。それこそ何でも読んでいたのです。時々、生徒たちがこう言っていました。「先生は変だ！

料理の本を読んでるんですよ」ってね（笑い）。なぜならそのなかに何かを見つけたからなのです。時々は、いったいどこでそれを見つけたのか必ずしも覚えてはいませんでした。そう、以上が主人の仕事の仕方なのです。そしてこういうことがわかると、『地中海』がどういうふうにして出来上がっていったのかが理解できます。

## 「長期持続」の概念は捕虜時代に思いついた

アメリカの雑誌がどうしてもブローデルに自伝的なことを書かせようとして半年しつこく悩ませた『私の歴史家修行』（英語版タイトルは「個人的証言」）のなかで主人自身が言っていることですが、「私が地中海について概念構成を得たのは大変遅かったし、また概略の構成に気づくのも遅かった。」主人は大変な記憶力の持ち主だったのです。だから先ほど言ったように、ドゥブロヴニクにいて別のものを見ていたのです。つまり木材ですね。木材を通して、主人の記憶力はいろいろなものを過去にさかのぼって見ていたのです。もしあなたが大変な記憶力を持っていて、古文書館で多くの時間を過ごし、古文書が現実であって、本は別のものであるとすると、そうしたことを古文書館への旅と結びつけようとするときには、しまいにはとても雑然としていると同時にいかにも現実に存在しているような何かをでっちあげてしまいます。言い換えれば、知的には入念に練り上げられるのだけれども、一種の現実のなかに残っているもの、そこにはすべてのものを望遠鏡で覗くようなところがあり、主人にとってはすべてのものが互いに関連していたのです。だからそういうことがわかると、主人がなぜあんなにも遅くなってやっとどういう本の構成にしたらいいのかに気づいたかがわかります。実際、主人は「私は気がつくのがとても遅かった」と書いています。その通りでもあり、そうではないとも言えます。なぜなら「長期持続」、あの考えは、捕虜時代の終わりの頃にやっと考えついたことだからです。

さて主人は、ご存じのように、三つの系（時間）について語るのですが、収容所からの最後の手紙のひとつでこんなふうに言っています。「僕はいま非常に恵まれている。今になってみるとすべて簡単なことだ。僕の本のなかではすべてのことが完全につながっている。書くことも、その他のことも。」実際、一つ前の手紙では私に「いま章の配置換えをやっている」と言ってきています。なぜなら、あの人の記憶力を以てすれば、あるテクストを取り出して、それをまったく別のところに持ってくることなどたやすいことだったからです。

実は、主人が捕虜時代に抱えていた困難というのは、自分が言いたいことが山ほどあるのに、それがうまく収まりきらないということだったのです。「さて、これをどこに入れたらいいだろうか」ということなのです。そういうことに大変こだわっていた。だからそれは全体史と言ってよいようなものであったわけですが、最初に考えたプランのなかには正確には収まりきらなかったのです。そしてある日、気がつくのです。長期持続について語っていますが、でもあの考えは本の計画とまだうまく連結していない。そこであるとき、主人はこう言います。「僕はまた『地中海』に取り組み始めた（捕虜時代の終わりで、一九四四年のことです）。かなり章の入れ替えをやった。」そしてもう三回も『地中海』を書き直したというのに、また突然私に手紙をよこします。「結局、何もかも簡単なことだ。全部簡単になったよ」

と言うのです。私の思うには、そのときあの人は長期持続を用いて、つまり時間を導入して、本を三部に分けたのです。想像力という知的な癖がある人でしたから、たとえば地理的な観点から語り始めると、小麦のことなどの説明がうまくつくようになったのです。小麦のこと、耕作のことはどうしても言いたかったことなのです。

しかし主人は同時に大変明快な知性の持ち主でした。教師だったわけで、私は主人の生徒だったのですが（私はアルジェリア生まれの「黒い足」と呼ばれるフランス人で、十五歳でバカロレアを取りました）、これはこう、それはそうと実に明快な教え方でした。でも本になると、こだわっていることが山ほどあって、うまく収まりきらなかった。それが突然、時間の問題であることに気づいたのだと思います。地理について話そうとすれば、それは長期持続のなかに収まります。だからすべてが同じ図式のなかに入るわけです、山とか農業とか。

十六世紀の危機について語ろうとするときとか、地中海から大西洋にどういうふうに移っていったらいいだろうかとか、そういうときは別の時間の世界にいるわけです。そこで時間軸に従っていろいろなことを外してみると、非常に簡単になることに気づいたのです。いろいろなことをまぜこぜにしないで、明快であり、かつ論理的なままで、自分の語りたいことが語れるようになったのです。そういうわけで主人にとってあの仕事はあんなにも時間がかかったのだと思います。

## マイクロフィルム以前のマイクロフィルム使用者、ブローデルの史料収集法

なぜ主人は何度もドゥブロヴニクに行きたかったかと言うと、あそこでは最初の調査のときには史料の写真撮影が禁じられていたからです。そこでもう一度行きたかったのです。そうすれば今度はマイクロフィルムを作るチャンスがあったからです。

「僕の人生はとても運がいい」と主人はいつも口癖のように言っていました。マインツの捕虜収容所の図書室については「不幸中の幸い」と考えていたようです。

確かに、妙な偶然がいくつかあったのです。アルジェにいたときのことです。スペインのシマンカスでの史料調査を始めていました。一九二七年、二八年、二九年、そして三〇年に、主人はシマンカスで何人もの人と出会いました。イタリア人で、主人が好きだったシャボや、アメリカ人のアール・ハミルトンです。ハミルトンはアメリカ人だから金持ちで、ライカのカメラを持っていました。これは実に精密なカメラで、十六枚撮りでした。当時のカメラはすべて手巻きで、ずいぶん時間がかかったのですが、ライカは十六枚撮影できたのです。その頃、ドイツは史料撮影用のカメラを作っていて、一本のフィルムで一〇〇枚撮れるものがありました。ふつうのフィルムのサイズの半分で、五〇枚です。もちろん大きなカメラでした。ところでハミルトンはそういうカメラを持っていたのです。主人はそのすばらしいカメラがうらやましくて仕方なかった。そうは言っても、とても遅かった。ご存じでしょうが、一枚撮るたびにフィルムを回さなくてはならなかったのです。ハミルトンは労働者みたいにそのカメラを操っていました。

冬にアルジェに戻って、主人は操作性のよいカメラはないかと探しました。「高すぎて僕の奨学金で

は買えない」と言っていました。ところがアメリカ人の映画監督が映画用カメラを売りたがっているが、欲しくないかという電話がありました。それは非常に古いカメラで、フィルムの長さは三〇メートルでした。ある場面を「およそ見当をつけるために」撮る機械でした。だいたいこんな場面になるということを監督が見るための機械です。そこで主人はちょっと試してみることにしました。クランクでね。それからすぐに現像して、史料を見ていました。その映画用カメラはとうに時代遅れになっていたわけですが、主人は「これは事と次第によっては役に立つかもしれない」と言うのです。すると監督は「そうですね、史料の撮影には」と言ったのです。「使い方を説明しますから来てください、たぶんあなたの興味を引くでしょう」と監督は主人に言いました。主人はその通りにしました。主人は「靴の泥を落としてから入ってください」というような看板を取って、それをテーブルの上に置き、「ほら、これを撮影してみてください。うまく行くようなら、この機械を買います」と言いました。そこで監督は主人に、この機械のすぐれたところは手回しする必要がないということだと説明しました。

そんなわけで私たちは三〇メートルの映画用フィルムを買い、一本のフィルムで一五〇〇枚か二〇〇〇枚の写真を撮ったのです。どれくらい撮ったかよく覚えていませんが、ほとんど一秒ごとに写真を撮ったのです。クランクを持ち上げると、フィルムを回転させるバネがありました。そこで監督は主人に「これをそっと押すと、そのたびに画像が一枚撮れますよ」と説明していました。

――映画用のカメラで一枚ずつ画像が撮れるというわけですか。

そうです。そこで二メートルくらいの物差しを作らせました。焦点距離を正確に測るためです。仕事をしている間に、ノートを取りました。私たちを除けば誰も史料の写真を撮るような人はいなかったので、それこそ史料をかき集めました。集めた史料を別室に置いてもらい、史料をすべてフィルムに収めることができたのです。撮影機を部屋の端に置いて、一人が頁をめくり、もう一人が撮影機のシャッターを押したのです。一時間で相当多くの写真が撮れて、ほとんど一秒に一枚ぐらいの速さでした。注意をすれば、頁をめくるのは速くできましたが、焦点距離合わせにかなり時間がかかりました。しかし、いったん焦点が合えば、あとは撮影するだけでした。

### 撮影した史料をどういう方法で読んだか

アルジェリアの家に帰って、ドイツからリールを取り寄せました。それはフィルムの寸法、つまり三〇メートルに合うリールでした。フィルムを液体にしっかり漬けることができるセルロイドの巻き尺のようなものの中に小さな玉と一緒に入れ(というのは当時はプラスチックはありませんでしたからね)、フィルムを暗いところに入れて、それから現像用の液体を入れ、今度はフィルムを乾かすための液体を入れ、そういうふうにして風呂場の上に一本ひもを掛けて(笑い)、そのひもに三〇メートルのフィルムをこんなふうに吊して乾くのを待つわけです。まあ、そんな具合で、初めはイタリアで、次にはスペインで写真を撮りまくったのです。

問題はその写真を読むことでした。読むための機械はありませんでしたからね。そこで、主人はいつも画像を大事にする人でしたから、授業に行くときは、当時魔法のランプと呼ばれていたものをいつも持っていったのです。スライド用の小さな映写機です。「きょうは君たちにエジプトについて話そう。古代史だ。古代がどういうものであるかを知っておく必要がある」と言うのです。主人は授業のときはいつもポケットに何枚か画像を持っていました。そこで、そのスライド映写機を鉄の棒で反対向きに変えて、おわかりになると思いますが、壁に投影するのではなくて、机の上に投影するようにしたのです。しかしその方法には大変具合の悪いことがありました。フィルムがセルロイドなものだから熱で燃えてしまったり、傷んでしまったのです。

——せっかく集めた史料が燃えてしまうなんて。

それに目がとても疲れるのです。

理工科学校を出た、とても器用な、フェルナンの兄がいたものですから、その兄がやや傾斜の付いた大きな書見台を作ってくれて、机の下に電灯を付けて下からフィルムを照らし出すようにしてくれたから、それを書き写したのです。ふつうは二人でそれをやっていました。一人が読んで、もう一人が書いたのです。私たちはこんなふうに仕事をしたのです。この読み取り装置を使うと、とても具合がよかった。読みやすかったですね。手書きの文字が読みとりにくいときには、少し動かして見ればよかったのです。

――レヴィ＝ストロースがブラジル時代のブローデルの思い出のなかで、史料が多くてホテルの二部屋を使っていたことについて語っていますね。

ブラジルにいたときは家が大きかったから、こんなふうに読んで仕事をする場所があったので、主人はこの装置を使って史料を読んでいました。レヴィ＝ストロースがホテルの二部屋の話をしたのは、いつも通り、あの人は大げさなのです。レヴィ＝ストロースが家に来たことがあります。私は、主人よりも後からブラジルに行きました。主人がブラジルに行くことになったのは、任命されていた歴史家が出発の直前に死んでしまったとかで、ブラジルと多くの関係のあったソルボンヌの先生がサンパウロに新しい大学をつくるので教師を探すように依頼されていたからなのです。大学の初級課程で、たとえば歴史であれば、なんでも教えられる必要があったのです。主人は二〇歳だったか二一歳だったかで教師になって十二年も教師をやっていましたから、古代史も教えていました。当時のカリキュラムでは古代史、文明史でしたが、そんなことはもちろんまったく平気でした。夜の十一時頃に気送管の速達便を受け取りました（気送管*はご存じですよね）。「ブラジルに行ってもらえますか」ということでした。私の方は最初の娘の誕生を二週間後に控えていたのです（笑い）。そこで主人は「よし、ブラジルに行こう。きみは子供が産まれてから来ればよい」と言うので、後から行くことにしました。こんな具合に決めて、主人は出発し、私は一か月半遅れて、娘と一緒にブラジルに行きました。だから主人はしばらくあちらでは一人だったわけです。

＊訳注　「気送管」による速達便は、一八六七年から一九八四年までパリで使用されていたもので、圧搾空気を利用して円筒のなかに入れた郵便を配管で送っていた。

実は、冬のサンパウロは寒くて住めないし、夏のリオデジャネイロは暑すぎて住めないというあるお年寄りの女性が、一年の半分、家を貸したいと思っていたのです。主人はホテル住まいでしたが、おしゃべりしているうちに誰かからそのことを知り、家を借りることにしました。そんなわけで、突然、大邸宅に住むことになったのです。当時（戦前）、自動車は贅沢品で、同僚の誰も運転免許は持っていませんでしたが、私たちの家には、運転手付きの自動車があり、使用人もいました。結局、三年間その家を借りました。ある日レセプションを開きました。私の来る前に主人が世話になった同僚たちを呼んだのです。そのなかにレヴィ＝ストロースがいました。

レヴィ＝ストロースは、以前ホテル暮らしだった時のホテルの別室に例の映画用カメラと読み取り装置があることを知っていたから、「見せてもらいたい」とそっと言いました。二階の書斎に上がって、彼はあの読み取り装置を間近で見ることになったのです。当然、当時としてはなにか途方もないものでした。

第二次大戦後しばらくしてから、アメリカ人が我が家に来て、主人に「マイクロフィルムを作ったそうですね」とたずねました。主人が「ええ、自分でマイクロフィルムを作りました」と答えると、「いつですか」と質問し、「一九三〇年ですよ」という返事を聞くと、「そんなはずはありません。マイクロフィルムは戦争中に発明されたのです。アメリカ軍がＧＩの通信用に発明したものです」と反論していました。「そう。もちろんその通りですが、そういうふうに私はマイクロフィルムを作ったのではなくて、映画用カメラでフィルムを作ったのです」と主人は答えて、私に「カメラを持ってきなさい」と言いました。カメラはこの書斎にありました（と書斎を指さす）。そこでそのアメリカ人に映画用カメラを見せてあげました（その機械は戦後も、イタリアで主人の教え子たちの役に立ったものです）。それでもそのアメリカ人は「そんなはずはない」と何度も繰り返していました。「まあ、確かに、本物のマイクロフィルムではありませんが」というのが主人の返事でした。

――それでもやはりマイクロフィルムには違いありませんね。

だからレヴィ＝ストロースはあの装置がとてもうらやましかったのです。

## 出世を考えなかったブローデル

今までの話でおわかりのように、主人は全然書かなかったのです。まだ本を書き始めていなかったある日、こんなふうに言ったことがあります。「おや、フェリーペ二世がラレードに到着した日付を間違えていた、はっきりさせておかなくちゃいけない」などと言って、一頁書くというようなことはありましたが、本を書こうとはしませんでした。楽しんでいたのです。だから出世しようなどとは一度も考えたことがなかったのです。それだからこそあの人にはいろいろなことがとても簡単なことだったのでしょう。はっきりした計画というものを立てていないから、「ああそうだ、ブラジルに行ってみよう」ということになったのですね。ブラジル行きが決まったのは、アンリ四世高校付属のグランドゼコール予備学級の先生に就任して半年経ったときなのです。あの人の年齢で、つまり一九三五年にはまだ非常に若く、三三歳で（エリート校として有名な）アンリ四世高校の先生になったのですからね。でも教師の経験は十三年もあったのです。大変優秀な教師という評判でした。だからアンリ四世高校赴任は栄転だったのです。ところが「ブラジルに行く」と言うのです。「出世」なんか全然考えていなかったのですね。もちろん、博士論文のことは頭にあったでしょう。しかし論文を書くということは考えず、ほかにやることがあったのです。

### 原稿を捨てる習慣があった

だから一九四一年一月二十五日に「本を書き終えたよ。一六〇〇頁だ。やれやれだ！」と言っているのです。あとで「しかしそれでもあの捕虜時代がなかったら、この本は書かれなかっただろう」とも言っています。だからこそ捕虜時代の講演草稿『世界の尺度としての歴史』出版（イタリア語版、なおこの講演を含む捕虜時代の講演は『ブローデル著作集』第二巻に収録されている）にあたり、ウーゴ・ベルティは私に序文を書くように依頼してきたのでしょうが、この序文はフランス語では出版されていません。ここに一冊だけ残った捕虜時代の草稿ノートがあります。表紙に貼り付けられた紙切れには捕虜仲間の字で「ブローデル、講演、世界の尺度としての歴史、世界を探す歴史」と書かれています（ノートの前半は捕虜収容所内での講演で、後半の一九九頁から三三五頁までが『地中海』序文と第一部の補足的覚書、見開きで頁番号のある右頁が本文、左頁は注、最後の頁に一九四四年三月二十九日の日付がある）。イタリア人はこれだけを本にしました。きれいな小さな本です。リュシアン・フェーヴルにノートを一〇〇冊以上送ったはずなのに、このノートしか残っていないのです。ジュリアナ・ジュメッリ（『フェルナン・ブローデル』オディル・ジャコブ社、一九九五年、の著者）がコピーを一冊持っていましたが、コピーからさらにコピーしたものでした。ある日偶然書棚に一冊置いてあるのを発見しました。いったん書いた原稿を次から次へとごみ箱に捨てる習慣のあった主人が、この一冊だけ取っておいたのはなぜだかわかりませんが、なにか思い出のつもりだったのでしょう。イタリアではいくつかの草稿断片を収録し、別の断片も収録しました。それで出版社は「序文を書いてもらえませんか」と言ってきたのです。「捕虜時代がどんなものであったかを語っていただきたい。私たちは知りませんから」ということでした。そこで捕虜時代のことを私はその序文に書きました。

## 項目ごとに一気に書く

――この草稿にはほとんど削除とか書き直しの部分がなく、項目ごとに一気に書いているように見えます。タイトルだけ書き込んで一頁も二頁も真っ白のところもありますが、文字が非常に小さく、清書しているという気がします。

それこそが主人の書き方です。頭の中にあることは十分に考えたことだから一気に書いたのでしょう。主人は「捕虜になっていなかったらまったく別の本を書いただろう」と言っています。

――その言葉は『私の歴史家修行』に出てきますね。

そう、私は主人の言う通りだと思っています。なぜならあの人はとても積極的な人でしたからね。それに、それまで手に入らなかったようなドイツ語の本をたくさん読む機会がありました。経済学の雑誌とか、フッガー家に関するものとか、地中海の地政学の本をたくさん読んだのです。マインツの捕虜収容所の図書室は充実していたらしいし、捕虜になってもジュネーヴ条約で将校にはいくらか俸給が出ていたから、ドイツに本を注文できたのです。一方ではそういうことをし、他方では何もすることがなかったので、不幸から逃げるために、本を書くしかなかったのだと思います。

――捕虜時代に何度か講演をなさっていますね。

ええ。それは本とは別のことです。一九四二年の初めに講演を始めるのですが、学業を中断した多くの若い将校がいることに気づいたわけです。そこで主人はリュシアン・フェーヴルにこんなことを書いています。「この若者たちをたとえば高等研究院に登録できるようにご配慮いただけますか。」高等研究院はバカロレアがあれば登録できたのです。というわけで主人は若い将校たちを捕虜のまま高等研究院に登録させました。実にいろいろな出身階級の人がいたのです。修了証書も出させました。どういうふうにやったのか知らないのですが、ある者は収容所内で試験を受け、ある者は帰国してから試験を受けました。あそこでやっていたのはいろいろなレベルの授業だったのです。そこで周囲の者を探してみると、あれを教えたり、これを教えたりすることができる仲間が結構いたのです。だから主人は「学長」と呼ばれたのです。主人が授業を組織したからです。主人も授業を持ち、講演も頼まれました。たとえば一回目の講演はビザンチン帝国についてでした。戦後になってから私に「ああ、あれはすばらしかったですよ」と言った人がいます。ビザンチン帝国について講演をやったのですが、参考にする本なんかもちろんありませんでした。

### 捕虜時代の一連の講演「歴史の意味」について

それから、あるとき、歴史の意味についていくつかの講演を始めたのです。そのことを語ってくれた捕虜仲間がいて、そのことを私は序文に書きました。あなたにはおわかりでしょうが、長期持続のことです。「長期持続においては、ドイツの勝利などいったい何であろうか」と主人は言ったのです。出来事というものは、あるときには大変な事件です。なぜならそれが長く続くから。でもあるときには何でもありません。そんなわけで、一九四一年にはあれは本当に恐ろしいことであったわけですが、ロシアが侵攻を始めました。マインツの収容所は昔の城でした。マインツは三つの城壁を持つ大きな城塞だったから、逃亡することなどできませんでした。あちこちに回廊があって、捕虜はその回廊を歩かされていました。ドイツのラジオ放送が聞こえていました。当然のことながら毎日、ドイツの勝利のニュースです。そこで、一九四一年夏のことですが、捕虜たちは「こんなことは出来事の一部にすぎない、ただの事件だ」と叫んでいたのですね（笑い）。主人は「そういうふうに言うことで僕たちは少し欲求不満を解消していたのだ」と言いましたが。

あの頃の講演は、博士論文のことを考えながらおこなわれたものです。

## 古い『地中海』にアジアの人はなぜ関心を持つのか

ところであなたは『地中海』を日本語に翻訳したそうですが、『地中海』は韓国語にも中国語にも翻訳されています。中国人の翻訳者はちょうど天安門事件の時に、我が家に滞在しながら翻訳していました。でもあれは古い本です。にもかかわらず中国語版は再版が出たそうです。『文明の文法』も古い本ですが、最近になってあちこちの国で翻訳されています。『地中海』も『文明の文法』も日本語に翻訳されていることは知りませんでした。『文明の文法』はもともとは高校生向けの教科書なのに、なぜアジアでは今頃になってブローデルに関心を持つのでしょうか。私には少し奇妙に見えるのですが。

――確かに『地中海』は五十年前の本ですが、決して古い本ではありません。日本では私の翻訳が出て、一世紀に一冊出るか出ないというすばらしい本であるという書評もありましたし、ブローデルの歴史観に触発されて本を書いた歴史家もたくさんいます。読者の数も予想以上です。『文明の文法』が重要性を持っているのは、冒頭でご主人が述べているように、ヨーロッパはもはや世界の中心ではない、世界の中心は、長期持続の視点から見れば、移動するということを言って、ヨーロッパ中心主義を批判的に見ているからです。

さらに、ご主人は、私の考えでは、単に地中海世界を専門にする歴史家だけであるのではありません。経済学者のアラン・マンクがブローデル特集のラジオ番組「フェルナン・ブローデル、この異端の歴史家」のなかで言っているように、人間にかかわるすべてのことを歴史を参照軸として考察したグローバルな思想家なのです。

確かに、ヨーロッパが中心であったのは短い期間にすぎません。あなたの言うように、主人のグローバルな見方が人々の関心を引いているのだという気がします。

**現在が過去を説明し、過去が現在を説明する**

――『地中海』から直接ヒントを得て書かれたアジアに関する歴史書として『大航海時代の東南アジア』（アンソニー・リード、平野秀秋・田中優子訳、法政大学出版局、一九九七年）がありますが、あの本についてはどうお考えですか。

あれはすばらしい本です。現在から出発して、長期持続の視点でアジアの海を研究したものです。現在が過去を説明し、過去が現在を説明する、それが主人の考えていた歴史で、あの本はそれを実現しています。過去と現在の弁証法、長期持続と一時的なものとの対話は、ブローデルの遺産の主要なものでありつづけると思うし、それが最も建設的なものであったと思います。

（浜名優美・浜名エレーヌ訳）

（一九九九年八月二十八日、パリのブローデル夫人宅にて）

〈付1〉『地中海』初版目次と第二版目次の対照

## 初版目次

序文

第Ⅰ部　環境の役割

第1章　山地、高原、平野

一　山地の役割

自然的特徴と人間的特徴

山に関するいくつかの人間的定義

山々、諸文明、諸宗教

山岳住民の自由

山の資源と収支決算

都市の山岳住民

山岳住民の四散の典型的ケース

## 第二版目次

序文（初版）

第二版への序文

第Ⅰ部　環境の役割

第1章　諸半島——山地、高原、平野

一　まず初めに山地

自然的特徴と人間的特徴

山の定義

山々、諸文明、諸宗教

山岳住民の自由

山の資源と収支決算

都市の山岳住民

山岳住民の四散の典型的ケース

山岳住民の生活、地中海の最初の生活

二　高原、台地、丘陵

三　移　牧

移牧または遊牧

十六世紀における戦闘的な移牧

山の生活のサイクル

四　地中海生活における平野

水の諸問題、マラリア

平野の土地改良

---

山岳住民の生活は地中海の最初の歴史か？

二　高原、台地、丘陵

高地の平野

樹檣《じゅしょう》仕立ての国々

丘　陵

三　平　野

水の諸問題——マラリア

平野の土地改良

ロンバルディア平野の例

大地主と貧しい農民

平野の短期変化——ヴェネツィアの〈陸地〉

長期の変化——カンパーニア・ロマーナの運命

平野の力——アンダルシア

四　移牧あるいは遊牧生活

——これはすでに二つの地中海である——

移牧

移牧よりも古い遊牧生活

カスティーリャの移牧

総合的比較と全体図作成

## 第2章　地中海の心臓部

一　海原
沿岸航行
歴史の基盤としての狭い海
黒海、コンスタンティノープルの禁漁地
ヴェネツィアとジェノヴァの多島海
地中海の「海峡」
ティレニア海盆
アドリア海
シチリアの海の端から端まで

---

ひとこぶラクダとふたこぶラクダ——アラブ人とトルコ人の侵入
西欧の証人が見たバルカン半島、アナトリア、北アフリカの遊牧生活
数百年以上にわたるサイクル

## 第2章　地中海の心臓部——海と沿岸地帯

一　海原
沿岸航行
ポルトガル人によるさまざまな発見の初期には
歴史の基盤としての狭い海
黒海、コンスタンティノープルの禁漁地
多島海、ヴェネツィア人、ジェノヴァ人
チュニジアとシチリア島との間
地中海の「海峡」
ティレニア海盆
アドリア海
シチリア島の東と西
二つの海の世界
トルコ帝国とスペイン帝国の二つの教訓
政治を越えて

二　大陸の沿岸地帯
海に住む人々
海洋部門
主要都市
海の暮らしの浮き沈み
島々
孤立した世界としての島々
半島生活の不安定さ
大きな歴史の通り道にある島々
島からの移民
半島、その歴史的一貫性
半島、海の最初の登場人物

**第3章　地中海の境界**

一　ヨーロッパと地中海
地峡とその南北の通過
ロシアの地峡――黒海とカスピ海に向かって？
ドナウ川からダンチヒまで――ポーランドの地峡

---

二　大陸の沿岸地帯
海に住む人々
海洋部門の弱さ
主要都市
海の暮らしの浮き沈み

三　島
孤立した世界？
不安定な生活
大きな歴史の通り道
島からの移民
海に囲まれていない島々
半島

**第3章　地中海の境界、あるいは最大規模の地中海**

歴史の次元でのひとつの地中海

一　サハラ砂漠――地中海の第二の顔
サハラ砂漠――近くの境界と遠い境界
赤貧ならびに貧しさ
大遊牧民族

アルプス山脈を越えて。高地ドイツ、第二のイタリア
ジェノヴァからフランクフルトまで。ヴェネツィアからハンブルクまで
フランスの地峡――ルーアンからマルセイユまで
ヨーロッパと地中海
ジブラルタル海峡の革命的な役割

二　砂漠――地中海の第二の顔

半砂漠
大遊牧民族
ステップからの前進と浸透
金と香辛料のキャラバン
オアシス
イスラム世界の地理的範囲
イスラム世界とキリスト教世界

結論

---

ステップからの前進と浸透
金と香辛料のキャラバン
オアシス
イスラム世界の地理的範囲

二　ヨーロッパと地中海

地峡とその南北の通過
ロシアの地峡――黒海とカスピ海に向かって
バルカン半島からダンチヒまで――ポーランドの地峡
ドイツ地峡――全体的な図式
アルプス山脈
第三の登場人物――複数の顔をもつドイツ
ジェノヴァからアントワープへ、ヴェネツィアからハンブルクへ――交通の諸条件
貿易のバランスと商人の移住
ルーアンからマルセイユに至るフランスの地峡
ヨーロッパと地中海

第4章　自然の一体性――気候と歴史

一　気候の同質性

気候の責任者――大西洋とサハラ砂漠

均質な気候

旱魃《かんばつ》――地中海の説明

二　季節

冬の停止命令とおしゃべり

夏とそのあわただしい生活

地中海の気候とオリエント

季節のリズムと十六世紀の統計

---

三　大西洋

複数の大西洋

地中海から学んだ大西洋

十六世紀の大西洋の運命

遅まきの衰退

第4章　自然の一体性――気候と歴史

一　気候の同質性

大西洋とサハラ砂漠

均質な気候

旱魃《かんばつ》――地中海の惨禍

二　季節

冬の停止命令

航海の停止

平和と冬のおしゃべり

冬の苛酷さ

夏とそのあわただしい生活

夏の疫病

地中海の気候とオリエント

季節のリズムと統計

決定論と経済生活

三　気候は十六世紀以来変化したか？

## 第5章　人間の一体性――交通路と都市

一　交通路の変遷
大動脈としての交通路
一六〇〇年頃には陸路が勝利？
大型帆船の不評
交通路と歴史

二　都市の諸機能
都市と道路
道路から銀行と文化的創造へ

---

三　気候は十六世紀以来変化したか？
補足的覚書

## 第5章　人間の一体性
## ――交通路と都市、都市と交通路――

一　陸路と海路
大動脈としての交通路
輸送手段のアルカイスム
一六〇〇年頃は陸路が優位であった？
陸路の内在的問題
ヴェネツィアの二重の証言
交通と統計――スペインの場合
長期における二重の問題

二　航海――積載量と経済情勢
十五世紀の大型帆船と小型帆船
小型帆船の最初の成功
十六世紀の大西洋について
地中海にて

三　十六世紀における都市の運命
都市の人口の上昇と下降
飢饉と疫病——都市のもろさ
必要不可欠な移民
小麦の問題
「小麦事務所」
都市と国家と小麦
都市の政治的危機
大都市の興隆
都市と文明

結論——地理的歴史と決定論

三　都市の諸機能
都市と道路
積み荷の中断
道路から銀行へ
都市のサイクルと後退
きわめて不完全な類型学

四　時代の証人としての都市
人口の増加
昔からの不幸、新しい不幸——食糧不足と小麦の問題
昔からの不幸、新しい不幸——疫病
必要不可欠な移民
都市の政治的危機
特権的な金融都市
王国都市ならびに帝国都市
首都に有利にはたらく
すでに変動局面が現れている

## 第II部　集団の運命と全体の動き

### 第1章　経済――この世紀の尺度

一　距　離

非人間的な空間

海の大きさ

平均速度

地中海と現在の世界

十六世紀の諸帝国と空間

二　経済と空間

狭い範囲の経済圏

---

## 第II部　集団の運命と全体の動き

### 第1章　経済――この世紀の尺度

一　第一の敵としての空間

手紙を書く人々にとって、往復で失われるもの

海の大きさ――いくつかの記録的スピード

平均速度

書簡の特別なケース

贅沢な商品としてのニュース

現在の比較

諸帝国と空間

クロード・デュ・ブールの三つの使命（一五七六年と一五七七年）

空間と経済

定期市――経済生活の補足的ネットワーク

狭い範囲の経済圏

ジェノヴァ、ミラノ、ヴェネツィア、フィレンツェの四辺形

二　人間の数

六、〇〇〇万ないし七、〇〇〇万人の世界

ひとつの経済＝世界の可能性
さまざまな結果
ジェノヴァ、ミラノ、ヴェネツィア、フィレンツェの
　四辺形

三　人間の数
六、〇〇〇万人の世界
地中海に人がいないこと
人口増加
別の証拠——移住

---

地中海に人がいないこと
一〇〇パーセントの人口増加
水準と指数
留保ならびに結論
確認と提案
いくつかの確信
別のテスト——移住

三　地中海型経済の「モデル」をつくることができるか？
主要産業としての農業
産業のバランスシート
「問屋制度」と都市産業の興隆
制度の繁栄
移動する労働力
全体の動きと個別の動き
商取引の総量
遠方貿易の狭さと重要性
資本家の集中
地中海の船の総トン数
陸上輸送
領土国家は世紀最大の企業家である
貴金属と貨幣経済

## 第2章　経済——貴金属、貨幣、物価

### 一　地中海とスーダンの金

貴金属の東方への流出
スーダンの金のサイクル
十五世紀および十六世紀における金の危機

### 二　アメリカ大陸の金と銀

アメリカ大陸とスペインの財宝
アントワープへの道をたどるアメリカ大陸の宝
フランス経由の道
バルセロナからジェノヴァへの重要なルートとアメリカ大陸の貴金属の第二のサイクル
スペイン貨幣に侵略された地中海
ピアチェンツァの定期市とジェノヴァの繁栄

---

貧民は人口の五分の一か？
暫定的分類
悪い基準としての食べ物——公式にはスープはいつでもおいしい
計算は立証されるか？

## 第2章　経済——貴金属、貨幣、物価

### 一　地中海とスーダンの金

貴金属の東方への流出
スーダンの金——先例
ギニアのポルトガル人——金《きん》は相変わらず地中海に届く
経済情勢の責任者
北アフリカにおけるスーダンの金

### 二　アメリカ大陸の銀

アメリカ大陸とスペインの財宝
アントワープへの道をたどるアメリカ大陸の宝
フランス経由の道
バルセロナからジェノヴァへの重要なルートとアメリカ大陸の貴金属の第二のサイクル
スペイン貨幣に侵略された地中海
「おびただしい貨幣」の餌食となったイタリア

三　価格の上昇
アメリカ大陸の責任
いつもの結果
国家と価格の上昇
スペインではどのようにして物価が上がったか
地中海と価格の上昇
貨幣価値の下がった通貨と贋金
金属の三つの時代

第3章　経済――商業と運輸
一　胡椒貿易
地中海の雪辱――紅海の繁栄

---

ジェノヴァ人の世紀
ピアチェンツァの定期市
紙の世紀
フェリーペ二世の最後の破産からフェリーペ三世の最初の破産（一六〇七年）まで

三　価格の上昇
同時代人の不平不満
アメリカ大陸の責任について
アメリカ大陸の責任をめぐる賛成、反対の議論
賃金
土地収入
銀行とインフレ
「企業家」
国家と物価の上昇
アメリカ大陸の「財宝」の価値低下
貨幣価値の下がった通貨と贋金
金属の三つの時代

第3章　経済――商業と運輸
一　胡椒貿易
地中海の雪辱――一五五〇年以降の紅海の繁栄

ポルトガルの胡椒の景気回復
ヴェネツィアに提供されたポルトガルの胡椒
ヴェルザー家とフッガー家の契約、一五八六―一五九一年
ホルムズ海峡からアレッポまで、香辛料のルートは相変わらず健在

二　地中海産小麦の破産

海路と関係のある小麦貿易
穀物貿易の規則
西地中海における小麦の破産

---

レヴァント商業がたどる道
ポルトガルの胡椒の景気回復
ポルトガルの胡椒に関するさまざまな計画と闇取引
ヴェネツィアに提供されたポルトガルの胡椒
ヴェルザー家とフッガー家の契約、一五八六―一五九一年
香辛料のレヴァント・ルートは相変わらず健在
考えられる説明

二　地中海産小麦の均衡と危機

小麦
穀物貿易のいくつかのならわし
海路と関係のある小麦貿易
輸出港と輸出国
オリエントの小麦
均衡、危機、浮き沈み
最初の危機――リスボンとセビーリャに輸入された北欧の小麦
トルコ小麦の「ブーム」――一五四八―一五六四年
自国のパンを食べる――一五六四年から一五九〇年までのイタリアの経済情勢
最後の変化――一五九〇年以後の北欧の小麦

三　北欧の帆船のふたつの到着
イギリスの航海の第一のシリーズ（一五一一―一五五二年）
一五五二年から一五七三年までイギリスが撤退している間のほかの大西洋の船の航海
一五七三年にイギリス人が戻ってきたこと、半ば再登場か？
イギリス・トルコの交渉（一五七八―一五八三年）
イギリス人による航海の成功
スペイン、大西洋、そしてイギリスの興隆
北欧の小麦――ハンザ同盟加盟都市の人々とオランダ人の到来
小麦から香辛料へ――オランダ人が地中海を征服する

---

シチリア島は相変わらずシチリア島のままである
小麦の危機について
三　商業と運輸――大西洋の帆船
Ⅰ　一五五〇年以前――最初にやって来た者たち
バスク人、ビスカヤ人、ガリシア人
ポルトガル人
ノルマン人とブルトン人
フランドルの船
イギリスの最初の帆船
繁栄の時代（一五一一―一五三四年）
Ⅱ　一五五〇年から一五七三年まで
地中海は地中海人のものである
一五七二―一五七三年にイギリス人が戻ってきたこと
イギリス・トルコの交渉――一五七八―一五八三年
イギリス人による航海の成功
世紀末の状況
ハンザ同盟加盟都市の人々とオランダ人の到来
小麦から香辛料へ――オランダ人が地中海を征服する
オランダ人は戦いも交えずに、いかにして一五七〇年からセビーリャをとったか？
地中海における新教徒

## 第4章　帝　国

一　諸帝国の起源

トルコの偉大さ——小アジアからバルカン半島まで
シリアとエジプトにおけるトルコ人
スペインの統一
カール五世
フェリーペ二世の帝国

二　国家の資力と弱さ

公務員
地方自治
財政と国家への貸付
国家と戦争
距離との戦い
一六〇〇年。時は中規模国家に有利
フェルディナント大公のトスカーナ（一五八七―一六〇九年）

---

## 第4章　帝　国

一　諸帝国の起源

トルコの偉大さ——小アジアからバルカン半島まで
シリアとエジプトにおけるトルコ人
内部から見たトルコ帝国
スペインの統一——カトリック両王
カール五世
フェリーペ二世の帝国
偶然と政治的理由

二　国家の資力と弱さ

「公務員」
襲職権と官職の売買
地方自治
財政と国家への貸付
一六〇〇―一六一〇年。時は中規模国家に有利か？

第5章　文　明
一　文明の変動性と安定性
ありふれた三面記事の出来事の教訓
文化財産はどのように旅するか？
文化の伝播と借用の拒絶
文化的境界の例、イフリキア
交換と移動の遅さ
二　文明の重なり合い
バルカン半島東部の平野におけるトルコ人
モリスコのイスラム教
グラナダの決定的問題
西欧の優位
三　外部の威光
バロックの諸段階
地中海文明伝播の中心地——ローマ
文明伝播のもうひとつの中心地——スペイン

第5章　社　会
一　領主の反動
領主と農民
カスティーリャで。国王対大公ならびに爵位貴族
カスティーリャの〈郷士〉と〈統治役〉
別の証言
トルコの貴族
〈チフトリク〉
二　ブルジョワ階級の裏切り
地中海のブルジョワ階級
ブルジョワ階級の裏切り
売りに出される貴族の身分
新貴族に対する敵意
三　窮乏と強盗行為
不完全な革命
階級闘争？
浮浪者とやくざ者に対する戦い
どこにでも強盗行為がある
強盗行為と国家

第6章　社　会

一　ブルジョワ階級の破産
地中海のブルジョワ階級
ブルジョワ階級の裏切り

二　領主の反動
領主と土地
国家と領主の上昇
バルカン半島におけるトルコの秩序
強盗行為と領主たち
強盗行為の増加
奴隷
何と結論すべきか？

第6章　文　明

一　文明の変動性と安定性
ありふれた三面記事の出来事の教訓
文化財産はどのように旅するか？
文化の伝播と借用の拒絶
ではギリシャ文明はどうなったか？
文化の永続性と境界
二次的な境界の一例――イフリキア
交換と移動の遅さ

二　文明の重なり合い
バルカン半島東部の平野におけるトルコ人
モリスコのイスラム教
モリスコ問題
モリスコのスペイン地理
グラナダの悲劇
グラナダ以後のグラナダ

三　窮乏と強盗行為
浮浪者とやくざ者に対する戦い
どこにでも強盗行為がある
強盗行為と国家
強盗行為と領主たち
強盗行為の増加

第7章　戦争の諸形態
一　艦隊による戦争と要塞国境の戦争
技術、国家、あるいは文明
バルカン諸国に対する防衛戦争
海の中心で——ナポリとシチリアの沿岸で
イタリアとスペインの沿岸警備

---

西欧の優位
三　他のあらゆる文明に逆らう文明——ユダヤ人の運命
間違いなくひとつの文明
ユダヤ人共同体はどこにでもある
ユダヤ教と資本主義
ユダヤ人と経済情勢
スペインを理解する
四　外部の威光
バロックの段階
議論しなければならないか？
地中海文明伝播の大中心地——ローマ
文明伝播のもうひとつの中心地——スペイン
もう一度、地中海の衰退

第7章　戦争の諸形態
一　艦隊による戦争と要塞国境の戦争
戦争と技術
戦争と国家
戦争と文明
バルカン諸国に対する防衛戦争

文明の戦争

二　大戦争の補充形態としての海賊行為
広く行き渡っている生業としての海賊行為
都市と結びついた私掠
私掠と戦利品
キリスト教徒の復讐
アルジェの驚くべき幸運

結論

---

ヴェネツィアの「要塞線」
ドナウ川で
海の中心で——ナポリとシチリアの沿岸
イタリアとスペインの沿岸警備
北アフリカ沿岸で
「次善の策」としての要塞
〈略奪〉に賛成か反対か？
防衛体制の心理

二　大戦争の補充形態としての海賊行為
古くからあり、広く行き渡っている生業としての海賊行為
都市と結びついた私掠
私掠と戦利品
私掠の年表
キリスト教徒の私掠
レヴァントでキリスト教徒が荒し回ること
アルジェの最初の驚くべき幸運
アルジェの第二の、相変わらず驚くべき幸運
結論を出すことができるか？
身代金を払って捕虜を釈放すること
新しい戦争が古い戦争を追い払う

## 第8章　結論にかえて――変動局面と経済情勢

初めは賭け
百年単位のトレンド
長期の変動
スペインの破産と経済情勢
内部の戦争と外部の戦争
経済情勢と全体史
短期の危機

# 第III部　出来事、政治、人間

## 第1章　カール五世からフェリーペ二世まで、世界戦争の再開と終結

### 一　戦争の始まり

一五四五―一五五〇年。地中海の平和
アフリカ問題
ミュールベルクの戦いの直後とその後

### 二　地中海の戦争と地中海の外の戦争

トリポリの陥落。一五五一年八月十四日
一五五二年という年
コルシカ島はフランス人に、イギリスはスペイン人に
カール五世の譲位。一五五四―一五五六年

### 三　戦争の再発。決定はまたもや北からやって来た

ヴォーセル休戦協定の破棄
サン・カンタンの戦い
カトー・カンブレジの和約
フェリーペ二世のスペイン帰国

---

# 第III部　出来事、政治、人間

## 第1章　一五五〇―一五五九年　世界戦争の再開と終結

### 一　戦争の始まり

一五四五―一五五〇年。地中海の平和
アフリカ問題
ミュールベルクの戦いの直後とその後

### 二　地中海の戦争と地中海の外の戦争

トリポリの陥落。一五五一年八月十四日
一五五二年の戦火
コルシカ島はフランス人に、イギリスはスペイン人に
カール五世の譲位、一五五四―一五五六年

### 三　戦争の再発。決定はまたもや北からやって来た

ヴォーセル休戦協定の破棄
サン・カンタンの戦い
カトー・カンブレジの和約
フェリーペ二世のスペイン帰国

四　世紀半ばのスペイン
プロテスタントの脅威
政情不安
財政難

第2章　トルコの覇権の最後の六年、一五五九―一五六五年
一　対トルコ戦争は、スペインの狂気か？
スペイン・トルコ両国交渉の決裂
トルコ海軍の覇権
ジェルバ島遠征

二　スペインの復興
一五六一年から一五六四年の中断
私掠船との戦い、冬との戦い。一五六一―一五六四年
コルシカ島の蜂起
ヨーロッパの平穏
スペイン海軍復興に関わるいくつかの数字
ドン・ガルシア・デ・トレド

---

四　世紀半ばのスペイン
プロテスタントの脅威
政情不安
財政難

第2章　トルコの覇権の最後の六年　一五五九―一五六五年
一　対トルコ戦争は、スペインの狂気か？
スペイン・トルコ両国交渉の決裂
トルコ海軍の覇権
ジェルバ島遠征

二　スペインの復興
一五六一年から一五六四年の間
私掠船との戦い、冬との戦い。一五六一年―一五六四年
コルシカ島の蜂起
ヨーロッパの平穏
スペイン海軍再興に関わるいくつかの数字
ドン・ガルシア・デ・トレド

三　マルタ島、力試し
（一五六四年五月十八日―九月八日）
急襲はあったのか？
マルタ騎士団の抵抗
マルタ島救援
スペインとフェリーペ二世の役割

**第3章　神聖同盟の始まり、一五六六―一五七〇年**

一　ネーデルラントか地中海か？
ピウス五世選出
ハンガリーとアドリア海のトルコ人
ハンガリー戦争の再開
一五六六年のネーデルラント
一五六七―一五六八年、ネーデルラントの星のもとに

二　グラナダ戦争の転機
戦争の機運上昇
グラナダ戦争の始まり
グラナダの影響のひとつ――ウルージ・アリによる
チュニス占領
グラナダとキプロス島戦争
キプロス島戦争の開始

---

三　マルタ島、力試し
（一五六四年五月十八日―九月八日）
急襲はあったのか？
マルタ騎士団の抵抗
マルタ島救援
スペインとフェリーペ二世の役割

**第3章　神聖同盟の始まり　一五六六―一五七〇年**

一　ネーデルラントか地中海か？
ピウス五世選出
ハンガリーとアドリア海のトルコ人
ハンガリー戦争の再開
一五六六年のネーデルラント
一五六七年―一五六八年。ネーデルラントの星のもとに

二　グラナダ戦争の転機
戦争の機運上昇
グラナダ戦争の始まり
グラナダの影響のひとつ
――ウルージ・アリによるチュニス占領――
グラナダとキプロス島戦争
キプロス島戦争の開始

キプロス島救援

## 第4章　レパントの海戦

一　一五七一年十月七日の戦い

神聖同盟の結論

フランスという外交的要因

ドン・フアンとその艦隊は間に合うだろうか？

レパントの海戦以前の地中海のトルコ人

十月七日の戦闘

波及効果なき勝利？

二　一五七二年、悲劇的な年

聖バルテレミーの虐殺にまで及ぶフランスの危機

ドン・フアン・デ・アウストリアに対する命令と命令取り消し。一五七二年六月—七月

モレア遠征

三　ヴェネツィアの「裏切り」と二度にわたるチュニス占領、一五七三—一五七四年

ヴェネツィアは神聖同盟を放棄する

ドン・フアン・デ・アウストリアによるチュニス占領。

---

キプロス島救援

## 第4章　レパントの海戦

一　一五七一年十月七日の戦い

遅れた調印

フランスという外交的要因

ドン・フアンとその艦隊は間に合うだろうか？

レパントの海戦以前のトルコ人

十月七日の戦闘

波及効果なき勝利？

二　一五七二年、悲劇的な年

一五七二年八月二十四日、聖バルテレミーの虐殺にまで及ぶフランスの危機

ドン・フアン・デ・アウストリアに対する命令と命令取り消し。一五七二年六月—七月

モレア遠征

三　ヴェネツィアの「裏切り」と二度にわたるチュニス占領、一五七三—一五七四年

ヴェネツィア弁護

ドン・フアン・デ・アウストリアによるチュニス占領。

意味のないもうひとつの勝利
チュニス失地、一五七四年九月十三日

## 第5章　スペイン・トルコ休戦協定、一五七八年、一五八一年、一五八三年

### 一　マルリアニの使命

過去に戻って——フェリーペ二世による最初の和平の試み
ドン・フアンの時代の交渉
最初の勝利者、マルティン・デ・アクーニャ
ジョヴァンニ・マルリアニ

### 二　戦争は地中海の中心から去る

ペルシャに対峙するトルコ
インド洋のトルコ人
ポルトガル戦争、世紀の曲がり角
アルカセル・キビールの戦い
一五八〇年の強権発動

---

意味のないもうひとつの勝利
チュニス失地、一五七四年九月十三日
地中海にようやく平和の訪れ

## 第5章　スペイン・トルコ休戦協定　一五七七—一五八四年

### 一　マルリアニの使命、一五七八—一五八一年

過去に戻って
——フェリーペ二世による最初の和平の試み——
ドン・フアンの時代の交渉
奇妙な勝利者、マルティン・デ・アクーニャ
ジョヴァンニ・マルリアニ
一五八一年の合意

### 二　戦争は地中海の中心から去る

ペルシャに対峙するトルコ
対ペルシャ戦争
インド洋のトルコ人
ポルトガル戦争、世紀の曲がり角
アルカセル・キビールの戦い
一五八〇年の強権発動
スペインが地中海を去る

第6章　大きな歴史の外の地中海

一五八九年以後の北アフリカとイスラム世界における反乱

一五九三―一六〇六年。ハンガリー戦線での大規模な作戦行動の再開

フランスの内戦から反スペイン戦争まで

スペイン・フランス戦争とヴェルヴァンの和約、一五九五―一五九八年

海上では戦争は起こらない

一五九一年の杞憂

ジャン・アンドレア・ドリアはトルコ艦隊との戦いを望まない。一五九六年八月―九月

一五九七年―一六〇〇年、特に問題なし

一六〇一年、杞憂か、それとも好機を逸したのか？

フェリーペ二世の死、一五九八年九月十三日

結論

---

第6章　大きな歴史の外の地中海

一　トルコの苦境と混乱

一五八九年以後。北アフリカとイスラム世界における反乱

トルコの財政危機

一五九三―一六〇六年。ハンガリー国境地帯での大規模な作戦行動の再開

二　フランスの内戦から反スペイン戦争まで
――一五八九―一五九八年――

地中海沿岸のフランス宗教戦争

スペイン・フランス戦争。一五九五―一五九八年

ヴェルヴァンの和約

三　海上では戦争は起こらない

一五九一年の杞憂

ジャン・アンドレア・ドリアはトルコ艦隊との戦いを望まない。一五九六年八月―九月

一五九七年―一六〇〇年

一六〇一年、杞憂か、それとも好機を逃したのか？

フェリーペ二世の死、一五九八年九月十三日

結論

# 〈付2〉『地中海』関連年表（一五四四―一六〇〇年）

＊の事項は、文化に関するもの

| 西暦 | 地中海世界 | 日本の主な出来事 |
|---|---|---|
| 一五四四年 | 【独・仏】カール五世とフランソワ一世、クレピー・アン・ラノワの条約で和平 | |
| 一五四五年 | 【独】3ヴォルムスの議会。6皇帝と教皇庁の同盟。11・10カール五世、新教徒と対決のため、スレイマン一世と休戦協定締結<br>【西】ポトシ銀山発見、「価格革命」の要因となる<br>【ローマ】トレント公会議（一五六三年まで） | |
| 一五四六年 | 【トルコ】イエメンに侵攻<br>【独】ルター没。6・6シュマルカルデン同盟戦争、新旧諸侯の戦い | |
| 一五四七年 | 【英】2・27ヘンリー八世没<br>【仏】3・31フランソワ一世没、アンリ二世即位。農民の反乱<br>【独】4・24ミュールベルクの戦い、シュマルカルデン同盟が皇帝軍に惨敗 | |
| 一五四八年 | 【トルコ】8・25スレイマン一世がイランに侵攻し、ヴァンを占領<br>【独】アウグスブルクの仮信条協定<br>【仏】南西部で反王税の反乱激発<br>＊ラブレー『ガルガンチュアとパンタグリュエル物語』第四の書 | |
| 一五四九年 | 【仏・英】8・8フランスがイギリスに宣戦布告、仏英戦争再開<br>【ネーデルラント】一七州、神聖ローマ帝国から独立<br>【ローマ】11・10パウルス三世没<br>【トルコ】スレイマン一世がグルジアを占領<br>＊デュ・ベレー『フランス語の擁護と顕揚』 | ザビエル鹿児島に渡来 |
| 一五五〇年 | 【英・仏】3・24ブーローニュの講和、イングランド対フランス・スコットランドの戦争終結<br>【英】セシルが国務大臣に就任 | |

| | |
|---|---|
| 一五五一年 | ＊ロンサール『第一オード集』<br>【トルコ】トランシルヴァニアに侵攻。8・14リビアのトリポリ占領<br>【独】ザクセン選帝侯モーリッツがマグデブルクを占領<br>【仏】フランス軍がザクセンで皇帝軍を襲撃 |
| 一五五二年 | 【西】トレムセンとトリポリを失う<br>【仏】1・15シャンボール条約、プロテスタント諸侯との協定。4・10アンリ二世メッスを占領<br>【独】8・2モーリッツ、反皇帝諸侯がカール五世とパサウの条約を締結、皇帝はルター派の宗教的自由を承認する |
| 一五五三年 | 【英】エドワード六世没、メアリー・テューダー即位<br>【仏・独】1・1カール五世メッス攻囲断念<br>【仏】アンリ二世カトリーヌ・ド・メディシスと結婚。ジェノヴァ共和国と戦いコルシカ島を征服 |
| 一五五四年 | 【独】7・11ザクセン公モーリッツ没<br>【英】7・12メアリー一世スペインのフェリーペ王子と結婚<br>【仏】フランス軍ネーデルラントに侵入<br>【西】カール五世がフェリーペ（後のフェリーペ二世）にナポリ・シチリアを譲渡<br>【露】アストラハン国を滅ぼす<br>【トルコ】スレイマン一世イランに侵攻、ナフチヴァン、エリヴァン征服 |
| 一五五五年 | 【独】9・25アウグスブルクの和議、ルター派の信仰の自由が認められる<br>【西】4・21フランス軍を破り、シエーナを獲得。10・25カール五世ネーデルラント・ミラノの支配権をフェリーペに譲渡<br>【ローマ】ユリウス三世没、5・23パウルス四世即位<br>【仏】5・23神聖ローマ帝国と和平交渉 |
| 一五五六年 | カール五世の譲位、息子がスペイン王フェリーペ二世となり、弟のフェルディナント一世がボヘミアとハンガリーの王になる。ハプスブルク家がドイツとスペインに |

| | | |
|---|---|---|
| | 分立。カール五世ユステの修道院に隠退 | |
| 一五五七年 | 【仏・独】6・5ヴォーセル休戦協定<br>【仏・英・西】8・10サン・カンタンの戦いでフランスがイギリスとスペインの連合軍に大敗<br>【西】1・1第一回目の国庫破産（債務支払い停止）宣言 | |
| 一五五八年 | 【独】9・21カール五世没、神聖ローマ皇帝フェルディナント一世即位<br>【英】4・24スコットランド女王メアリー・ステュアートがフランス王太子と結婚。11・17メアリー・テューダー没、エリザベス一世の即位。セシル国務大臣に就任<br>【仏】7・13グラヴリヌの戦い、イギリス領のカレーがフランスに戻る | |
| 一五五九年 | 【仏・英・西】カトー・カンブレジの和約で一四九四年以来のイタリア戦争終結、フランスのヴァロワ家とハプスブルク家の争いが終わる。フランスはコルシカ、サヴォイア、ピエモンテを返還、スペインはフランシュ＝コンテ、ナポリを領有<br>【仏】7・10アンリ二世槍の試合で事故死。ギーズ一門が権力を握る<br>【ネーデルラント】グランベルが執政マルガリータ・ディ・パルマの顧問に就任<br>【トルコ】セリムとバヤズィットが王位を争い、バヤズィットはサファヴィー朝に亡命し殺される<br>【ローマ】最初の禁書目録<br>【西】異端審問。ジェルバ島遠征。8フェリーペ二世スペインに帰国。エリザベート・ド・フランスとフェリーペ二世の結婚 | |
| 一五六〇年 | 【仏】ユグノー派によるアンボワーズの陰謀発覚、新旧両教徒の対立。カトリーヌ・ド・メディシス摂政になる<br>【西・トルコ】ジェルバ紛争 | 織田信長、桶狭間の戦いで今川義元を破る |
| 一五六一年 | 【西】フェリーペ二世マドリードに遷都<br>【仏】ギーズ、モンモランシー、サン・タンドレによる三頭政治 | 上杉謙信と武田信玄の川中島の戦い |
| 一五六二年 | 【トルコ】フェルディナント一世と和平調印<br>【仏】ユグノー戦争（ヴァシーでギーズ公軍が新教徒を虐殺、一五九八年まで内乱が | |

| | | |
|---|---|---|
| | 続く） | |
| 一五六三年 | 【仏】ギーズ公没。ユグノーが優勢<br>【ローマ】トレント公会議終わる | |
| 一五六四年 | 【独】神聖ローマ皇帝マクシミリアン二世即位<br>【トルコ】5・18マルタ島攻撃<br>【仏】コルシカ島の蜂起<br>＊ミケランジェロ没 | |
| 一五六五年 | 【トルコ】チュニスを攻略、マルタ島を攻撃するが、ヨハネ騎士団の抵抗で占領できず、スペイン側の勝利<br>【仏・西】6・14カトリーヌ・ド・メディシスがバイヨンヌでアルバ公爵と会見 | |
| 一五六六年 | 【トルコ】スレイマン一世病死、セリム二世即位。ハンガリーに侵入。キーオス島占領<br>【ネーデルラント】クレンボルクの館の同盟。八月の暴動。フェリーペ二世、反乱鎮圧のため、アルバ公爵をネーデルラントに派遣 | |
| 一五六七年 | 【ローマ】ピウス五世即位<br>【トルコ】チュニスをふたたび攻略<br>【仏】第二次ユグノー戦争（国王奪回のため、ユグノー派がモーを襲撃）<br>【ネーデルラント】アルバ公爵の恐怖政治（一五七三年まで） | |
| 一五六八年 | 【トルコ】オーストリア・ハプスブルク朝と八年有効の和平協定締結<br>【西】モリスコがグラナダで反乱開始（グラナダ戦争）<br>【ネーデルラント】オラニエ公ウィレムがアルバ公爵を破り、オランダ独立戦争開始（一六四八年まで） | 信長、足利義昭を奉じて入京 |
| 一五六九年 | 【トルコ】ロシアに進撃、アストラハンを包囲<br>【伊】コジモ・デ・メディチがトスカーナ大公となる<br>【英】北部男爵の反乱<br>【仏】ジャルナックの戦い、ならびにモンコントゥールの戦いで新教軍大敗。トルコ | 信長、フロイスの居住を認める |

| | | |
|---|---|---|
| | と通商協定締結<br>【ネーデルラント】「海乞食党」 | |
| 一五七〇年 | 【トルコ】ウルージ・アリがチュニスを占領。ヴェネツィアに宣戦し、キプロス島遠征。ロシアと和平<br>【西】メキシコの銀が大量に流入し、ヨーロッパの「価格革命」が起こる。ドン・ファン・デ・アウストリアがグラナダの反乱を鎮圧、モリスコの強制移住<br>【仏】サン・ジェルマンの和約で第三次ユグノー戦争終わる<br>【英】カトリック弾圧の罪でエリザベス女王破門 | ポルトガル船長崎で交易 |
| 一五七一年 | 5・25ローマ教皇、スペイン、ヴェネツィアと神聖同盟結ぶ<br>【トルコ】キプロス島征服。10・7レパントの海戦でキリスト教連合軍に敗れる<br>【露】クリミアのタタール人がモスクワを焼き討ち | 信長、延暦寺を焼く |
| 一五七二年 | 【仏】ナヴァル王アンリとフランス王の妹マルグリットの結婚式。8・24旧教派がパリでユグノーを大量虐殺（聖バルテレミーの虐殺）<br>【ネーデルラント】ローデヴェイク・ファン・ナッサウがスペイン軍を破り、ヴァランシエンヌを占領<br>【ローマ】ピウス五世没、グレゴリウス十三世即位 | |
| 一五七三年 | 【西】ドン・ファン・デ・アウストリアがチュニスを占領。キリスト教連合艦隊モレア遠征<br>＊カモンイス『ウズ・ルジアダス』<br>【伊・トルコ】ヴェネツィアがトルコと和平協定締結（ヴェネツィアの裏切り）<br>【仏】アンジュー公がポーランド王に選出される。ブーローニュの和議で、第四次ユグノー戦争終わる<br>【ネーデルラント】アルバ公爵ネーデルラントの鎮圧に失敗し、スペインに引き揚げる | |
| 一五七四年 | 【西】ドン・ファン・デ・アウストリアがチュニスとビゼルトを占領<br>【仏】シャルル九世没、アンリ三世即位。第五次ユグノー戦争 | |

| | | |
|---|---|---|
| 一五七四年 | 【トルコ】セリム二世没、ムラト三世即位。チュニスとビゼルトをスペインから奪回し**チュニジアを併合** | 信長、長島の一向一揆を鎮圧 |
| 一五七五年 | 【西】**支払い停止令** | 信長、越前の一向一揆を鎮圧 |
| 一五七六年 | 【仏】ナヴァル王アンリ再度新教に改宗し、アンリ三世に対抗。ギーズ公アンリのもとに**旧教同盟結成**。**クロード・デュ・ブール事件**<br>【西】ドン・ファン・デ・アウストリアをネーデルラント総督に任命<br>【独】マクシミリアン二世没<br>＊ジャン・ボダン『国家論』 | 信長、安土城を築く |
| 一五七七年 | 【英】ドレーク、世界周航に出発<br>【仏】第六次ユグノー戦争<br>【ペルシャ】サファヴィー朝のイスマーイール二世暗殺される<br>【西】マルリアニをトルコに派遣し、休戦交渉開始 | |
| 一五七八年 | 【トルコ】**イエメン占領**<br>【ネーデルラント】ドン・ファン・デ・アウストリア没。ファルネーゼがネーデルラント総督に任命される<br>【ポルトガル】セバスティアン一世、対モロッコ十字軍（**アルカセル・キビールの戦い**）に出征し、戦死。エンリケ即位<br>【トルコ】大宰相メフメット・ソコルルがペルシャを攻撃<br>＊ロンサール『エレーヌへのソネ』 | |
| 一五七九年 | 【仏】第七次ユグノー戦争<br>【トルコ】メフメット・ソコルル没 | |
| 一五八〇年 | 【ポルトガル】エンリケ没<br>【西】フェリーペ二世ポルトガル王位継承権を主張して、アルバ公爵に攻撃命令を出す。**スペインがポルトガルを併合**。ブラジルがスペインの植民地となる<br>【トルコ】イギリスにカピチュレーション（通商特権）を与える | 信長、本願寺と和睦 |

| | | |
|---|---|---|
| | ＊モンテーニュ『エセー』 | |
| 一五八一年 | 【英】レヴァント貿易のためトルコ会社設立<br>【オランダ】ネーデルラント連邦共和国の独立宣言、頭領にオラニエ公ウィレム<br>【西】フェリーペ二世とトルコとの休戦協定締結 | |
| 一五八二年 | 【仏】トルコと通商条約を結ぶ<br>【ローマ】グレゴリウス十三世、ユリウス暦をグレゴリウス暦に改める。イエズス会中国伝道開始 | 天正遣欧使節派遣<br>本能寺の変 |
| 一五八三年 | 【英】最初の海外植民地ニューファウンドランド | |
| 一五八四年 | 【オランダ】ネーデルラントのオラニエ公暗殺される<br>＊ジョルダーノ・ブルーノ『無限、宇宙と諸世界について』 | |
| 一五八五年 | 【仏】第八次ユグノー戦争<br>【オランダ】ファルネーゼのスペイン軍がアントワープを占領<br>【英】ネーデルラントと同盟<br>【ローマ】教皇がナヴァル王を破門。天正遣欧使節が教皇に謁見<br>【トルコ】タブリーズを占領 | 秀吉関白となる |
| 一五八六年 | 【仏】凶作による穀物価格の高騰と飢饉<br>【エジプト】反トルコの反乱が起こる | |
| 一五八七年 | 【英】メアリー・ステュアート処刑される<br>【ペルシャ】サファヴィー朝シャー・アッバース一世即位 | |
| 一五八八年 | 【英・西】イギリス艦隊がドーバー海峡でスペインの無敵艦隊を撃破、スペインの海上支配権が失われる<br>【仏】ギーズ公アンリがパリに入場。全国三部会でアンリ暗殺される<br>【トルコ】実権を握っていたユダヤ人ヨセフ・ミカス没 | 秀吉、刀狩令、海賊禁止令発布 |
| 一五八九年 | 【仏】カトリーヌ・ド・メディシス没。アンリ三世暗殺されヴァロワ朝断絶。ナヴァル王アンリがアンリ四世として即位、ブルボン朝開始 | |
| 一五九〇年 | 【トルコ】サファヴィー朝と和平 | |

| | | |
|---|---|---|
| 一五九一年 | 【ローマ】**教皇、アンリ四世を破門**<br>【トルコ】オーストリアと開戦 | |
| 一五九二年 | 【英】**レヴァント会社設立** | 秀吉の朝鮮侵略開始 |
| 一五九三年 | 【仏】アンリ四世カトリックに改宗<br>【トルコ】**ハンガリー・オーストリアに侵入**（ハプスブルク家との十五年戦争）<br>【西】エル・エスコリアル宮殿完成 | |
| 一五九四年 | 【仏】アンリ四世パリに入場 | |
| 一五九五年 | 【仏】**アンリ四世スペインに宣戦布告**<br>【トルコ】メフメット三世即位 | |
| 一五九六年 | 【英・仏】**対スペイン攻守同盟締結**、後にオランダも参加。オランダの独立を承認<br>【西】王室財政の危機<br>【トルコ】ハンガリー遠征 | 長崎の二六聖人殉教 |
| 一五九七年 | 【仏・西】フェリーペ二世とアンリ四世の和平交渉開始<br>＊シェークスピア『ロメオとジュリエット』 | 朝鮮侵略再開 |
| 一五九八年 | 【英】救貧法制定<br>【仏】**ナントの王令発布**し、新教徒に信仰の自由・政治的同権を認め、宗教戦争が終わる。**ヴェルヴァン条約**でスペインの占領地がフランスに返還<br>【西】9・13フェリーペ二世没 | 秀吉没 |
| 一五九九年 | 【西】オランダ、イギリスと和平交渉開始。ペリョン銅貨鋳造でインフレ激化 | |
| 一六〇〇年 | 【西】オランダ、イギリスとの和平交渉決裂<br>【伊】**ジョルダーノ・ブルーノ火刑に処せられる**<br>【英】**東インド会社設立**<br>＊シェークスピア『ヴェニスの商人』 | 徳川家康、関ヶ原の戦いで西軍を破る |

（年表作成にあたり、本文の記述のほかに次の文献を参考にした。石橋秀雄・松浦高嶺ほか編『世界史大年表』山川出版社。歴史学研究会編『世界史年表』岩波書店。J・ドゥロルム「年表世界史III」文庫クセジュ。Roger Caratani, *Chronologie universelle*, Hachette）

## 〈付３〉 フェルナン・ブローデル略年譜

1902年8月24日　フランス北東部のムーズ県リュメヴィル・アン・オルノワに生まれる。（小学校でジャン・ギャバンと同級生だった。）

1922年　歴史学のアグレガシオン〔高等教育教授資格試験〕合格。当時フランスの植民地であったアルジェリアのコンスタンティヌ高校に赴任。

1923年　ライン川占領軍で兵役。

1932年　アルジェリアを去り、パリのアンリ四世高校で教える。

1935年　ブラジルのサンパウロ大学教授。

1937年　高等研究院第４部門で「歴史文献学」担当に任命される。（この年リュシアン・フェーヴルと同じ船に乗り合わせ、この出会いがブローデルの人生において決定的であった）

1938年　アルプス山脈の前線に動員される。

1939年　マジノ線の前線に動員される。（-1940年）

1940年7月　捕虜になり、二年間マインツで捕虜生活、次にリューベックで捕虜生活。このリューベックの捕虜収容所で、もっぱら記憶だけに頼って、マインツで書き始めた博士論文『地中海』を書き上げる。（-1945年5月）

1947年　『アナール』誌編集長。（-1968年）

1947年　博士論文『フェリーペ二世時代の地中海と地中海世界』（『地中海』）の学位審査に合格。

1949年　リュシアン・フェーヴルの後任としてコレージュ・ド・フランス教授に選ばれる。（-1972年）『地中海』を自費出版。

1956年　シャルル・モラゼと創設した高等研究院第６部門の部長をつとめる。（-1972年）

1963年　人間科学館を創設し、館長をつとめる。（-1972年）

1984年　アカデミー・フランセーズ会員に選ばれる。

1985年11月28日　サヴォワにて死去。

## ■ラジオ・テレビ番組

（ブローデルが出演したものとブローデルについて語られたもののなかで「フランス国立視聴覚研究所」ＩＮＡで録画や録音を聞くことができたものに限定、放送順）

### テレビ

〈Clio et les siens : Les invariants de l'histoire〉, ORTF, 5 avril 1970.（ブランギエによるブローデルへのインタビュー）

〈Signes des Temps : Les Historiens〉, présenté par Jean-Claude Bringuier, ORTF, 30 octobre 1972.（ブローデル、ル＝ロワ＝ラデュリ、ジャック・ル＝ゴフなどへのインタビュー）

〈La Méditerranée〉, réalisation Folco Quilici, FR3, 1976（Rediffusion, TV Histoire, 1999）（12 回放送、各１時間、邦訳『地中海世界』のもとになったテレビ番組）

〈Mémoires, nuits d'été : Civilisation matérielle, Fernand Braudel〉, entretien avec J. -Cl. Bringuier, 22 août 1984, Antenne 2. （ブローデルへのインタビュー、１時間ずつ２回放送）

〈Leçon d'Histoire〉, réalisée par Kiki Gauthier, 14 janvier 1992, France 2.（中学３年生の歴史の時間に「1707 年のトゥーロンの攻囲」について行った授業の記録）

〈La Méditerranée, Un livre, un jour〉, 31 mars 1993, FR3.（リーヴル・ド・ポッシュ文庫版『地中海』の紹介）

### ラジオ

〈Les nuits de France Culture : Fernand Braudel, cet hérétique〉, réalisées par Pascale Lismonde, 13 novembre 1995, France Culture.（ブローデルへのインタビューのほか、ウォーラーステイン、アタリ、マンク、ル＝ゴフ、ル＝ロワ＝ラデュリなどによる証言でブローデルの生涯と仕事を特集。５時間連続放送）

〈Un jour au singulier, André Nahum〉, 10 décembre 1995, France Cluture.（作家アンドレ・ナウムによる『地中海』の紹介と『地中海』の抜粋の朗読）

〈L'atelier du savoir, Les lundis de l'histoire : Retour à Fernand Braudel〉, 1er septembre 1997, France Culture.（ロジェ・シャルティエによるモーリス・エマールやジャック・ルヴェルへのインタビューによる構成で『ブローデル著作集』について語る）

（『地中海』各国語版の書誌作成協力者　南山大学図書館閲覧参考係　紅露剛氏。トルコ語関係は東京大学東洋文化研究所鈴木董氏にご教示いただいた。）

**韓国語研究文献**

서명/저자

Fernand Braudel 史學의 基本構造에 대한 研究 : La Mediterranee et le monde mediterraneen a L'Epoque de Philippe II 를 中心으로／邊琪燦발행사항 서울 : 中央大學校, 1987 형태사항 87p. ; 26cm학위논문주기 학위논문(석사)-中央大學校 大學院 : 史學科 西洋史專攻, 1987

**書評**（初期の主なもののみ）


Barkan, Ömer Lütfi : ≪ F. Braudel, La Méditerranée et le Monde Méditerranéen à l'époque du Philippe II ≫, *Revue de la Faculté des Sciences économique d'Istanbul*, XI, Paris, 1949, Nr. 1-4 (1950), pp. 196-216.

Barkan, Ömer Lütfi : ≪Philippe II. Devrinde Akdeniz ve Akdeniz Memleketleri≫, *Istanbul Ünibersitesi Ìktisat Fakültesi Mecmnasi*, XII, Nr. 1-4 (1951), pp. 173-192. （上記のトルコ語版）

Barkan, Ömer Lütfi : ≪F. Braudel, La Méditerranée et le Monde Méditerranéen à l'époque de Philippe II.≫, *Türkiyat Mecmnasi*, X, Paris, 1949, (1953), pp. 395-403.

Baylin, Bernard : ≪La géohistoire de Braudel : une relecture critique≫, *Journal of Economic History*, vol. 11, 1951, pp. 278-282.

Febvre , Lucien : ≪Un livre qui grandit≫, *Revue Historique*, CCIII , avril-juin 1950. (『フェルナン・ブローデル』新評論、所収)

Hexter, J. -H. : ≪Fernand Braudel et le monde braudélien≫, *Journal of Modern History*, XLIV, n°4, 1972, pp. 480-539. (『ブローデルとブローデルの世界』刀水書房、所収)

Kula, Witold : ≪Histoire et économique : la longue durée≫, *Annales ESC*, XV , n°2, mars-avril 1960, pp. 294-313.

Lefort, Claude : ≪ Histoire et sociologie dans l'œuvre de Fernand Braudel≫, *Cahiers internationaux de sociologie*, n°13, 1952, pp. 122-31.

Trevor-Roper, Hugh R. : ≪Fernand Braudel, the Annales and the Mediterranean≫, *Journal of Modern History*, XLIV, 1972, pp. 468-479. (『ブローデルとブローデルの世界』刀水書房、所収)

LIX, 1974, pp. 238-243.
Plumb, J. H. : ≪ History as Geography, Folklore as Everything that Touches the Lives of Men ≫, *New York Times Review of Books*, 31 decembre 1972.
Pomian, Krzysztof : *L'Ordre du temps*, Gallimard, 1984.
Rancière, Jacques : *Les Mots de l'histoire, Essai poétique du savoir*, Seuil, 1992.
Revel, Jacques : ≪ Histoire et sciences sociales : le paradigme des Annales ≫, *Annales ESC*, 1979.
Revel, Jacques et Wachtel, Nathan : *Une école pour les sciences sociales, De la VI$^e$ section à l'École des Hautes Études en Sciences Sociales*, Le éditions de CERF, 1996.
Revel, Jacques : *Fernand Braudel et l'histoire*, Hachette Pluriel, 1999.
Reymolds, Sian : ≪ A problem of the conjoncture and the longue durée : twenty years of translating Braudel ≫, communication at Baltimore, Fernand Braudel Center, 1993.
Romano, Ruggiero : ≪ Braudel, nous et les autres ≫ , *Revue europeenne des sciences sociales*, XXX, nº 93.
Romano, Ruggiero : ≪ À propos de l'édition italienne du livre de F. Braudel ≫, *Cahiers Vilfredo Pareto*, nº 5, 1968, pp. 103-104.
Ruel, A. : *L'invention de la Méditerranée, XX$^e$ siècle*, oct.-déc. 1991, pp. 7-14.
Sapori, A. : ≪ La decadenza del Mediterraneo : polemica di F. Braudel per un " tipo" di storia ≫, *Il Nuovo Carriere*, 29 août 1953.
Stoianovich, Traian : *French Historical Method, The "Annales" paradigm*, Cornell University Press, 1976.
Thuillier, Guy et Tulard, Jean: *La méthode en histoire*, Presses Universitaires de France, 1986.
Thuillier, Guy et Tulard, Jean : *Les écoles historiques*, Que sais-je ?, Presses Universitaires de France, 1990.
Verdès-Leroux, J. : *Au Service du parti. Le Parti communiste, les intellectuels et la culture* (1944-1956), Fayard-Éd. de Minuit, 1983.
Verlinden, R. : compte rendu de *la Méditerranée, Revue belge de philologie et histoire*, XXXI, 1953.
Verschave, François-Xavier : *Libres leçons de Braudel, passerelles pour une société non excluante*, Syros, 1994.
Wallerstein, Immanuel : ≪ Fernand Braudel : historien, homme de la conjoncture ≫, *Radical History Review*, 1982.
Aguirre Rojas, C.: *Fernand Braudel et les sciences humaines*, Presses Universitaires du Mirail, 2000.
Brunhes, A. : *Fernand Braudel*, Josette Lyon, 2001.
Paris, Erato : *Genèse intellectuelle de Fernand Braudel, La Méditerranée et le monde méditerranéen à l'époque de Philippe II*, Athènes, 1999.
Porta, A. G. : *Braudel Por Braudel*, El Acantilado, 1999.

*ESC*, X, 1956, pp. 73-85

Herling Bianco, M. : ≪Braudel e Kula:un "incontro" tra due tradizioni storiografiche ≫, *Fernand Braudel, il mestiere diuno storico*, Naples, ESI, 1988.

Hess, A. C.: *The Forgotten Fronteer : a History of the Sixteenth Century Ibero-African Fronteer*, Chicago, 1978.

Iggers, G. G. : ≪Die Annales und ihre Kritiker. Probleme modernen franzosischer Sozialgeschichte ≫, *Historische Zeitschrift*, CCXIX, pp. 578-608.

Jorland, G. : ≪ Fernand Braudel et la révolution industrielle ≫ , *Critique*, XLIII, 1987, pp. 506-530.

Kinser, S. : ≪ Annalist Paradigm ? The Geohistorical Structuralism of Fernand Braudel ≫, *American Historical Review*, LXXXVI, 1981, pp. 63-105.

Lacoste, Yves : *Paysages politiques*, Le Livre de poche, 1990.

Laurent, Jacques : *Discours de la réception de Jacques Laurent à l'Académie française et réponse de Michel Déon*, Gallimard, 1987.

Le Goff, Jacques (sous la direction) : *La Nouvelle Histoire*, Éditions Complexe, 1988.

Le Goff, Jacques et Nora, Pierre (sous la direction) : *Faire de l'histoire I, II*, Folio, Gallimard, 1974.

Le Roy Ladurie, Emmanuel : *Parmi les historiens I, II*, Gallimard, 1994.

Lévi-Strauss, Claude : ≪ L'Anthropologie sociale devant l'histoire ≫, *Annales ESC*, XV, 1960, pp. 625-637.

Lévi-Strauss, Claude : ≪ Fernand Braudel≫, *Esprit*, février 1985.

Luzzato, G. : ≪ Il Mediterraneo nella seconda metà del Cinquecento ≫, *Nuova rivista storia*, XXV, 1949, pp. 2-6.

*Magazine littéraire*, Novembre 1984.

Martini, G. : ≪ La "geostoria" del Mediterraneo ≫, *Belfagor*, VI, 1951.

Mattingly, G. : compte rendu de *la Méditerranée, American History Review*, oct. 1949, pp. 88 sq.

*Mélanges en l'honneur de Fernand Braudel 1 : Histoire économique du monde méditerranéen 1450-1650*, Privat, 1973.

*Mélanges en l'honneur de Fernand Braudel 2 : Méthodologie de l'histoire et des sciences humaines*, Privat, 1973.

Moretti, M. : ≪ Braudel in Italia, discussioni e critiche ≫, communication au colloque Fernand Braudel, *Studi di storia*, Prato, mai 1995.

Musi, A. : ≪Stato, politica, amministrazione nel "Mediterraneo" di Fernand Braudel≫, *Braudel, Il mestiere delle storico*, pp. 133-157.

Parker, G. : ≪ Braudel's "Mediterranean". The Making of a Masterpiece ≫, *History*,

Éditions Kimé, 1997.

Bourde, G. et Martin, H. : *Les écoles historiques*, Seuil, 1983.

Boutier, Jean et Julia, Dominique : *Passés recomposés, Champs et chantiers de l'Histoire, Autrement*, série mutations, n° 150-151, janvier 1995.

Braudel, Paule : ≪Les Origines intellectuelles de Fernand Braudel≫, *Annales*, I, 1992, pp. 237-244.

Braudel, Paule : *Primeras Jornadas Braudelianas*, Cua dernos secuencia, 1993.

Braudel, Paule : *Préface, Storia, misura del mondo*, Il Mulino, 1998.

*Braudel dans tous ses états.* La vie quotidienne des sciences sociales sous l'empire de l'histoire, *Espaces Temps*, 34-35, 1986.（『ブローデル帝国』藤原書店、2000 年）

Carrard, Philippe : *Poétique de la Nouvelle Histoire, Le discours historique en France de Braudel à Chartier*, Éditions Payot Lausanne, 1998.

Collectif : *Lire Braudel*, La Découverte, 1988.（『ブローデルを読む』藤原書店近刊）

Coutau-Bégarie, Hervé : *Le phénomène Nouvelle Histoire, Grandeur et décadence de l'école des Annales*, 2ème édition entièrement refondue, Economica, 1989.

Daix, Pierre : *Braudel*, Flammarion, 1995.（『ブローデル伝』藤原書店、2003 年）

Daniel, Jean : ≪Avant-propos à la Médiaklatura. Le nouveau pouvoir culturel≫, *Le Nouvel Observateur*, mars 1988.

Dosse, François : *L'histoire en miettes, Des "Annales" à la "nouvelle histoire"*, La Découverte, 1987. (édition revue et corrigée, Préface inédite de l'auteur, Agora Pocket, 1997)

Dosse, François : *L'empire du sens*, 1995.

Foucault, Michel : *Dits et écrits, 1954-1988*, Gallimard, 1994.

Gemelli, Giuliana : ≪ Il nuovo Mediterraneo di Braudel ≫, *Libri nuovi*, juin 1977, pp. 4-5.

Gemelli, Giuliana : ≪ La Méditerranée di Fernand Braudel oltre l'oceano : i percorsi di une storiografia planetaria ≫, *Rivista di storia contemporanea*, n° 1, 1979, pp. 111-127.

Gemelli, Giuliana : ≪ La Vie Sezione dell' École pratique des hautes études e l'unificazione delle scienza economico-sociali in Francia ≫, *Inchiesta*, XIV, n° 63-64, 1984, pp. 129-144.

Gemelli, Giuliana : ≪ Un incontro mancato. Braudel e le scienza sociali in Italia ≫, Il Mulino, XXXVI, 1987, pp. 409-440.

Gemelli, Giuliana : *Fernand Braudel*, Éditions Odile Jacob, 1995.

Gurvitch, Georges : ≪ Continuité et discontinuité en histoire et sociologie ≫, *Annales*

バーク、P. 編『ニュー・ヒストリーの現在』、谷川稔ほか訳、人文書院、1996 年
蓮實重彦、山内昌之『20 世紀との訣別、歴史を読む』岩波書店、1999 年
浜名優美「フェルナン・ブローデル」今谷明・大濱徹也・尾形勇・樺山紘一・木畑洋一編『二〇世紀の歴史家たち（3）世界編（1）』刀水書房、1999 年所収
ハント、L.『文化の新しい歴史学』筒井清忠訳、岩波書店、1993 年
福井憲彦『鏡としての歴史』日本エディタースクール出版部、1990 年
マトヴェイェーヴィチ、P.『地中海、ある海の詩的考察』沓掛良彦、土屋良二訳、平凡社、1997 年
湯浅赳男『世界史の想像力』新評論、1988 年
山内昌之『歴史家の一冊』朝日選書、朝日新聞社、1998 年
リード、A.『大航海時代の東南アジア I, II』平野秀秋、田中優子訳、法政大学出版局、1997 年
リクール、P.『時間と物語 I, II』久米博訳、新陽社、1987 年
レヴィ＝ストロース、C.『構造人類学』荒川幾男ほか訳、みすず書房、1972 年
ルヴェル、J.「記憶の重荷」『思想』二宮宏之訳、1996 年 8 月号、岩波書店、190-203 頁
ル＝ゴフ、J. ほか『歴史・文化・表象』二宮宏之編訳、岩波書店、1992 年
ウォーラーステイン他、藤原書店編集部編『「地中海」を読む』、藤原書店、1999 年

**欧文文献**

Armstrong, J. A. : ≪Braudel's Mediterranean : un défi latin ≫, *World Politics*, XXIX, 1977, pp. 627-636.

Aymard, Maurice : ≪The Impact of the "Annales" School on the Mediterranean Countries≫, *Review*, n° 3-4, 1978.

Aymard, Maurice : ≪Fernand Braudel, Mediterranean and Europe ≫, *Mediterranean Historical Review*, XI, 1987, pp. 102-114.

Aymard, Maurice : ≪ L'Italia-mondo nell'opera di Braudel ≫, *Critica marxista*, XXV, 1987, pp. 81-88.

Aymard, Maurice: ≪Histoire totale ou histoire globale≫, communication faite lors des Secondes Journées braudéliennes, ≪Histoire et sciences sociales≫, 20-21 janvier 1994.

Bédarida, François (sous la direction) : *L'histoire et le métier d'historien en France 1945-1995*, Éditions de la Maison des sciences de l'homme, 1995.

Bera, M. A. : ≪ In Memoriam, Fernand Braudel≫, *Revue administrative*, mars-avril 1986.

Bonnaud, Robert : *Histoire et historiens depuis 68, Le triomphe et les imapsses*,

●*Les Mémoires de la Méditerranée*（『地中海の記憶』）
スペイン語訳（Madrid, Catedra, 1998.）、イタリア語訳（RCS Libri Bompiani, 1999.）
ほかに英語、ポルトガル、日本語の翻訳予定がある。

## ■『地中海』関係研究書

**和文文献**

赤井彰ほか『ブローデルとブローデルの世界』刀水書房、1991年
井上幸治編『フェルナン・ブローデル』新評論、1989年
イッガース、G.『２０世紀の歴史学』早島瑛訳、晃洋書房、1996年
ウォーラーステイン、I. 『近代世界システム』川北稔訳、名古屋大学出版会、1993年
ウォーラーステイン、I. 『脱＝社会科学』本多健吉・高橋章監訳、藤原書店、1993年
ヴェーヌ、P. 『歴史をどう書くか』大津真作訳、法政大学出版局、1982年
樺山紘一『地中海とルネサンス』中央公論社、1996年
樺山紘一、中村雄二郎「回帰する地中海」『現代思想』一九九五年六月号、38-55ページ、青土社
河原温「フェリペ二世時代の地中海と地中海世界」樺山紘一編『現代歴史学の名著』中公新書、中央公論社、1989年所収
川勝平太編『海から見た歴史――ブローデル「地中海」を読む』、藤原書店、1996年
グレーヴィチ、A・Я.『歴史学の革新』栗生沢猛夫・吉田俊則訳、平凡社、1990年
サルトル、J-P. 『弁証法的理性批判 I』竹内芳郎、矢内原伊作訳『サルトル全集』第26巻、人文書院、1965年
ショーニュ、P. ／ドッス、F. 『歴史のなかの歴史家』仲沢紀雄訳、国文社、1996年
竹岡敬温『「アナール」学派と社会史』同文書院、1992年
竹岡敬温・川北稔編『社会史への途』有斐閣選書、1995年
二宮宏之『全体を見る眼と歴史家たち』平凡社ライブラリー、1995年
二宮宏之『歴史学再考――生活世界から権力秩序へ』日本エディタースクール出版部、1994年
ノワリエル、G. 『歴史学の＜危機＞』小田中直樹訳、木鐸社、1997年
バーク、P. 『フランス歴史学革命』、大津真作訳、岩波書店、1992年

スペイン語訳（*La dinamica del capitalismo*, Alianza Editorial, 1985., *La dinamica del capitalismo*, Mexico, Fondo de cultura economica, 1986.）
ポルトガル語訳（*A Dinamica do capitalismo*, Lisbonne, Editorial Teorema, 1985.）
ドイツ語訳（*Die Dynamik des Kapitalismus*, Stuttgart, Klett-Cotta, 1986.）
ノルウェー語訳（*Kapitalismens dynamik*, Oslo, Forlaget ARS, 1986.）
ブラジル語訳（*A Dinamica do capitalismo*, Rio de Janeiro, Rocco, 1987.）
スウェーデン語訳（*Kapitalimenns dynamik*, Gidlungs Borkförlag, 1988.）
ユーゴスラヴィア語訳（*Dinamika Kapitalizma*, Novi Sad, Izdavacka Knjizarnica Zorana, Stojanovia Sremski Karlovci, 1989.）
ロシア語訳（1992.）
リトアニア語訳（*Kapitalismo Dinamika*, Vilna, 1994.）
チェコ語訳（*Dynamica Kapitalismu*, Prague, 1999.）

●***Venise***（『都市ヴェネツィア』）
イタリア語訳（Bologne, Il Mulino, 1984.）

●***L'identité de la France***（『フランスのアイデンティティ』）
英語訳（*The Identity of France*, London, New York, Collins, Harper and Row, 2 vol., 1988-1992.）
イタリア語訳（Milan, Mondadori/Saggiatore, 3 vol., 1988.）、ドイツ語訳（Stuttgart, Klett-Cotta, 3 vol., 1989.）、ブラジル語訳（Sao Paulo, Globo, 1989.）、スペイン語訳（Barcelone, Gedisa, 1993.）

●***Le modèle italien***（『イタリア・モデル』）
イタリア語訳（Einaudi, 1974 (in : *Storia d'Italia*) : 1986 (in : *Il Secondo Rinascimento*)., テキストのみで図版なし）
ドイツ語訳（*Das italianische Modell*, Stuttgart, Klett-Cotta, 1998., 図版含む）
英語訳（*Out of Italy*, Flammarion (Thames and Hudson, Abbeville Press), 1998., 図版含む）

●***Une leçon d'histoire de Fernand Braudel***（『ブローデル、歴史を語る』）
イタリア語訳（Turin, Einaudi, 1988.）、スペイン語訳（Mexico, Fondo de cultura economica, 1989.）、ブラジル語訳（Rio de Janeiro, 1989.）

●***Les écrits de Fernand Braudel, tome 1 : Autour de la Médeterranée ; tome 2, Les Ambitions de l'histoire***（『ブローデル歴史集成』Ⅰ・Ⅱ、藤原書店）
**第一巻** スペイン語訳（Paidos Iberica, 1997.）
**第二巻** イタリア語訳（Bologne, Il Mulino, 1998 , ただし抄訳）

ポーランド語訳（*Historia i trwanie, Varsovie*, Czytelink, 1971, trad. par B. Geremek.）
ポルトガル語訳（*Historia e ciencias sociales*, Lisbonne, Ed. Presença, 1972.）
ブラジル語訳（*Escritos sobre a historia*, Sao Paulo, Editora Perspectiva, 1978.）
イタリア語訳（*Scritti sulla storia*, Milan, Arnolodo Mondadori, 1973.）
オランダ語訳（*Geschiedschrijving*, Baarn, Ambo, 1979.）
英語訳（*On History*, London, Weidenfeld, 1980.）
韓国語訳（Seoul, 1990.）
ドイツ語訳（*Schriften zur Geschichte*, 1, Stuttgart, Klett-Cotta, 1992.）

●***Ecrits sur l'histoire 2***（『歴史論集』第二巻）
イタリア語訳
*Scritti sulla storia 2*, Mondadori, 1991.
スペイン語訳
*Escritos sobre la historia*, Alianza, 1991.
*Escritos sobre historia*, Mexico, Fondo de cultura economica, 1999.
ポルトガル語およびブラジル語
*Escritos sobre a historia*, Lisobonne, Ed. Presença, 1992.
*Reflexoes sobre a historia*, Sao Paulo, Martins Fontes, 1992.
ドイツ語訳
*Schriften zur Geschischte, 2*, Sttutgart, Klett-Cotta, 1993.

**●その他の論文**
**≪Longue durée≫**「長期持続」
ドイツ語訳（≪Die lange Dauer≫, in : Theorieprobleme der Geschichtewissenschaft, 1977.）
ほかに中国でブローデルの論文を集めたものが 1997 年に出ている。

●***La Méditerranée***（『地中海世界』）
ポーランド語訳（Gdansk, 1982.）、イタリア語訳（Milan, Bompiani, 1987.）、ドイツ語訳（Francfort sur le Mein, Fischer, 1987.）、スペイン語訳（Mexico, Fondo de cultura economica, 1989.）、スウェーデン語訳（Stockholm, Gildlungs, 1990.）、ギリシャ語訳（Athènes, 1990-1991.）

●***La Dynamique du capitalisme***（『資本主義の力学』）
英語訳（*Afterthoughts on material civilization and capitalism*, Boston, J. Hopkins U. P., 1977.、実際には英語版がフランス語版よりも先に出版された。）

イタリア語訳（*La dinamica del capitalismo*, Bologne, Il Mulino, 1981.）

成 III　日々の歴史』藤原書店近刊）

## ■ブローデル著作の各国語翻訳

（この項目の作成はブローデル夫人提供の資料による）

●***Grammaire des civilisations***（『文明の文法』）

（『文明の文法』はバイユ、ブローデル、フィリップ共著の教科書『現代世界』（Baille, Braudel, Philippe, *Le Monde actuel*）の第２部として書かれたものである。）

イタリア語訳（*Il Mondo attuale*, Turin, einaudi, 1966.）
スペイン語訳（*Las Civilizaciones actuales*, Madrid, Editions Tecnos,1966,1970,1971.）
ポルトガル語訳（*Gramatica das civilizaçoes*, Sao Paulo, Marins Fontes, 1989.）
英語訳（Viking-Penguin, New York, 1993 ; London, 1994.）

●***Civilisation matérielle, Économi et capitalisme***（『物質文明・経済・資本主義』）

英語訳（*Capitalim and Material Life, 1400-1800,* London, Weidenfeld and Nicolson, 1973.）（1967年版の翻訳）
スペイン語訳（*Civilizacion material y capitalismo*, Barcelone, Labor, 1974.）（1967年版の翻訳）
イタリア語訳（*Capitalismo e civiltà materiale*, Turin, Einaudi, 1977.）（1967年版の翻訳）
ドイツ語訳（*Sozialgeschichte des 15-18. Jahrhunderts*, Kindler, 1990.）（1979年版の翻訳）
英語訳（*Civilization and Capitalism : 15th-18th century*, London, Collins, New York, Harper, 3 vol., 1982-1984.）（1979年版の翻訳）
ほかに、イタリア語訳（Turin, Einaudi, 3 vol., 1982.）、スペイン語訳（Madrid, Alianza Editorial, 3 tomes, 1984.）、ポルトガル語訳（Lisbonne, Cosmos, 1985.）、スウェーデン語訳（Stockholm, 1982.）、ノルウェー語訳（Gildunds, 3 vol., 1982-1986.）、ブラジル語訳（Rio de Janeiro, 1985.）、ハンガリー語訳（Budapest, Podor Lazlo örököse, 1985.）、ロシア語訳（Moscou, Progress, 1986-1988.）、オランダ語訳（Amsterdam, 3 vol., 1989.）、ルーマニア語訳（Bucarest, Editura Meridaine, 1989.）、ポーランド語訳（Varsovie, 3 vol., 1992.）、中国語訳（Pekin, 3 vol., 1993.）、韓国語訳（Seoul, 3 vol., 1995.）、ウクライナ語訳（Kiev, 1998.）。

●***Ecrits sur l'histoire 1***（『歴史論集』第一巻）

スペイン語訳（*Las Historias y las Ciencias sociales*, Alianza, 1968., *Escritos sobre historia*, Mexico, Fondo de cultura economica, 1999.）

*Navires et marchandises à l'entrée du port de Livourne (1547-1611)*, Armand Colin, 1951. (avec Ruggiero Romano)
*Civilisation matérielle et capitalisme* (XV^e^-XVIII^e^ *siècle*), t. I, Armand Colin, 1967.
*Écrits sur L'histoire*, Flammarion (coll. Champs, 1969).
*La Méditerranée*, Arts et Métiers Graphiques, T. 1 : L'espace et l'histoire ; T. 2 : Les hommes et l'héritage, 1977, 1978. (coll. Champs, Flammarion, 1985)(『地中海世界１，２』神沢栄三訳、みすず書房、1990-1992 年)
*Civilisation matérielle, Économie et Capitalisme, XV^e^ - XVIII^e^ siècle*, 3 vols., Armand Colin, 1979.(『物質文明・経済・資本主義』全６巻、村上光彦・山本淳一訳、みすず書房(「日常性の構造１，２」「交換のはたらき１，２」「世界時間１，２」1985-1999 年)
Les 80 ans du ≪ Pape ≫ des historiens, in *Histoire*, 48, 1982(「八〇年の歩み」『ブローデル、歴史を語る』に収録)
*Venise*, Arthaud, 1984.(『都市ヴェネツィア——歴史紀行』岩崎力訳、岩波書店、1986 年)
"Une vie pour l'histoire ", entretien de F. Braudel avec F. Ewald et J-J. Brochier, *Magazine littéraire*, nov. 1984.(井上幸治編『フェルナン・ブローデル』新評論、1989 年に所収)
*La Dynamique du capitalisme*, Arthaud, 1985. (coll. Champs, 1988)(『歴史入門』、金塚貞文訳、太田出版、1995 年)
*Discours de Réception de M. Fernand Braudel et Réponse de M. Maurice Druon*, Arthaud, 1986.(井上幸治編『フェルナン・ブローデル』新評論、1989 年に所収)
*Une leçon d'histoire de Fernand Braudel*, Arthaud, 1986.(『ブローデル、歴史を語る——地中海、資本主義、フランス』、福井憲彦・松本雅弘訳、新曜社、1987 年)
*L'identité de la France*, Arthaud, T. 1 : Espace et histoire : T. 2 : Les hommes et les choses ; T. 3 : Les hommes et les choses (2). 1986. (coll. Champs, 1990)
*Grammaire des civilisations*, Arthaud, 1987. (coll. Champs, 1993)(『文明の文法１，２』松本雅弘訳、みすず書房、1995-1996 年)
*Le modèle italien*, Arthaud, 1989. (coll. Champs, 1994)
*Écrits sur L'histoire, II*, Arthaud, 1990.
*Autour de la Méditerranée*, Éditions de Fallois, 1996.(『ブローデル歴史集成 I 地中海をめぐって』浜名優美監訳、藤原書店、2004 年)
*Les ambitions de l'histoire*, Éditions de Fallois, 1997.(『ブローデル歴史集成 II 歴史学の野心』藤原書店近刊)
*Les Mémoires de la Méditerranée*, Éditions de Fallois, 1998.(『ブローデル歴史集

**ドイツ語訳**

*Das Mittelmer und die mediterrane Welt in des Epoche Philipps II*, Frankfurt am Main, Suhrcamp, 1990.

**日本語訳**

『地中海』全５巻、浜名優美訳、藤原書店、1991-1995 年（藤原セレクション版、1999 年）

**オランダ語訳**

*Het landschap en de mens*, (De Middellandse Zee ; dl. 1), Eef Gratama, Amsterdam, Contact, 1992.

*De samenleving en de staat*, (De Middellandse Zee;dl. 2), Koen van Gulik, Amsterdam, Contact, 1993.

*De politiek en het individu*, (De Middellandse Zee;dl. 3), Floor Bosboom, Amsterdam, Contact, 1993.

**中国語訳**

Fei-li-p`u erh shih shih tai ti Ti-chung-hai ho Ti-chung-hai shih chieh, Ti 1 pan, Pei-ching, Shang wu yin shu kuan, 1996, 2 vols.

**クロアチア語訳**

*Sredozemlje i sredozemni svijet u doba Filipa II*, Zagreb, Izdanja Antibarbarus, 1997-1998.

**その他の言語**（翻訳書のタイトルが不明なもの）

ポーランド語訳（Gdansk, Wydawnictwo Mroski, 1976）

ルーマニア語訳（Bucarest, Editura Meridiane, 1985）

ギリシャ語訳（Athènes, National Bank Cultural Foundation, 1991, １巻本）

ハンガリー語訳（1996）

スウェーデン語訳（1997, １巻本）

## ■フェルナン・ブローデルの著作

*La Méditerranée et le monde méditerranéen à l'époque de Philippe II*, Armand Colin, 1949 ; 2 vols., 2ème édition 1966. （Le livre de poche, 1993）（『地中海』全５巻、浜名優美訳、藤原書店、1991-1995 年、第二版の翻訳；藤原セレクション、全 10 巻、1999 年）

# 〈付4〉『地中海』関連書誌

## ■『地中海』の各国語翻訳

（1966年以前に翻訳出版されたものはいずれも原著初版の翻訳。なお、配列の順序は刊行順である。）

### スペイン語訳

*El Mediterraneo y el mundo mediterraneo en la epoca de Felipe II*, 2 vols. traduccion Mario Monteforte Toledo, Wenceslano Roces y Vicente Simon, Mexico, Fondo de Cultura Economica, 1953.

*El Mediterraneo y el mundo mediterraneo en la epoca de Felipe II*, 2 vols. traduccion Mario Monteforte Toledo, Wenceslano Roces y Vicente Simon, 2a ed., Mexico, Fondo de Cultura Economica, 1976, 1981.（第二版の翻訳）

### イタリア語訳

*Civiltà e imperi del Mediterraneo nell'età di Filippo 2*, 2 vols. Trad. Carlo Pischedda, Torino, G. Einaudi, 1953.

*Civiltà e imperi del Mediterraneo nell'età di Filippo 2*, Trad. Carlo Pischedda, Torino, G. Einaudi, 1965.（前記訳書を一巻本にまとめたもの）

*Civiltà e imperi del Mediterraneo nell'età di Filippo 2*, Nuova ed. Trad. Carlo Pischedda, Torino, G. Einaudi, 1976.（第二版の翻訳）

### 英語訳

*The Mediterranean and the Mediterranean World in the Age of Philip II*, tr. by Sian Reynols, 2 vols, Harper and Row, 1972, 1992 ; University of California Press, 1995.（第二版の翻訳）

### ポルトガル語訳

*O Mediterranio e o mundo mediterranico na epoca de Felipe II*, 1a ed., Lisboa, D. Quixote, 1983-1984, 2 vols. ; 1995, 2 vols.

### トルコ語訳

*Fernand Braudel, Akdeniz ve Akdeniz Dämyasi*, 2 vols., tr. by Mehmed Ali Kiliçbay, Even Rayimcilik ve Kitapcilik ltd., Istanbul, 1989-1990.

## 著者紹介


浜名優美（はまな・まさみ）

1947年生まれ。1977年、早稲田大学大学院文学研究科フランス文学専攻博士課程満期退学。現在、南山大学総合政策学部教授・南山学園常務理事。専攻は現代文明論・フランス思想。著書に、『読むことのポリフォニー』（共著、ユニテ、1992）、『20世紀の歴史家たち（3）』（共著、刀水書房、1999）など。訳書にブローデル『地中海』Ⅰ－Ⅴ（1991-95）、デックス『ブローデル伝』（以上藤原書店、2003）、イリガライ『性的差異のエチカ』（1986）、シャンジュー、コンヌ『考える物質』（以上産業図書、1991）など。監訳にコルバン編『キリスト教の歴史』（2010）、ル＝ロワ＝ラデュリ他監修『叢書『アナール 1929-2010』』全5巻（以上藤原書店、2010-）など。



ブローデル『地《ち》中《ちゅう》海《かい》』入門《にゅうもん》

2000年1月30日　初版第1刷発行 ©
2011年2月28日　初版第3刷発行

著　者　浜　名　優　美
発行者　藤　原　良　雄
発行所　藤　原　書　店

〒162-0041　東京都新宿区早稲田鶴巻町523
電　話　03（5272）0301
ＦＡＸ　03（5272）0450
振　替　00160 - 4 - 17013
info@fujiwara-shoten.co.jp

印刷・製本　中央精版印刷

落丁本・乱丁本はお取替えいたします
定価はカバーに表示してあります

Printed in Japan
ISBN978-4-89434-162-3